Contingent Convertible Bonds

Göttinger Schriften zum Wirtschaftsrecht

Herausgegeben von Olaf Deinert, Torsten Körber, Rüdiger Krause, Gerald Spindler und Andreas Wiebe

Band 6

PL ACADEMIC RESEARCH

Mohamed Bou Sleiman

Contingent Convertible Bonds

Zweck, Ausgestaltung und rechtliche Rahmenbedingungen

PL ACADEMIC RESEARCH

Bibliografische Information der Deutschen Nationalbibliothek
Die Deutsche Nationalbibliothek verzeichnet diese Publikation in der Deutschen Nationalbibliografie; detaillierte bibliografische Daten sind im Internet über http://dnb.d-nb.de abrufbar.

Zugl.: Göttingen, Univ., Diss., 2015

D 7
ISSN 2192-2438
ISBN 978-3-631-66151-2 (Print)
E-ISBN 978-3-653-05720-1 (E-Book)
DOI 10.3726/978-3-653-05720-1

PL Academic Research ist ein Imprint der Peter Lang GmbH.
Peter Lang – Frankfurt am Main · Bern · Bruxelles · New York · Oxford · Warszawa · Wien

Diese Publikation wurde begutachtet.

www.peterlang.com

Meinen Eltern
Meiner Frau
Meinem Sohn

Vorwort

Die vorliegende Arbeit befasst sich mit den noch immer nicht überwundenen Folgen der Finanzmarktkrise, die ihren Ursprung im Zusammenbruch des U.S.-amerikanischen Immobilienmarktes im Sommer 2007 hat. Contingent Convertible Bonds haben, je nach Ausgestaltung, das Potential, die Krise eines Finanzinstituts zu verschärfen oder aber einer solchen entgegenzuwirken. Dies ist der Anlass dafür gewesen, dieses neuartige Finanzinstrument einer näheren ökonomischen sowie juristischen Prüfung zu unterziehen. Die Arbeit wurde im Wintersemester 2014/2015 von der Juristischen Fakultät der Georg-August-Universität Göttingen als Dissertation angenommen und befindet sich auf dem Stand vom Juni 2014.

Danken möchte ich vor allem meinem geschätzten Doktorvater Herrn Dipl. Oec. Prof. Dr. *Gerald Spindler*, der mich bereits vor der Absolvierung meines Ersten Staatsexamens als studentische Hilfskraft an seinem Lehrstuhl in das wissenschaftliche Arbeiten einführte, mir nach meinem bestandenen Examen die Möglichkeit gab, das Erlernte als wissenschaftlicher Mitarbeiter an seinem Lehrstuhl weiter zu vertiefen, schließlich meine Doktorarbeit betreute und mich während all dieser Zeit stets förderte.

Mein Dank gebührt auch Herrn Dr. *Roman Kasten*, der mich aus der Praxis kommend auf die Relevanz dieser äußerst interessanten Thematik hingewiesen hat. Zudem möchte ich Herrn Prof. Dr. Dr. h.c. *Werner Heun* für die zügige Erstellung des Zweitgutachtens sowie Herrn Prof. Dr. *Martin Ahrens* für die Übernahme des Vorsitzes im Rahmen des Rigorosums danken. Ferner möchte ich den vorbildlichen Ansatz der Universität Göttingen besonders lobend erwähnen, die mich während meiner Promotionszeit finanziell durch ein Stipendium, welches speziell auf wissenschaftliche Mitarbeiter mit Kind zugeschnitten ist, großzügig gefördert hat.

Einen herzlichen Dank möchte ich ferner an Herrn Dr. *Kinan Darwisch* und Dr. *Marius Hossbach* für das zügige Korrekturlesen meines Manuskripts aussprechen. Dieser Dank gebührt auch Herrn *Simon Gerdemann*, der während meiner Tätigkeit am Lehrstuhl zu einem sehr guten Freund wurde und nicht unwesentlich dazu beigetragen hat, dass ich diese Zeit sowohl aus fachlicher als auch aus persönlicher Sicht stets in guter Erinnerung behalten werde.

Aus ganzem Herzen möchte auch ich meiner geliebten Frau *Rieham Bou Sleiman* danken. Dieser Dank beschränkt sich nicht nur auf das mehrfache Korrekturlesen meiner Dissertation, sondern erstreckt sich vor allem auf ihre liebevolle Unterstützung, ihre unendliche Geduld sowie ihr Verständnis in sämtlichen Lebenslagen. Auch meinen Schwiegereltern, Herrn *Youssef* und Frau *Ikram Abboud*, die mich und meine Frau jederzeit unterstützten und uns hilfsbereit zur Seite standen, möchte ich herzlichst dafür danken.

Ein ganz besonderer Dank gebührt meinen Eltern, *Hassan* und *Elham Bou Sleiman*. Sie haben trotz eines sicheren und gut bezahlten Arbeitsplatzes ihr Herkunftsland kriegsbedingt verlassen und sind nach Deutschland, einem Land, dessen Sprache sie nicht kannten, geflohen. Um ihren Kindern eine sichere Zukunft schenken zu können, haben sie ihre Berufe, ihre Familie und ihre Freunde zurückgelassen. Hierfür und dafür, dass sie mich stets unterstützt, gefördert und mir jederzeit den notwendigen familiären Rückhalt gegeben haben, werde ich ihnen nie in ausreichendem Maße danken können!

Bovenden, im Februar 2015 Mohamed Bou Sleiman

Inhaltsverzeichnis

Abbildungsverzeichnis

Abkürzungsverzeichnis

a.F.	alte Fassung
aA	andere Auffassung
aaO	am angegebenen Ort
ABCP-Programme	Asset-Backed Commercial Papers-Programme
ABl. EU	Amtsblatt der Europäischen Union
ABS	Asset Backed Securities
Abs.	Absatz
Abwicklungs VO-E	Verordnungsentwurf zur Festlegung einheitlicher Vorschriften und eines einheitlichen Verfahrens für die Abwicklung von Kreditinstituten und bestimmten Wertpapierfirmen, 2013/0253 (COD) v. 11.2.2014
AG	Aktiengesellschaft bzw. Die Aktiengesellschaft (Zeitschrift)
AIG	American International Group (Versicherungsgesellschaft)
AktG	Aktiengesetz
Alt.	Alternative
Angebots-VO	Verordnung über den Inhalt der Angebotsunterlage, die Gegenleistung bei Übernahmeangeboten und Pflichtangeboten und die Befreiung von der Verpflichtung zur Veröffentlichung und zur Abgabe eines Angebots (WpÜG-Angebotsverordnung).
Anh.	Anhang
Art.	Artikel
BaFin	Bundesanstalt für Finanzdienstleistungsaufsicht
BankG	Bundesgesetz über die Banken und Sparkassen (Schweiz)
BB	Betriebs-Berater (Zeitschrift)
BCBS bzw. Basler Ausschuss	Baseler Ausschuss für Bankenaufsicht
BCNs	Buffer Capital Notes
BGB	Bürgerliches Gesetzbuch
BGBl.	Bundesgesetzblatt

BGH	Bundesgerichtshof
BGHZ	Entscheidungen des Bundesgerichtshofs in Zivilsachen (offizielle Entscheidungssammlung des BGH)
BHCs	Bank Holding Companies
BIZ	Bank für Internationalen Zahlungsausgleich
BKR	Zeitschrift für Banken- und Kapitalmarktrecht
BMJ	Bundesministerium der Justiz und für Verbraucherschutz
BRRD	Richtlinie 2014/59/EU des Europäischen Parlaments und des Rates v. 15.5.2014 zur Festlegung eines Rahmens für die Sanierung und Abwicklung von Kreditinstituten und Wertpapierfirmen, ABl. (EU) Nr. L 173 v. 12.6.2014, S. 190 ff
BRRD-E	Vorschlag der Europäischen Kommission für einen Richtlinienentwurf des Europäischen Parlaments und des Rates zur Festlegung eines Rahmens für die Sanierung und Abwicklung von Kreditinstituten und Wertpapierfirmen, 2012/0150 (COD) v. 12.12.2012
BT-Drucks.	Bundestagsdrucksache
BVerfG	Bundesverfassungsgericht
bzw.	beziehungsweise
CCZ	Corporate Compliance Zeitschrift
CDOs	Collateralized Debt Obligations
CDS	Credit Default Swaps
CEO	Chief Executive Officer
CFL	Corporate Finance Law (Zeitschrift)
CoCo-Bonds bzw. CoCos	Contingent Convertible Bonds
CPs	Commercial Papers
CRD-IV	Capital Requirements Directive IV, Richtlinie 2013/36/EU über den Zugang zur Tätigkeit von Kreditinstituten und die Beaufsichtigung von Kreditinstituten und Wertpapierfirmen
CRR-VO	Capital Requirement Regulation, Verordnung (EU) Nr. 575/2013 über die Aufsichtsanforderungen an Kreditinstitute und Wertpapierfirmen

CSG	Credit Suisse Group AG
d. h.	das heißt
DAV	Deutscher Anwaltsverein
DB	Der Betrieb (Zeitschrift)
DCGK	Deutscher Corporate Governance Kodex
ders.	derselbe
dies.	dieselben bzw. dieselbe
Diss.	Dissertation
DJT	Deutscher Juristentag
EBA	Europäische Bankenaufsichtsbehörde
EFD	Eidgenössisches Finanzdepartement (Schweiz)
EFSF	Europäische Finanzstabilisierungsfazilität
EL	Ergänzungslieferung
ERV	Eigenmittelverordnung (Schweiz)
ESM	Europäischer Stabilitätsmechanismus
ESMA	Europäische Wertpapier- und Marktaufsichtsbehörde
EStG	Einkommensteuergesetz
et. al.	et alii
EU	Europäische Union
EuR	Europarecht (Zeitschrift)
EZB	Europäische Zentralbank
f., ff.	folgende, fortfolgende
Fed	Federal Reserve (US-amerikanische Zentralbank)
FG	Freundesgabe
FINMA	Eidgenössische Finanzmarktaufsicht (Schweiz)
FIO	Federal Insurance Office (USA)
Fn.	Fußnote
FS	Festschrift
FSB	Rat für Finanzmarktstabilität
FSOC	Financial Stability Oversight Council
G20	Gruppe der zwanzig wichtigsten Industrie- und Schwellenländer
gem.	gemäß
GHOS	Gruppe der Notenbankpräsidenten und Leiter der – (Group of Governors and Heads of Supervision)
GS	Gedächtnisschrift

G-SIBs	Global systemrelevante Banken (global systemically important banks)
GWR	Gesellschafts- und Wirtschaftsrecht (Zeitschrift)
HdB	Handbuch
HGB	Handelsgesetzbuch
hM	herrschende Meinung
Hrsg.	Herausgeber
InsO	Insolvenzordnung
IWF	Internationaler Währungsfonds
JZ	Juristen Zeitung (Zeitschrift)
Kap.	Kapitel
KölnKomm	Kölner Kommentar
KredReorgG	Gesetz zur Reorganisation von Kreditinstituten
KWG	Gesetz über das Kreditwesen
lit.	littera
MaSan	BaFin-Rundschreiben 3/2014 (BA) – Mindestanforderungen an die Ausgestaltung von Sanierungsplänen
MBS	Mortgage Backed Securities
Mrd.	Milliarden
MünchHdB AG	Münchner Handbuch des Gesellschaftsrechts, Band 4, Aktiengesellschaft
MünchKomm	Münchener Kommentar
mwN	mit weiteren Nachweisen
n.F.	neue Fassung
NBFCs	Nonbank Financial Companies
NJW	Neue Juristische Wochenzeitschrift
No.	Number
Nr.	Nummer
NZG	Neue Zeitschrift für Gesellschaftsrecht
OFR	Office of Financial Research
OLG	Oberlandesgericht
PLC	Public Limited Company
PRA	Prudential Regulation Authority (Bankenaufsichtsbehörde in Großbritannien)
QMVER	quasi-market-value-of-equity ratio
RdF	Recht der Finanzinstrumente (Zeitschrift)
RefE	Referentenentwurf

RIW	Recht der internationalen Wirtschaft (Zeitschrift)
RL	Richtlinie
Rn.	Randnummer
Rspr.	Rechtsprechung
RWA	Risikogewichtete Aktiva
S.	Seite
s.	siehe
SchuldVG	Gesetz über Schuldverschreibungen aus Gesamtemissionen (Schuldverschreibungsgesetz)
SEC	Securities and Exchange Commission (US-Börsenaufsichtsbehörde)
SoFFin	Finanzmarktstabilisierungsfonds
sog.	so genannte bzw. so genannter
SPV	Special Purpose Vehicle
SRM	Einheitlicher europäischer Abwicklungsmechanismus (Single Resolution Mechanism)
SZW	Schweizerische Zeitschrift für Wirtschafts- und Finanzmarktrecht
u. a.	unter anderem
USA	Vereinigte Staaten von Amerika (United Staates of America)
v.	von
VersR	Versicherungsrecht (Zeitschrift)
vgl.	vergleiche
VO	Verordnung
Vorb.	Vorbemerkung
Vol.	Volume
vs.	versus
WM	Wertpapier-Mitteilungen (Zeitschrift)
WpPG	Gesetz über die Erstellung, Billigung und Veröffentlichung des Prospekts, der beim öffentlichen Angebot von Wertpapieren oder bei der Zulassung von Wertpapieren zum Handel an einem organisierten Markt zu veröffentlichen ist (Wertpapierprospektgesetz)
WpÜG	Wertpapiererwerbs- und Übernahmegesetz
z. B.	zum Beispiel
ZBB	Zeitschrift für Bankrecht und Bankwirtschaft

ZfbF	Schmalenbachs Zeitschrift für betriebswirtschaftliche Forschung
ZfV	Zeitschrift für Versicherungswesen
ZGR	Zeitschrift für Unternehmens- und Gesellschaftsrecht
ZHR	Zeitschrift für das gesamte Handelsrecht und Wirtschaftsrecht
Ziff.	Ziffer
ZIP	Zeitschrift für Wirtschaftsrecht
ZRP	Zeitschrift für Rechtspolitik
zzgl.	zuzüglich

1. Teil Einleitung

Der Abschluss der Börsenwoche vom 10.10.2008 wird mit einem weltweiten Kurseinbruch um die 18,2 % als „Schwarzer Freitag" in die Geschichtsbücher eingehen, gar noch dunkler als der „Schwarze Donnerstag" vom 24.10.1929, an dem mit 10,1 % der bis dahin stärkste historische Kurseinbruch beobachtet werden konnte.[1] Keine bisherige Finanzmarktkrise reichte in ihrem Ausmaß je an die aktuelle „Super-GAU" – Krise heran, deren Ende noch immer nicht absehbar ist.[2] Derzeit kann lediglich festgestellt werden, dass das Weltfinanzsystem nur knapp einer „Kernschmelze" entkommen ist.[3] Wird nach dem Grund der aktuellen Krise gesucht, wird man unweigerlich auf den 15.9.2008 stoßen, dem Tag, an dem die Investmentbank *Lehman Brothers* mit ihrem Insolvenzantrag eine Pleitewelle auslöste, die offensichtlich von allen Beteiligten unterschätzt worden ist.[4] Es ist kaum vorstellbar, dass die US-Regierung auch in Kenntnis dieses Ausmaßes an der Lehman Brothers Bank ein „Exempel" hätte statuieren wollen, um das immer riskanter werdende Verhalten der Kreditinstitute auf Kosten der Allgemeinheit zu zügeln.[5] Noch im selben Jahr wurden 52 amerikanische Banken und zwölf britische Finanzinstitute aufgelöst oder verstaatlicht.[6] Staaten auf der ganzen Welt mussten zur Vermeidung eines völligen Wirtschaftsstillstandes unter dem Schlagwort „too big to fail" zahlreiche Rettungsmaßnahmen treffen, wobei sich hier erstmalig die ernüchternde Erkenntnis auftat, dass die 1

1 *Sinn*, Kasino Kapitalismus, S. 15 f.

2 *Sinn*, Kasino Kapitalismus, S. 17.

3 *Sinn*, Kasino Kapitalismus, S. 16; so auch *Eberle/Heilmann/Maisch/Riecke*, „Lehman Brothers und der Domino-Effekt", in: Handelsblatt v. 22.10.2008, abrufbar unter: http://www.handelsblatt.com/unternehmen/banken/insider-report-zur-pleite-der-us-bank-lehman-brothers-und-der-domino-effekt/3040458.html (zuletzt abgerufen am 3.7.2014).

4 So auch *Lautenschläger* sowie *Raettig* im Interview mit *Bastian/Köhler/Landgraf*, „Lehman auffangen wäre billiger gekommen", in: Handelsblatt v. 16.12.2008, abrufbar unter: http://www.handelsblatt.com/unternehmen/banken/frankfurter-gespraeche-lehman-auffangen-waere-billiger-gekommen/3074138.html (zuletzt abgerufen am 3.7.2014); wohl auch *Möschel*, ZRP 2009, 129, 130, der die Entscheidung, dass Lehman Brothers nicht mit staatlicher Hilfe aufgefangen werden soll, als *„groteske Fehlentscheidung innerhalb des amerikanischen Krisenmanagements"* bezeichnet.

5 So *Rudolph*, ZGR 2010, 1, 24 mit dem Verweis darauf, dass dieses *„Exempel"* auch in der akademischen Literatur gelegentlich eingefordert wurde.

6 *Sinn*, Kasino Kapitalismus, S. 15.

Rettung systemrelevanter Banken[7] auch Staaten überfordern kann,[8] wodurch sich die Finanzmarktkrise schließlich auch zu einer Schuldenkrise mehrerer Staaten weiterentwickelte.[9]

2 Die USA mussten zur Rettung ihres Finanzsystems mehr als 800 Milliarden US-Dollar aufbringen.[10] Island war durch die Verstaatlichung aller Geldinstitute praktisch bankrott,[11] Griechenland wurde nahezu zahlungsunfähig;[12] Irland, Ungarn, Italien und Portugal[13] sehen sich nach wie vor erheblichen finanziellen Problemen ausgesetzt.[14] Auch die Bundesrepublik Deutschland bekam die Wucht der Krise zu spüren und musste zur Rettung des Finanzmarkts und der Wirtschaft Rettungspakete in der Größenordnung von insgesamt circa 830 Milliarden Euro schnüren.[15] Nicht wenige befürchten, dass sie sich damit übernommen habe und in Bedrängnis geraten könnte.[16] In diesem Kontext helfen

---

7 Für die Frage, wann eine Bank systemrelevant ist, s. *BCBS*, Global systemrelevante Banken: Aktualisierte Bewertungsmethodik und Anforderungen, Ziff. 11 ff., abrufbar unter: http://www.bis.org/publ/bcbs255_de.pdf (zuletzt abgerufen am 3.7.2014) bzw. *ders.*, Rahmenregelungen für den Umgang mit national systemrelevanten Banken, Ziff. 12 ff., abrufbar unter: http://www.bis.org/publ/bcbs233_de.pdf (zuletzt abgerufen am 3.7.2014), wobei er hier lediglich eine Art „Gestaltungsrahmen“ vorgibt und feststellt, dass die nationalen Aufsichtsbehörden eine Methodik festlegen sollen, nach der eingeschätzt werden kann, inwieweit Banken auf nationaler Ebene systemrelevant sind.

8 *Sethe*, ZBB 2011, 106, 128 der dieses Problem unter dem Schlagwort „too big to be rescued“ führt, ähnlich *Breitkreuz/Vollmar*, Der Schweizer Treuhänder 2011, 148.

9 *Rudolph*, in: Groß/Pfingsten (Hrsg.), Finanzmarktkrisen, ZfbF Sonderheft 67/2013, S. 97.

10 *Benders/Berschens/Heilmann*, „Was die Lehman-Pleite angerichtet hat“, in: Handelsblatt v. 15.9.2010, abrufbar unter: http://www.handelsblatt.com/politik/international/jahrestag-was-die-lehman-pleite-angerichtet-hat/3539680.html (zuletzt abgerufen am 3.7.2014).

11 *Sinn*, Kasino Kapitalismus, S. 15.

12 *Brühl*, „Ratingagentur stuft Griechenland auf „teilweise zahlungsunfähig““, in: Süddeutsche Zeitung v. 28.2.2012, abrufbar unter: http://www.sueddeutsche.de/wirtschaft/ratingagentur-stuft-griechenland-auf-teilweise-zahlungsunfaehig-bisschen-bankrott-1.1295379 (zuletzt abgerufen am 3.7.2014).

13 *Zschäpitz*, Finanzmärkte erwarten, dass Portugal pleite geht, in: Die Welt v. 30.1.2012, abrufbar unter: http://www.welt.de/finanzen/article13841585/Finanzmaerkte-erwarten-dass-Portugal-pleite-geht.html (zuletzt abgerufen am 3.7.2014).

14 *Sinn*, Kasino Kapitalismus, S. 15.

15 *Sinn*, Kasino Kapitalismus, S. 319.

16 So etwa *Sinn*, Kasino Kapitalismus, S. 319.

auch keine Beschwichtigungsversuche des Finanzministers *Wolfgang Schäuble*, dass es sich beim Großteil des zur Verfügung gestellten Geldes „*lediglich*" um Bürgschaften handele.[17] Denn selbst wenn der Staat am Ende nur für 10 % der geleisteten Bürgschaften einstehen müsste, so würde die Gesamtlast aller Hilfsleistungen noch immer bei etwa 250 Milliarden Euro liegen – einer Summe, mit der etwa 132 fünfjährige Exzellenzinitiativen für alle Hochschulen der Bundesrepublik von je 1,9 Milliarden Euro finanziert werden könnten.[18]

Insgesamt beliefen sich die Kosten der Rettungspakete bereits wenige Mo- **3**
nate nach dem Insolvenzantrag der Lehman Brothers Bank weltweit auf etwa fünf Billionen Euro.[19] In Anbetracht dieser Summe wäre die Rettung der Investmentbank sicher die kostengünstigere Alternative gewesen,[20] zumal die Finanzmarktkrise auch heute – sieben Jahre nach ihrem Ausbruch – noch immer nicht ausgestanden ist.[21] Dennoch ist die Intention der US-Regierung hinter der Statuierung dieses Exempels, nämlich die Rückführung der Finanzinstitute zur wirtschaftlichen Vernunft, durchaus nachvollziehbar. Teilweise wird diese Entscheidung auch heute noch befürwortet, da eine Rettung der Lehman Brothers Bank eine Krise wohl nur hinausgeschoben, allerdings nicht verhindert hätte.[22] Dennoch wäre angesichts der gravierenden Folgen dieser Entscheidung eine den Finanzmarkt weniger belastende Lösung wünschenswert gewesen. Diese hätte beispielsweise in der Rettung der Investmentbank und sodann einer härteren Regulierung erfolgen können, in der die Eigenkapitalqualität aller Kreditinstitute zur Verlustabdeckung verbessert wird – etwa so wie dies der *Baseler Ausschuss für Bankenaufsicht* in seinem Regelwerk Basel III[23] vorschlägt.

---

17 „*Das sind ja nur Bürgschaften, es fließt ja kein Geld*", so *Schäuble* im Rahmen der Bankenrettung und der Rettungspakete EFSF und ESM, vgl. *Frontmotor*, „Es sind ja nur Bürgschaften, da fließt ja kein Geld", in: paperblog.com v. 14.3.2012, abrufbar unter: http://de.paperblog.com/es-sind-nur-burgerschaften-da-fliet-ja-kein-geld-314288/ (zuletzt abgerufen am 3.7.2014).

18 *Sinn*, Kasino Kapitalismus, S. 319; s. zu der Reaktion des deutschen Gesetzgebers auf die Finanzmarktkrise etwa *Vöneky*, in: FS Stürner, 2013, S. 1959 ff.

19 *Sinn*, Kasino Kapitalismus, S. 18.

20 So auch *Lautenschläger* im Interview mit *Bastian/Köhler/Landgraf* (Fn. 4).

21 So auch Bank für Internationalen Zahlungsausgleich (nachfolgend BIZ), 84. Jahresbericht 2013/14 v. 29.6.2014, abrufbar unter: http://www.bis.org/publ/arpdf/ar2014_de.htm (zuletzt abgerufen am 3.7.2014).

22 Etwa *Schiereck* im Interview mit *Bastian/Köhler/Landgraf* (Fn. 4).

23 *BCBS*, Basel III: Ein globaler Regulierungsrahmen für widerstandsfähigere Banken und Bankensysteme, S. 2 ff., abrufbar unter: http://www.bis.org/publ/bcbs189_de.pdf (zuletzt abgerufen am 3.7.2014).

4 Allerdings darf eine stärkere Kapitalmarktregulierung die Banken nicht derart belasten, dass sie ihre Kreditvergabe zulasten der Wirtschaft einschränken. Diesen Spagat zur Stärkung des Finanzsektors, ohne dabei die Wirtschaft zu belasten, könnten Contingent Convertible Bonds (nachfolgend CoCo-Bonds) schlagen. Das Besondere an ihnen ist, dass sie „automatisch" in risikoabsorbierendes Eigenkapital umgewandelt werden, sobald die Zahlungsunfähigkeit der Bank droht. Durch diesen sog. Debt-Equity-Swap verringert sich damit nicht nur die Kreditlast des Finanzinstituts, sondern es wird gleichzeitig auch sichergestellt, dass sich die bisherigen Anleihegläubiger, die mit der Wandlung zu Gesellschafter werden, künftig am Unternehmensrisiko beteiligen und somit zwangläufig bei der Rettung des Instituts mitwirken[24] – etwas, von dem Anleihegläubiger im Rahmen der aktuellen Krise aufgrund des Eingreifen des Staates verschont werden mussten.[25] Diese Risikorückverlagerung auf diejenigen, die von den Risikogeschäften profitieren, würde verhindern, dass – plakativ gesprochen – Gewinne weiterhin privatisiert, während die Schulden zeitgleich kollektiviert werden.[26]

5 Darüber hinaus könnten CoCo-Bonds auch die Lösung eines der Hauptprobleme der Krise darstellen, das des sog. „Moral Hazard".[27] Dieser aus dem Versicherungsrecht stammende Terminus beschreibt das Phänomen, dass ein Versicherungsnehmer aufgrund der abgeschlossenen Versicherung die Folgen

---

24 *Bernau*, „CoCo-Bonds, Banken retten – leichtgemacht", in: FAZ v. 1.4.2010, abrufbar unter: http://www.faz.net/aktuell/wirtschaft/wirtschaftswissen/coco-bonds-banken-retten-leichtgemacht-1952693.html (zuletzt abgerufen am 3.7.2014); *BCBS*, Proposal to ensure the loss absorbency of regulatory capital at the point of non-viability v. August 2010, S. 3 ff., abrufbar unter: http://www.bis.org/publ/bcbs174.pdf (zuletzt abgerufen am 3.7.2014).

25 *Zähres*, Deutsche Bank Research v. 15.4.2011, S. 3, abrufbar unter: http://www.dbresearch.de/PROD/DBR_INTERNET_DE-PROD/PROD0000000000272297/Contingent+Convertibles%3A+Bankanleihen+im+Wandel.pdf (zuletzt abgerufen am 3.7.2014).

26 „Contingent Capital – Stoßdämpfer für die Banken?", in: Institutional-Money 2/2010, abrufbar unter: http://www.institutional-money.com/magazin/uebersicht/artikel/contingent-capital-stossdaempfer-fuer-banken/?tx_ttnews[pointer]=1&cHash=d57b6126fe7f8f7cf7482f8fe48cb234 (zuletzt abgerufen am 3.7.2014).

27 *Zähres*, Deutsche Bank Research v. 15.4.2011 (Fn. 25), S. 3; *Flannery*, No Pain, No Gain?, S. 11 f., abrufbar unter: http://dx.doi.org/10.2139/ssrn.352762 (zuletzt abgerufen am 3.7.2014); wohl auch *Pazarbasioglu/Zhou/Le Leslé/Moore*, Contingent Capital: Economic Rationale and Design Features, Discussion Note 1/2011, S. 6, 19, abrufbar unter: http://www.imf.org/external/pubs/ft/sdn/2011/sdn1101.pdf (zuletzt abgerufen am 3.7.2014).

des Schadenseintritts nicht mehr selbst zu tragen hat und somit jeden Anreiz zur Vermeidung des Schadens verliert.[28] Ähnlich erging es den Akteuren auf dem Finanzmarkt aufgrund der von ihnen wahrgenommen Staatsgarantie.[29] In Anlehnung an die Lösung dieses Problems im Versicherungssektor durch das Vereinbaren eines Selbstbehalts des Versicherungsnehmers, könnten die Folgen der CoCo-Bond-Wandlung einen solchen „Selbstbehalt" der Finanzakteure begründen.[30] Denn infolge der CoCo-Bond-Wandlung würden die Anteile der Gesellschafter verwässert werden, und die Gläubiger müssten sich – selbst bei einem für sie günstigen Wandlungsverhältnis – ab diesem Zeitpunkt am Verlust des Unternehmens bzw. an dessen Rettung beteiligen.

Der Finanzexperte *Robert Shiller* ist daher sogar der Ansicht, dass bei künftiger Berücksichtigung des „*Contingent Capital-Ansatz*[es] [...] *dies die letzte weltweite Bankenkrise gewesen sein* [könnte]".[31] Aber auch andere Experten wie der deutsche Kapitalmarktexperte *Bernd Rudolph*,[32] der „*Squam Lake*",[33] der Baseler Ausschuss für Bankenaufsicht[34] sowie der im April 2009 gegründete Rat **6**

28 Terbille/*Terbille*, Münchener Anwaltshandbuch Versicherungsrecht, § 1 Rn. 11.

29 Ausführlich hierzu Rn. 38 f.

30 Zu diesem Gedanken ausführlich Rn. 38 f.

31 Wobei er diese Auffassung bis zum Auftauchen einer neuen „Quelle der Instabilität" begrenzt, vgl. Contingent Capital – Stoßdämpfer für die Banken?" (Fn. 26).

32 *Rudolph*, Kreditwesen 2010, 1152 ff.

33 Eine Gruppe von 15 renommierten Ökonomen, die sogar ein eigenes Konzept für derartige CoCo-Bonds ausgearbeitet haben, s. *French/Baily/Campbell/et al.*, The Squam Lake Report, S. VII, 86 ff.

34 Dem die Zentralbanken und Aufsichtsbehörden 27 führender Wirtschaftsländer angehören, s. die Angaben hierzu auf der Homepage der BaFin, abrufbar unter: http://www.bafin.de/DE/Internationales/GlobaleZusammenarbeit/BaselerAusschuss/baselerausschuss_node.html (zuletzt abgerufen am 3.7.2014); s. auch *Schäfer*, ZHR 175 (2011), 319, 321; für die Befürwortung der CoCo-Bonds s. *BCBS*, Global systemrelevante Banken: Bewertungsmethodik und Anforderungen, Ziff. 82 ff., abrufbar unter: http://www.bis.org/publ/bcbs207_de.pdf (zuletzt abgerufen am 3.7.2014).

für Finanzmarktstabilität[35] (*Financial Stability Board, FSB*)[36] befürworten diesen Contingent Capital Ansatz. Es wird sogar darüber nachgedacht, systemrelevante Banken zur Ausgabe von CoCo-Bonds zu verpflichten.[37] Aber auch ohne eine derartige Verpflichtung werden Kreditinstitute in Zukunft verstärkt über die Emission derartiger Wertpapiere nachdenken müssen, was darauf zurückzuführen ist, dass nach den neuen Eigenkapitalregelungen die Anrechnung der bisherigen Hybridanleihen[38] schrittweise abgeschafft wird.

7 Das Instrument der CoCo-Bonds sieht sich allerdings auch nicht unerheblicher Kritik ausgesetzt. Es beinhalte insbesondere auch ein erhebliches Missbrauchspotential, da Anleihegläubiger ein Interesse am Wertverlust der Aktien haben könnten und versuchen würden, diesen Wertverfall voranzutreiben, um bei einer so künstlichen herbeigeführten Wandlung mehr Aktien zu erhalten.[39] Von ihren Kritikern werden sie sogar als „Zeitbombe" bezeichnet und mit den „Death-Spiral" Bonds der 1990er Jahre verglichen.[40]

8 Trotz der vorgebrachten Kritik sieht das Bundesjustizministerium dieses Instrument als wirkungsvolles Sanierungsmittel für Notfallsituationen an[41] und plant mit der Änderung der §§ 192, 221 AktG der „umgekehrten Wandelanleihe" – welche für die international als CoCo-Bond bekannte Anleiheform stehen

---

35 Zusammengesetzt aus hochrangigen Vertretern von Finanzministerien, Zentralbanken und Aufsichtsbehörden der G20-Staaten, Spanien und der Europäischen Kommission sowie aus Vertretern der internationalen „Standardsetter" (z.B. dem Baseler Ausschuss für Bankenaufsicht) und bedeutender Finanzinstitutionen (z.B. Internationalen Währungsfonds); zur Zusammensetzung des FSB vgl. die Angaben auf der Homepage der BaFin, abrufbar unter: http://www.bafin.de/DE/Internationales/GlobaleZusammenarbeit/FSB/fsb_node.html (zuletzt abgerufen am 3.7.2014).

36 *FSB*, Reducing the Moral Hazard posed by systemically important financial institutions – Interim report v. 18.6.2010, S. 5, abrufbar unter: http://www.financialstabilityboard.org/publications/r_100627b.pdf (zuletzt abgerufen am 3.7.2014).

37 Etwa *Rudolph*, Kreditwesen 2010, 1152, 1154 f.

38 S. zu diesen Rn. 42.

39 *Nodoushani*, ZBB 2011, 143, 150; *Zähres*, Deutsche Bank Research v. 15.4.2011 (Fn. 25), S. 8.

40 S. *Huber*, „CoCo-Bonds": Krisen-Rettungsring oder Zeitbombe", abrufbar unter: http://diepresse.com/home/wirtschaft/hobbyoekonom/617995/CoCoBonds_KrisenRettungsring-oder-Zeitbombe (zuletzt abgerufen am 3.7.2014).

41 Referentenentwurf einer Aktienrechtsnovelle 2014 des Bundesministeriums der Justiz und für Verbraucherschutz, S. 29, abrufbar unter: http://www.dnoti.de/medien/cd211e00-479f-45be-823d-17a2831bec72/referentenentwurf_aktienrecht-_2014.pdf (zuletzt abgerufen am 3.7.2014); so aber bereits auch die Bundesregierung der 17. Legislaturperiode im Rahmen der Aktienrechtsnovelle 2012, BT-Drucks. 17/8989, S. 18.

soll[42] – den Weg ins deutsche Aktienrecht zu ebnen.[43] Der Entwurf betont dabei aber auch, dass die konkrete Vertragsgestaltung dieser Anleihe der Praxis überlassen werden soll.[44] Dieser positiven Resonanz wird jedoch vorgeworfen, bei ihrer Bewertung Zweckmäßigkeitsfragen und Fragen des Anlegerschutzes sowie auch Grundfragen des aktienrechtlichen Kapitalmarktschutzes vernachlässigt zu haben.[45] Insbesondere wird dabei die im Entwurf für die „umgekehrte Wandelanleihe“ mit Sanierungszweck vorgesehene Abschaffung der 50 %-Grenze des § 192 Abs. 3 S. 1 AktG, deren Zweck die Begrenzung der Verwässerung ist,[46] als zu starke Einschränkung des Anlegerschutzes kritisiert.[47]

Auch wenn ein Blick auf die Wirtschaftsgeschichte zeigt, dass eine verläss- **9**
liche und dauerhafte Verhinderung von Wirtschafts- und Finanzmarktkrisen nicht möglich ist, sollten dennoch die notwendigen Schlussfolgerungen aus der jüngsten Krise gezogen und versucht werden, ähnliche Krisenverläufe jedenfalls weniger wahrscheinlich zu machen.[48] Die Idee des Contingent Capitals scheint sich hierzu hervorragend zu eignen, wobei zur Erreichung dieses Ziels die konkrete Ausgestaltung entsprechender Bonds von zentraler Bedeutung ist. Auch wenn die Intention, dies größtenteils dem Markt zu überlassen, im Grunde nicht zu beanstanden ist, zeigt die jüngste Krise doch, dass der Markt bei der Ausgestaltung nicht gänzlich auf sich selbst gestellt sein sollte. Vielmehr erscheint es sinnvoller, zumindest die wichtigsten Ausgestaltungsmerkmale, die eine

---

42 Bereits zur Aktenrechtsnovelle 2011, die entsprechende Änderungen vorsah, *Nodoushani*, ZBB 2011, 143.

43 *Nodoushani*, ZBB 2011, 143.

44 RefE des BMJ, Aktienrechtsnovelle 2014 (Fn. 41), S. 27; s. aber auch bereits die Aktienrechtsnovelle 2012, BT-Drucks. 17/8989, S. 17; so auch BR-Drucks. 852/11 – Aktienrechtsnovelle 2012, S. 18; dies empfehlend auch *Flannery*, Stabilizing Large Financial Institutions, Working Paper 10/2009, S. 10 f., 16 f., abrufbar unter: http://papers.ssrn.com/sol3/papers.cfm?abstract_id=1485689 (zuletzt abgerufen am 3.7.2014), wobei die Aufsichtsbehörde jedenfalls Mindeststandards etablieren sollten.

45 So *Drygala*, WM 2011, 1637 in Bezug auf die vorgesehene Normierung der „umgekehrten Wandelanleihe“.

46 Grigoleit/*Rieder/Holzmann* § 192 Rn. 33; K. Schmidt/Lutter/*Veil* § 192 AktG Rn. 5, 27.

47 S. *Drygala*, WM 2011, 1637, 1639, der von einem „erheblich gesteigerten Risiko“ für Altgesellschafter spricht; s. auch *Handelsrechtsausschuss des DAV*, NZG 2011,217, 220 Rn. 34 ff.; ebenfalls kritisch zu dieser Änderung jedoch mit anderer Begründung *Apfelbacher/Kopp*, CFL 2011, 21, 30.

48 So auch *Zeitler*, WM 2012, 673.

marktstabilisierende Wirkung von CoCo-Bonds sichern könnten, zu normieren und als „Mindeststandard“ jedem CoCo-Bond zugrunde zu legen.[49]

10 An dieser Stelle sei auch darauf hingewiesen, dass das hier zu untersuchende Finanzinstrument in der Literatur bereits mehrere Namen erhalten hat. Exemplarisch seien etwa „*Reverse Convertible Debentures*“[50], „*Contingent Capital Certificates*“[51] oder „*Regulatory Hybride Securities*“[52] genannt. Letztlich hat sich jedoch die Bezeichnung Contingent Convertible Bonds (CoCo-Bonds) durchgesetzt, so dass das zu untersuchende Finanzinstrument auch im Folgenden einheitlich als CoCo-Bonds bezeichnet wird.[53]

---

49 So auch *Flannery*, Stabilizing Large Financial Institutions (Fn. 44), S. 10 f., 16 f., nachdem die Festlegung dieser Mindeststandards jedoch eine Aufgabe für die Aufsichtsbehörde und nicht für den Gesetzgeber ist.

50 *Flannery*, No Pain, No Gain? (Fn. 27), S. 1 ff.

51 *Flannery*, Stabilizing Large Financial Institutions (Fn. 44), S. 3.

52 *French/Baily/Campbell/et al.*, The Squam Lake Report, 2010, S. 86 ff.

53 Auch *Flannery* verwendet mittlerweile die Bezeichung CoCo-Bonds, s. *Flannery/Perotti*, CoCo Design as a Risk Preventive Tool, DSF Policy Paper No. 11, 1/2011, S. 1, abrufbar unter: http://dare.uva.nl/document/461910 (zuletzt abgerufen am 3.7.2014).

2. Teil Die Finanzmarktkrise

Um erfolgreich künftigen Finanzmarktkrisen entgegenzuwirken, ist es unumgänglich, die Ursache und den Verlauf der letzten Krise aus dem Jahr 2007/2008 zu analysieren. Daher sollen im Folgenden anhand eines vereinfachten Grundmodells die wesentlichen Auslöser des Zusammenbruches sowie ihrer fatalen Wechselwirkung auf die internationalen Finanzmärkte dargestellt werden, an deren Anschluss eine Antwort auf die zu erörternde Frage gesucht wird, ob CoCo-Bonds zur Verhinderung künftiger Finanzmarktkrisen beitragen können. 11

A. Die Ursachen der Finanzmarktkrise

Der Ursprung der internationalen Finanzmarktkrise liegt in der Implosion des US-amerikanischen Markts für verbriefte, zweitrangige Hypothekenforderungen, der sog. *Subprime*-Krise aus dem Jahr 2007, welche sich im darauffolgenden Jahr zur besagten internationalen Krise entwickelte.[54] Es wäre zu einfach, Einzelnen die Schuld für diese Ereignisse zu geben, da neben den Finanzintermediären, wie etwa den Banken, Hypothekenmaklern und Rating-Agenturen, auch jene Institutionen zur Krise beigetragen haben, welche die Banken und das Bankensystem kontrollieren sollten, namentlich die Bankenaufsicht sowie die Zentralbanken.[55] Selbst der US-amerikanische Staat, der einerseits durch steuerliche Anreize und vielfältige Absicherungsmöglichkeiten bonitätsschwachen Bürgern zum Erwerb von Wohnungseigentum verhelfen wollte und hierzu sogar Banken mittels des *Community Reinverstment Act* (*CRA*) per Bundesgesetz verpflichtete,[56] andererseits jedoch im September 2008 einer dieser Banken, der zu diesem Zeitpunkt notleidenden Lehman Brothers Bank, seine Hilfe verweigerte, trägt eine Mitverantwortung für die Krise.[57] Wenn die Finanzmarktkrise aber nicht auf einzelne Akteure zurückzuführen ist, so scheint ihre Ursache dem den Kapitalmärkten zugrunde liegendem System immanent zu sein.[58] 12

---

54 *Schröder*, HdB. Kapitalmarktstrafrecht, 8. Kap. Rn. 1080; *Rudolph*, ZGR 2010, 1, 2.

55 *Rudolph*, ZGR 2010, 1, 2.

56 Hierzu näher *Sinn*, Kasino Kapitalismus, S. 150 ff.; *Heun*, JZ 2010, 53, 55.

57 Zum Ganzen *Rudolph*, ZGR 2010, 1, 2; *Hellwig*, Gutachten E, 68. DJT, 2010, S. E 9 f.

58 Ähnlich auch *Möschel*, ZRP 2009, 129, 130 („*Gemisch von Systemfehlern und individuellem Fehlverhalten*"); hingegen hält es *Schröder*, HdB. Kapitalmarktstrafrecht, 8. Kap. Rn. 1080 für „*verfehlt, der Finanzkrise pauschal den Stempel einer systematischen Krise aufzudrücken, bei der es sich verbietet, nach Verantwortung zu fragen*".

Daher wären Rufe nach der Haftung Einzelner auch verfehlt, da erst das Zusammenwirken aller zu einem Systemzusammensturz führte,[59] der eine Lawine von Rettungsmaßnahmen und Regulierungsversuchen auslöste.

I. Die Entwicklungen auf dem US-amerikanischen Immobilienmarkt

13 Ausgangspunkt der Subprime-Krise war der US-amerikanische Immobilienmarkt.[60] Geleitet vom „American Dream" und begünstigt durch öffentliche Förderungen sollte es auch Immobilieninteressenten mit niedrigem Einkommen ermöglicht werden, den Traum vom Eigenheim zu realisieren, so dass das Wohnungsbaudarlehen und mit ihm der Markt für Hypothekendarlehen bei der sozialen Absicherung amerikanischer Familien eine immer wichtigere Rolle einnahm.[61]

14 Nach der Jahrhundertwende, insbesondere infolge des Zusammenbruchs der sog. „*New Economy Blase*", bei der viele Anleger aufgrund der vermeintlichen besonderen Gewinnträchtigkeit im Internet tätiger Unternehmen in diese investierten,[62] suchten die Investoren nach neuen Geschäftsfeldern. Als ein solches attraktives Geschäftsfeld wurde alsbald der US-amerikanische Immobilienmarkt ausgemacht, da sich die Immobilienpreise in den neunziger Jahren als weitestgehend stabil erwiesen hatten und in den Jahren zwischen 1999 und 2003 ein Preisanstieg um etwa 9 %, zwischen 2003 und 2005 sogar ein Preisanstieg um etwa 15 % pro Jahr zu verzeichnen war,[63] wodurch letztlich eine neue (Immobilienmarkt-)Blase gebildet wurde.[64]

---

59 So wohl auch *Spindler*, AG 2010, 601; *Hellwig*, Gutachten E, 68. DJT, 2010, S. E 35 ff.; *H. J. Hellwig*, in: FS Maier-Reimer, 2010, S. 201, 203, 212 ff.; *Seibert*, DB 2009, 1167; *Heun*, JZ 2010, 53; zur Frage der Organhaftung s. allerdings *Lutter*, AG 2009, 197 ff.; *Merkt*, in: FS Hommelhoff, 2012, S. 711 ff.; kritisch in Bezug auf die Erwartungen und Folgen von Haftungs- und Strafprozessen in diesem Zusammenhang *K. Schmidt*, FS Hellwig, 2010, S. 311, 318.

60 *Rudolph*, ZGR 2010, 1, 4; s. aber auch oben Rn. 12.

61 *Rudolph*, ZGR 2010, 1, 4; *Claussen*, DB 2009, 999.

62 *Rosen*, Aktuelle Wirtschaftstrends in den Vereinigten Staaten, in: Bierling/Meier-Walser (Hrsg.), Die Clinton-Präsidentschaft – ein Rückblick, S. 20.

63 *Hellwig*, Gutachten E, 68. DJT, 2010, S. E 12 f. mit Verweis auf den Case-Shiller U.S. National Home Price Index.

64 *Rudolph*, ZGR 2010, 1, 6; *Sommer*, Die Subprime-Krise, S. 23 spricht davon, dass es sich bei dieser „Housing Buggle nur um die Fortsetzung der unglaublichen Exzesse rund um die New Economy Bubble" handele.

Als Folge des Preisanstiegs konnte eine Ausweitung der privaten Hypothekenfinanzierung festgestellt werden. Diese erfolgte zunehmend durch die Vermittlung von Maklern, welche angetrieben von ihrer abschlussorientierten Vergütung und der vermeintlichen Sicherheit der stetig im Wert steigenden Immobilien nicht nur Kaufinteressenten mit schwacher, sondern auch solche mit äußerst zweifelhafter Bonität zur Kreditaufnahme bewegten, namentlich Interessenten ohne geregeltes Einkommen oder gar bereits überschuldete Kreditnehmer, die ihren Zahlungsverpflichtungen ohnehin nicht mehr pünktlich nachkommen konnten.[65] Insbesondere private Investmentbanken hatten sich auf diesen Sektor der Hypotheken mit minderer Qualität (Subprime) konzentriert. Sie standen hier nicht im Wettbewerb zu den Government Sponsored Enterprises *Fannie Mae* und *Freddie Mac*, die trotz der staatlichen Intention der Förderung einkommensschwacher Kaufinteressenten noch gewisse Mindestanforderungen an die Kreditwürdigkeit der Hypothekenschuldner stellten, wie etwa die Bereitstellung eines Eigenanteils oder aber ein realistisches Verhältnis des Schuldendienstes zum verfügbaren Einkommen.[66] Bei den privaten Institutionen hingegen erfolgte die Immobilienfinanzierung vielfach auch oberhalb der staatlichen Fördergrenzen, wobei sogar die Forderung nach der Einbringung von 20 % der Finanzierungssumme außer Acht gelassen wurde.[67] Denn aufgrund der jahrelangen Stabilität sowie des stetigen Anstiegs der Immobilienpreise galt der Wertgewinn der Immobilien als gut prognostizierbar, so dass diese als ausreichende Sicherung der Darlehen bonitätsschwacher Kreditnehmer angesehen wurden.[68] Diese vermeintliche Sicherheit wurde durch die zusätzliche spekulative Annahme niedrigbleibender Zinsen flankiert, welche die US-amerikanische Zentralbank, die *Federal Reserve* (nachfolgend *Fed*), seit dem Zusammenbruch der New Economy Blase durchgesetzt bzw. gestützt hatte.[69] **15**

II. Das Verbriefungsgeschäft

Die beschriebene Großzügigkeit im Rahmen der Darlehensgewährung ist **16**
aber nicht nur auf die Niedrigzinspolitik der Federal Reserve oder auf die

65 *Rudolph*, ZGR 2010, 1, 6 f.; ähnlich *Hellwig*, Gutachten E, 68. DJT, 2010, S. E 13, 19 f.

66 *Hellwig*, Gutachten E, 68. DJT, 2010, S. E 11, 15, 19.

67 *Rudolph*, ZGR 2010, 1, 6; ähnlich *H. J. Hellwig*, in: FS Maier-Reimer, 2010, S. 201, 205: „*Von der Prüfung der Kreditwürdigkeit der Kreditnehmer wurde durchweg abgesehen* […]".

68 *Rudolph*, ZGR 2010, 1, 7; *Hellwig*, Gutachten E, 68. DJT, 2010, S. E 13; *Sommer*, Die Subprime-Krise, S. 9.

69 *Rudolph*, ZGR 2010, 1, 6, 8; *Hellwig*, Gutachten E, 68. DJT, 2010, S. E 14.

wahrgenommene Sicherheit vermeintlich stabiler Immobilienwerte zurückzuführen, sondern in nicht unwesentlichem Maß auch darauf, dass das darlehensgewährende Institut in der Lage war, das eigene Kreditrisiko in verbriefter Form an Investoren weiterzureichen, so dass seitens des Kreditgebers kein hinreichender Anreiz mehr zur ordentlichen Bonitätsprüfung der Darlehensnehmer bestand.[70] Denn solange es Abnehmer für die verbrieften Forderungen gab, spielte die Bonität der Darlehensnehmer und damit das Ausfallrisiko der vergebenen Kredite lediglich eine untergeordnete Rolle, da dieses Risiko von den Käufern der verbrieften Produkte getragen wurde und eben nicht von den Darlehensgebern.[71] Auf diese Weise entwickelten sich die Finanzinstitute immer mehr von Kreditgebern hin zu Kreditvermittlern.[72] Die dabei von ihnen ausgegebenen Wertpapiere wurden als *Asset Backed Securities (ABS)* im weiten Sinne bezeichnet und können anhand der der jeweiligen Forderung zugrunde liegenden Vermögenswerte in *Asset Backed Securities* im engeren Sinne (Verbriefung sonstiger Forderungen), *Collateralized Debt Obligations* (Verbriefung von Darlehen oder Schuldverschreibungen, sog. *CDOs*) sowie *Mortgage Backed Securities* (Wertpapiere, die durch einen Pool von Hypothekenforderungen als Sicherheit gedeckt sind, sog. *MBS*) untergliedert werden.[73]

1. Mortgage Backed Securities (MBS)

17 Besonders krisenrelevant waren die sog. MBS-Anleihen, die als spezifische Variante der ABS-Anleihen seit den 1980er Jahren immer mehr an Größe und Liquidität gewonnen hatten und in den letzten Jahren vor der Krise sogar das größte Segment des US-amerikanischen Anleihemarkts bildeten.[74] Mit ihrer Hilfe verblieb das mit der Hypothekenforderung verbundene Risiko nicht mehr bei den kreditgewährenden Banken, den sog. Originatoren,[75] sondern wurde über die

---

70 *Zimmer*, Gutachten G, 68. DJT, 2010, S. G 20; *Kasiske*, in: *Schünemann*, Finanzkrise, S. 13, 18.

71 *Kasiske*, in: *Schünemann*, Finanzkrise, S. 13, 18 f.

72 *Sommer*, Die Subprime-Krise, S. 43.

73 Im Einzelnen *Ricken*, Verbriefung von Krediten und Forderungen in Deutschland, S. 39.

74 *Rudolph*, ZGR 2010, 1, 4 f., 8 f.; für einen allgemeinen Überblick zu den Kredittransferinstrumenten s. *Rudolph/Hofmann/Schaber/Schäfer*, Kreditrisikotransfer, S. 15 ff.

75 Originatoren werden im deutschen Bankenaufsichtsrecht als Refinanzierungsunternehmen bezeichnet, s. *Schröder*, HdB. Kapitalmarktstrafrecht, 8. Kap. Rn. 1092. Diese Unternehmen werden in § 1 Abs. 24 S. 1 KWG legal definiert.

Kapitalmärkte weltweit auf viele unterschiedliche Risikoträger verteilt.[76] Zum Zusammenführen (sog. Poolen) sowie Strukturieren (sog. Tranchieren) der Forderungen beauftragten die Originatoren zumeist eine darauf spezialisierte Investmentbank, die als Refinanzierungsmittler (auch Arrangeur oder Sponsor genannt) zu diesem Zweck eine eigenständige Zweckgesellschaft gründete, ein sog. *Special Purpose Vehicle (SPV)*. Dieser Zweckgesellschaft,[77] die durch den Arrangeur gemanagt und von einem Treuhänder, dem Trustee, überwacht wurde,[78] kam eine Schlüsselrolle im Rahmen der Risikotransaktion zu.[79] Denn aufgrund ihrer eigenständigen Rechtspersönlichkeit schirmte sie zum einen das Insolvenzrisiko der Originatoren von den (verbrieften) Forderungen ab und machte diese damit insolvenzfest,[80] wodurch sich das Rating der Finanzprodukte verbesserte und die Refinanzierungskosten erheblich gesenkt werden konnten, da die Investoren nur noch das Ausfallrisiko des Finanzproduktes und nicht zusätzlich noch das der Originatoren tragen mussten.[81] Zum anderen stellten sie aber auch sicher, dass die Inhaber der emittierten Papiere keinerlei Ansprüche gegen die Originatoren geltend machen konnten.[82]

Die Verbriefungskaskade nahm mit der Abtretung einzelner, vom Origina- **18**
tor ausgewählter Kreditforderungen an die Zweckgesellschaft ihren Lauf. Als Gegenleistung für die Abtretung der Forderungen erhielt die Bank ein Entgelt von der SPV. Diese wiederum refinanzierte sich durch das Emittieren von Wertpapieren, welche die vielen Einzelkredite, die vorher jeweils nur mittels einer Forderungsabtretung zu übertragen waren, verbriefte und damit zu einem

---

76 *Rudolph*, ZGR 2010, 1, 4; *Schröder*, HdB. Kapitalmarktstrafrecht, 8. Kap. Rn. 1090 f.; *Möschel*, ZRP 2009, 129, 130; *Kasiske*, in: *Schünemann*, Finanzkrise, S. 13, 15.

77 Das deutsche Bankenaufsichtsrecht definiert Zweckgesellschaften in § 1 Abs. 26 KWG als „*Unternehmen, deren wesentlicher Zweck darin besteht, durch Emission von Finanzinstrumenten oder auf sonstige Weise Gelder aufzunehmen oder andere vermögenswerte Vorteile zu erlangen, um von Refinanzierungsunternehmen oder Refinanzierungsmittlern Gegenstände aus dem Geschäftsbetrieb eines Refinanzierungsunternehmens oder Ansprüche auf deren Übertragung zu erwerben.*“

78 *Rudolph*, ZGR 2010, 1, 10; *Schröder*, HdB. Kapitalmarktstrafrecht, 8. Kap. Rn. 1095.

79 *Rudolph*, ZGR 2010, 1, 9 f; *Schröder*, HdB. Kapitalmarktstrafrecht, 8. Kap. Rn. 1094 ff.; allgemein *Ricken*, Verbriefung von Krediten und Forderungen in Deutschland, S. 54.

80 *Schröder*, HdB. Kapitalmarktstrafrecht, 8. Kap. Rn. 1096; Boos/Fischer/Schulte-Mattler/*Tollmann*, KWG, Vor §§ 22a – 22o KWG Rn. 8, 13.

81 Boos/Fischer/Schulte-Mattler/*Tollmann*, KWG, Vor §§ 22a-22o KWG Rn. 8, 13.

82 *Rudolph*, ZGR 2010, 1, 9 f.; *Schröder*, HdB. Kapitalmarktstrafrecht, 8. Kap. Rn. 1095 f.

handelbaren Kapitalmarktpapier, der MBS-Anleihe, machte.[83] Da die Rendite der Anleihekäufer mit der Entwicklung des zugrundeliegenden Kreditportfolios verknüpft war, trugen diese nun das Ausfallrisiko der hypothekengesicherten Forderungen. Würde es zu Zahlungsstockungen oder gar zur Insolvenz eines der Kreditnehmer kommen, würde die Rendite des Anleihegläubigers sinken bzw. ausfallen.[84] Plakativ ausgedrückt bedeutet dies, dass die kreditvergebende Bank nur bis zur Abtretung der Forderung an die Zweckgesellschaft durchhalten musste, um sich des Kreditrisikos zu entledigen, da ab diesem Zeitpunkt ein Zahlungsausfall des Schuldners nicht mehr sie als Originator, sondern die von ihr losgelöste Zweckgesellschaft bzw. den Käufer eines durch die Kreditforderung unterlegten Wertpapiers traf.[85] Auf eben diesem nahezu „risikofreien" System ist der Anreiz zur leichtfertigen Kreditvergabe zurückzuführen,[86] was letztlich auch zum Moral Hazard-Problem geführt hat.[87]

19 Um die Attraktivität der Anleihe zu erhöhen und ihre Marktfähigkeit zu steigern, musste das Ausfallrisiko für die potentiellen Investoren reduziert werden, was erneut durch die Auslagerung des Risikos auf Dritte, die für die Übernahme dieses Risikos bezahlt wurden, geschah. Sowohl staatlich geförderte, sog. *Government Sponsored Enterprises* (*Agencies*), als auch nicht staatlich geförderte Hypothekeninstitute sowie Kreditversicherungsgesellschaften (sog. *Monoliner*) sicherten zahlreiche Ausfallrisiken über Kreditversicherungen sowie -bürgschaften (sog. *Credit Default Swaps, CDS*) oder Garantieerklärungen ab,[88] wodurch die Wertpapiere nicht mehr als besonders risikoträchtig angesehen wurden. Daher fiel auch die Bewertung dieser Papiere durch Rating-Agenturen äußerst positiv aus. Insoweit stellten die Rating-Agenturen bei ihrer Beurteilung der Finanzprodukte die Absicherung der Ausfallrisiken in den Vordergrund und ließen die Qualität der ursprünglich vergebenen Kredite nahezu unberücksichtigt.

---

83 *Schröder*, HdB. Kapitalmarktstrafrecht, 8. Kap. Rn. 1099; kritisch zu dieser Weiterreichung der Kreditrisiken, die laut *H. J. Hellwig*, in: FS Maier-Reimer, 2010, S. 201, 206 f. jedenfalls dann sinnvoll seien, wenn der Erwerber die Risiken sachgerecht beurteilen und auch tragen kann, *Hellwig* aaO.

84 *Schröder*, HdB. Kapitalmarktstrafrecht, 8. Kap. Rn. 1101.

85 *Schröder*, HdB. Kapitalmarktstrafrecht, 8. Kap. Rn. 1105; ähnlich *Claussen*, DB 2009, 999; *H. J. Hellwig*, in: FS Maier-Reimer, 2010, S. 201, 205.

86 *Schröder*, HdB. Kapitalmarktstrafrecht, 8. Kap. Rn. 1105, weist sogar darauf hin, dass Ermittlungen der US-Strafverfolgungsbehörden Anhaltspunkte dafür geliefert haben, *„dass zahlreiche Kreditforderungen bereits im Zeitpunkt der Verbriefung zweifelhaft oder zumindest teilweise abschreibungsreif waren"*.

87 Zur Moral Hazard-Problematik s. Rn. 38.

88 *Schröder*, HdB. Kapitalmarktstrafrecht, 8. Kap. Rn. 1102; *Rudolph*, ZGR 2010, 1, 5, 8 f.

Zudem hatten sie sich fatalerweise auf die Angaben der Originatoren verlassen,[89] die naturgemäß ein signifikantes Eigeninteresse an einem guten Anleihe-Rating haben, so dass die Bewertung der Rating-Agenturen kein aussagekräftiges Gütesiegels darzustellen vermochte.[90] Dies umso mehr, wenn bedacht wird, dass die Rating-Agenturen neben dem Bewertungsgeschäft auch noch im Beratungsgeschäft tätig waren, so dass sie Finanzprodukte beurteilen sollten, bei deren Ausgestaltung sie vorher aktiv mitgewirkt hatten, womit sie bei ihrem Rating nicht unbefangen sein konnten.[91]

2. Asset-Backed Commercial Paper-Programme

Offenbar von der Profitorientierung angetrieben, beließen es die Institute nicht bei der Weiterreichung des Risikos, sondern nahmen einen beachtlichen Teil der an die Kapitalmärkte weitergegebenen Risiken indirekt oder direkt in Form strukturierter Anleihen wieder in ihre Bücher auf.[92] Denn die geschaffenen Anleihen versprachen bei einem erstklassigen Rating eine höhere Rendite als vergleichbare Anleihen derselben Ratingstufe und waren damit so attraktiv, dass neben den institutionellen Anlegern auch die Institute mit der Investition in diese Wertpapiere versuchten, den hohen Renditeerwartungen ihrer Anleger gerecht zu werden.[93] In letzter Konsequenz bedeutete dies allerdings, dass die **20**

89 So sagt etwa *Clarkson* als Präsident und COO von *Moody's Investors Service* im Interview mit *Palan* für das Manager Magazin 3/2008, S. 52, 54: „*Wir haben uns darauf verlassen, dass die Informationen korrekt waren, die wir von den verschiedenen Banken über die unterschiedlichen Kreditportfolios bekamen. Wir sind weder dabei, wenn die Hypothekenkredite verkauft werden, noch begutachten wir den Wert der Immobilien. Im Laufe der vergangenen Monate hat sich dann aber gezeigt, dass die Daten, auf die wir uns bezüglich vieler Schuldner verlassen hatten, schlicht falsch waren. Als die ersten Zahlungsausfälle eintraten und die Immobilien bewertet wurden, kam heraus, dass der Wert vieler Häuser um 40 oder 50 Prozent zu hoch eingeschätzt worden war.*"; *Schröder*, HdB. Kapitalmarktstrafrecht, 8. Kap. Rn. 1104 f., stellt sich aufgrund der fehlenden Prüfung der Angaben der Originatoren seitens der Rating-Agenturen die Frage, warum es diese Ratings dann überhaupt gab.

90 Ähnlich *Schröder*, HdB. Kapitalmarktstrafrecht, 8. Kap. Rn. 1105.

91 *Hellwig*, Gutachten E, 68. DJT, 2010, S. E 36; *Zimmer*, Gutachten G, 68. DJT, 2010, S. G 20 f., 69, 80, 92; *Spindler*, AG 2010, 601, 602 spricht hier von einem „*klassischen Interessenskonflikt*".

92 *Rudolph*, ZGR 2010, 1, 15; *H. J. Hellwig*, in: FS Maier-Reimer, 2010, S. 201, 206.

93 *Rudolph*, ZGR 2010, 1, 15.

Risiken nicht mehr auf Dritte übertragen, sondern vielmehr zwischen den Finanzinstituten hin und her geschoben wurden.[94]

21 Im Rahmen dieser Transaktionen bedienten sich die Banken sog. *Asset-Backed Commercial Papers (ABCP)*-Programme.[95] Hierzu gründeten sie von ihnen unabhängige und daher insolvenzferne Anlagevehikel, sog. *Conduits*, deren Aufgabe darin bestand, Forderungen zu kaufen und sich durch die Emission sog. *Commercial Papers (CPs)* – forderungsunterlegte Wertpapiere mit einer kurzen Laufzeit von durchschnittlich 30–90, im Höchstfall aber 360 Tagen[96] – am Finanzmarkt zu finanzieren.[97] Die Kreditinstitute traten dabei offiziell als Berater dieser Zweckgesellschaften auf und wurden über Beratungshonorare vergütet,[98] bekleideten aber de facto regelmäßig die Funktion eines Verwalters, der für die Emission der Wertpapiere sowie für die Auswahl und den Ankauf der Forderungen zuständig war.[99]

22 Ursprünglich waren ABCP-Programme darauf ausgelegt, dass Conduits Handelsforderungen – Forderungen aus Warenlieferungen oder Dienstleistungen – aufkauften und verbrieften.[100] Als Originatoren sollten Unternehmen dienen, für die der Verkauf ihrer Forderungen abzüglich eines Abschlags günstiger war als die Zinslast eines (notwendigen) Kredits.[101] Hierzu mussten sich Conduits aber günstig über die Emission von CPs finanzieren können. Voraussetzung hierfür war allerdings, dass ihnen der Markt vertraute, was zum einen aufgrund des Fehlens von haftendem Eigenkapital[102] und zum anderen aufgrund der Unüberprüfbarkeit der Werthaltigkeit der von ihnen erworbenen Forderungen eher zu

---

94 *Krahnen*, BB Die erste Seite 2013, Nr. 42.

95 *Schröder*, HdB. Kapitalmarktstrafrecht, 8. Kap. Rn. 1107 ff.; zu ABCP-Programmen s. *Ricken*, Verbriefung von Krediten und Forderungen in Deutschland, S. 40 f., 51 ff.

96 *Schröder*, HdB. Kapitalmarktstrafrecht, 8. Kap. Rn. 1109; demgegenüber spricht *Ricken*, Verbriefung von Krediten und Forderungen in Deutschland, S. 54 von *„wenigen Wochen bis zu 180 Tagen"*.

97 *Ricken*, Verbriefung von Krediten und Forderungen in Deutschland, S. 54.

98 *Rudolph*, ZGR 2010, 1, 16 Fn. 24.

99 *Ricken*, Verbriefung von Krediten und Forderungen in Deutschland, S. 54 Fn. 111.

100 *Ricken*, Verbriefung von Krediten und Forderungen in Deutschland, S. 40 f.; s. auch *Schröder*, HdB. Kapitalmarktstrafrecht, 8. Kap. Rn. 1107 ff.

101 *Schröder*, HdB. Kapitalmarktstrafrecht, 8. Kap. Rn. 1110.

102 *Rudolph*, ZGR 2010, 1, 16; *Hellwig*, Gutachten E, 68. DJT, 2010, S. E 26; *Kasiske*, in: *Schünemann*, Finanzkrise, S. 13, 14, 20, dieser weist auf S. 14 darauf hin, dass beispielsweise die *Rhineland Funding*, die Zweckgesellschaft der *IKB* mit Eigenkapital in Höhe von etwa 500 US-Dollar ausgestattet war.

negieren war.[103] Folglich hätten die Conduits einen derart hohen Zinssatz für ihre Rekapitalisierung zahlen müssen, dass sie das ABCP-Programm nicht mehr gewinnbringend hätten betreiben können.[104] Daher wurden, ähnlich wie bei den MBS-Anleihen, „vertrauensbildende" Maßnahmen ergriffen, die das Programm funktionstüchtig machen sollten. Insbesondere wurden die mit den CPs verbundenen Risiken durch die Bereitstellung von Ausfallgarantien seitens potenter Marktteilnehmer abgesichert. Hieran anknüpfend erhielten die CPs dann derart positive Bewertungen von Rating-Agenturen, dass am Markt der Eindruck ihrer gefahrlosen Zeichnung entstand.[105]

Nach der Jahrhundertwende änderte sich dieses Geschäftsmodell dahin- **23**
gehend, dass die Conduits nicht mehr überwiegend in Handelsforderungen, sondern vor allem in langfristige Vermögenswerte wie etwa MBS-Anleihen investierten, diese nochmals verbrieften und – wie bei den klassischen ABCP-Programmen auch – durch Garantiezusagen absicherten.[106] Sie versuchten die Erkenntnis auszunutzen, dass Anlagen derselben Ratingstufe mit einer kurzen Laufzeit eine geringere Verzinsung aufwiesen als solche mit einer langen, indem sie kurzlaufende Kredite aufnahmen und das erlangte Kapital wieder in langlaufende Anleihen anlegten.[107] Dabei unterscheidet sich diese Form des Fristentransformationsgeschäftes von dem von Banken herkömmlich geführten Fristentransformationsgeschäft dahingehend, dass es aufgrund der Zwischenschaltung einer Zweckgesellschaft außerhalb der Bankbilanz stattfinden konnte, so dass es folglich nicht mit Eigenkapital unterlegt werden musste.[108]

Dieses Geschäft war derart attraktiv, dass sich sogar deutsche Landesban- **24**
ken daran beteiligten. Nach amerikanischem Vorbild gründeten diese teilweise Conduits in Niedrigsteuerländern und investierten in großem Umfang in von US-Investmentbanken emittierte Schuldverschreibungen. Jedenfalls solange der

---

103 *Schröder*, HdB. Kapitalmarktstrafrecht, 8. Kap. Rn. 1111 f.

104 *Schröder*, HdB. Kapitalmarktstrafrecht, 8. Kap. Rn. 1111 f.

105 *Schröder*, HdB. Kapitalmarktstrafrecht, 8. Kap. Rn. 1113; s. auch *Rudolph*, ZGR 2010, 1, 15 f.

106 *Ricken*, Verbriefung von Krediten und Forderungen in Deutschland, S. 40 f., 54 ff.

107 *Schröder*, HdB. Kapitalmarktstrafrecht, 8. Kap. Rn. 1121 f. erinnert dieses System an eine Art *„Perpetuum mobile der Finanzwelt"*.

108 *Sommer*, Die Subprime-Krise, S. 69; *Kasiske*, in: *Schünemann*, Finanzkrise, S. 13, 15 spricht sogar davon, dass die Zweckgesellschaften ein System von „Schattenbanken" bildeten, welche außerhalb des bankenrechtlichen Regulierungsrahmens Finanzgeschäfte tätigen konnten; zu den Risikofaktoren des Transformationsgeschäfts s. *Schröder*, HdB. Kapitalmarktstrafrecht, 8. Kap. Rn. 1123 ff.

Markt den Conduits auch vertraute, war dies für die Banken ein gewinnträchtiges Geschäft, da sie auf dem Eurobondmarkt für kurzfristige Kredite mit einer Laufzeit von bis zu drei Monaten nur 1,5 % Zinsen zahlen mussten, während die amerikanischen Wertpapiere eine Rendite von etwa 7 % versprachen, so dass die hieran partizipierenden Banken mit einer Gewinnmarge von 5,5 % rechneten.[109]

III. Der Sturz in die Krise

25 Das gesamte System war derart stark miteinander verknüpft, dass negative Entwicklungen auf dem MBS-Anleihenmarkt fatale Wechselwirkungen auf die Geschäfte fristentransformierender Zweckgesellschaften haben konnten.[110] So gilt heute als wichtigster Auslöser des Systemzusammenbruchs der Zinsanstieg in den USA. Dieser hatte viele Kreditnehmer, deren Immobiliendarlehen nach Beendigung der anfänglichen Festzinsperiode in die variable, höhere Verzinsung überglitt,[111] derart überfordert, dass sie ihre Raten nicht mehr zahlen konnten, womit es zu einem Anstieg der Ausfallraten im Subprime Segment kam.[112] Dieser Ausfall konnte auch nicht mit der Verwertung der kreditsichernden Immobilien kompensiert werden, da diese ab Ende des Jahres 2006 in ihrem Wert stark gesunken waren.[113] Aufgrund dieses Preisverfalls war es für die Kreditnehmer bei ökonomischer Betrachtung günstiger, die Immobilie in die Zwangsvollstreckung zu schicken, um sie dann zum niedrigeren Marktwert wieder zurückzukaufen, als die laufenden Zins- und Tilgungsraten für die höhere Schuldensumme zu begleichen. Die Verfolgung dieser Taktik führte jedoch dazu, dass die US-Immobilien immer stärker an Wert verloren.[114] Spätestens zu diesem Zeitpunkt erkannten auch deutsche Anleihekäufer den gravierenden Unterschied zwischen dem deutschen und dem US-amerikanischen Insolvenzrecht: Während in Deutschland der Schuldner bei Realkrediten neben seiner eingebrachten Sicherung auch

---

109 S. hierzu *Sinn*, Kasino Kapitalismus, S. 84.

110 Ähnlich auch *Schröder*, HdB. Kapitalmarktstrafrecht, 8. Kap. Rn. 1130, aus dessen Sicht diese fatalen „Wechselwirkungen mit dem US-amerikanischen Häusermarkt“ bisher bei der Erforschung der Finanzkrise vernachlässigt wurden.

111 So etwa *Schröder*, HdB. Kapitalmarktstrafrecht, 8. Kap. Rn. 1131 f., der sogar davon ausgeht, „dass die Blase auch geplatzt wäre, wenn der Zinsanstieg ausgeblieben wäre“; näher hierzu auch *Rudolph*, ZGR 2010, 1, 7 f.

112 *Schröder*, HdB. Kapitalmarktstrafrecht, 8. Kap. Rn. 1131; *Rudolph*, ZGR 2010, 1, 17; ähnlich *Sinn*, Kasino Kapitalismus, S. 64.

113 *Rudolph*, ZGR 2010, 1, 17.

114 S. hierzu auch *Zeitler*, WM 2012, 673, 676.

persönlich haftbar bleibt, ist dessen Haftung in einigen Regionen der USA nur auf das Wohnobjekt beschränkt, was das Ausfallrisiko erheblich steigert.[115]

Die Folge dieser Ereignisse war, dass der Markt für MBS-Anleihen zusammenbrach und das gesamte System der Verbriefung in seinem Kern erschüttert wurde.[116] In Folge der durch die Verbriefung geschaffenen Intransparenz[117] war es keinem Marktteilnehmer mehr möglich, festzustellen, ob die Bonität des Vertragspartners oder gar des Garantiegebers tatsächlich noch bestand. Damit trat zusätzlich zum Investitionsrisiko auch das Risiko der Kreditsicherung hinzu, wodurch ein allgemeines Misstrauen in das gesamte Finanzsystem geweckt wurde.[118] 26

Dieses Misstrauen wirkte sich auch auf das exzessiv betriebene Fristentransformationsgeschäft aus. Nunmehr konnten selbst die vorhandenen Sicherungen der CPs nicht verhindern, dass die in MBS-Anleihen investierenden Conduits sich nicht mehr günstig oder zumindest kostendeckend über die Emission dieser kurzfristig laufenden Wertpapiere refinanzieren konnten. Denn die ohne Eigenkapitalpuffer agierenden Zweckgesellschaften balancierten mit Anlagesummen, die sogar die Eigenkapitalbasis ihrer Sponsoren um ein Vielfaches übertraf,[119] so dass die für die kurzlaufenden CPs zu zahlenden Zinsen nun die Zinsen für langlaufende Anleihen überstiegen. Aus diesem Grund waren Conduits nicht mehr in der Lage, fällig werdende CPs zurückzuzahlen und damit ihren laufenden Verbindlichkeiten nachzukommen, womit letztlich ihre Insolvenzreife 27

115 S. zum Ganzen *Schröder*, HdB. Kapitalmarktstrafrecht, 8. Kap. Rn. 1133; s. auch *Lutter*, ZIP 2009, 197, 198; *Rudolph*, ZGR 2010, 1, 7; *Claussen*, DB 2009, 999; *Heun*, JZ 2010, 53, 55; zur US-amerikanischen Rechtslage *Spindler/Brandt/Raapke*, RIW 2010, 746, 753.

116 *Schröder*, HdB. Kapitalmarktstrafrecht, 8. Kap. Rn. 1133.

117 Vorliegend wurde nur das Grundmodell der Verbriefung aufgezeigt. Neben diesem Grundmodell wurden MBS-Anleihen weiter zu CDOs verbrieft, die wiederrum selbst verbrieft wurden. *Sinn*, Kasino Kapitalismus, S. 172, 396 berichtet, dass teilweise CDO-Papiere mit insgesamt 40 Verbriefungsstufen im Umlauf waren und befürwortet ein Verbot der mehrstufigen Verbriefung, da kein „*Mensch, auch nicht der größte Experte, verstand, welche Ansprüche gegen welche Person er eigentlich erwarb, wenn er ein* [solches] *CDO-Papier kaufte*".

118 Zum Ganzen *Schröder*, HdB. Kapitalmarktstrafrecht, 8. Kap. Rn. 1117 f.

119 Etwa *Spindler*, AG 2010, 601, 602; *Hellwig*, Gutachten E, 68. DJT 2010, S. E 26 nennt hier als deutsches Beispiel die Sächsische Landesbank, die bei weniger als 4 Milliarden Euro Eigenkapital ihren Zweckgesellschaften eine Liquiditätszusagen von über 40 Milliarden Euro gab.

eintrat.[120] Diese Zahlungsunfähigkeit wirkte sich dabei trotz der rechtlichen Eigenständigkeit der Zweckgesellschaften auch auf ihre Sponsoren, den beratenden Banken, aus, da diese die Rückzahlung der von den Conduits ausgegebenen Wertpapieren garantiert hatten.[121] Mit fortlaufender Fälligkeit dieser Anleihen stieg daher auch das Saldo der von den Sponsoren für die zahlungsunfähigen Conduits aufzubringenden Mittel an, was wiederum zu Zweifeln in Bezug auf die Solvenz der Sponsoren ihrerseits führte.[122] So gerieten auch die renommierten Investmenthäuser *Bear Stearns*, *Merill Lynch* und Lehman Brothers aufgrund ihrer starken Verstrickung in dieses Verbriefungsgeschäft in eine schwere Krise. Während allerdings die ersten beiden Häuser durch staatliche Übernahmen vor dem Zusammenbruch bewahrt wurden, erklärte der amerikanische Finanzminister *Paulson* am 10.9.2008, die Lehman Brothers Bank nicht retten zu wollen,[123] so dass sie wenig später – knapp ein Jahr nach dem faktischen Zusammenbruch der fristentransformierenden Zweckgesellschaften[124] – Insolvenz anmelden musste.[125]

28 Die Folge dieser Insolvenz war, dass der weltweite Interbankenhandel kollabierte. Realisierend, dass selbst eine Bank der Größenordnung von Lehman Brothers von den Verantwortlichen nicht (zwingend) aufgefangen werden würde, fingen Kreditinstitute nun auch untereinander damit an, sich selbst kurzfristige Kredite nur bei Vorhandensein spezifischer Absicherungen zur Verfügung zu stellen.[126] Zugespitzt wurde das Ganze dadurch, dass neben den Banken insbesondere auch die Kreditversicherer, die sich einem gewaltigen Schadensaufkommen ausgesetzt sahen, in Misskredit gerieten.[127] So musste der größte Kreditversicherer der Welt, die *American International Group* (*AIG*), verstaatlicht werden, da ihre Insolvenz mit größter Wahrscheinlichkeit einen kaum beherrschbaren

---

120 *Schröder*, HdB. Kapitalmarktstrafrecht, 8. Kap. Rn. 1136 f.

121 Hierzu Rn. 19, 22.

122 *Schröder*, HdB. Kapitalmarktstrafrecht, 8. Kap. Rn. 1138; *Rudolph*, ZGR 2010, 1, 20 f.

123 *Sinn*, Kasino Kapitalismus, S. 88; *Möschel*, ZRP 2009, 129, 130 bezeichnet dies als eine *„groteske Fehlentscheidung innerhalb des amerikanischen Krisenmanagements"*.

124 *Schröder*, HdB. Kapitalmarktstrafrecht, 8. Kap. Rn. 1134.

125 *Schröder*, HdB. Kapitalmarktstrafrecht, 8. Kap. Rn. 1133 f.; *Rudolph*, ZGR 2010, 1, 22.

126 *Möschel*, ZRP 2009, 129, 130; *Rudolph*, ZGR 2010, 1, 22; *Sinn*, Kasino Kapitalismus, S. 88 f.

127 *Schröder*, HdB. Kapitalmarktstrafrecht, 8. Kap. Rn. 1133.

Dominoeffekt ausgelöst hätte.[128] Insgesamt konnte der völlige Zusammenbruch des Banken- und Versicherungssektors nur durch beispiellose Rettungsaktionen verhindert werden,[129] deren Darstellung im Einzelnen den Rahmen der vorliegenden Arbeit sprengen würde.[130]

B. Erkenntnisse aus der Krise

Die Finanzmarktkrise brachte sowohl die auf dem Finanzmarkt existierenden **29**
fehlerhaften Anreizstrukturen als auch die Qualitäts- und Quantitätsdefizite des Eigenkapitals von Instituten deutlich zum Vorschein.[131] Insofern hat das unter der Federführung der Bank für Internationalen Zahlungsausgleich (BIZ) 1988 in Basel entstandene Baseler Abkommen (sog. Basel I)[132] versagt, das mit der Installation von Mindeststandards für die Eigenkapitalausstattung international tätiger Banken eigentlich die Bonität und Stabilität des internationalen Banksystems stärken sollte[133] und in Europa auch weitestgehend umgesetzt wurde.[134] Das Abkommen sah eine Eigenkapitalquote im Verhältnis zu den risikogewichteten

---

128 *Sinn*, Kasino Kapitalismus, S. 94 f., der auch darauf hinweist, dass eine Insolvenz der AIG verheerendere Folgen gehabt hätte, als die Insolvenz der Lehman Brothers.

129 *Schröder*, HdB. Kapitalmarktstrafrecht, 8. Kap. Rn. 1138; *Kasiske*, in: *Schünemann*, Finanzkrise, S. 13.

130 S. zu diesen Aktionen im Einzelnen *Sinn*, Kasino Kapitalismus, S. 265 ff.; zur hier ebenfalls nicht zu behandelnden strafrechtlichen Aufarbeitung der Finanzmarktkrise s. etwa das Werk von *Schünemann*, Finanzkrise.

131 *Brahmi*, Contingent Convertibles, in: Schütt (Hrsg.), Deutsches Institut für Bankwirtschaft - Schriftenreihe, Band 7 (12/2011), S. 2 mwN; im Ergebnis auch *Hellwig*, Gutachten E, 68. DJT, 2010, S. E 31 ff, 43 ff.; wohl auch *Sundaresan/Wang*, Federal Reserve Bank Staff Report No. 448 (2011), S. 1, abrufbar unter: http://www.newyorkfed.org/research/staff_reports/sr448.pdf (zuletzt abgerufen am 3.7.2014).

132 S. hierzu auch. Rn. 187 f.

133 *BCBS*, Internationale Konvergenz der Eigenkapitalmessung und Eigenkapitalanforderungen v. 1988 (nachfolgend Basel I-1988), S. 2 Ziff. 2, abrufbar unter: http://www.bis.org/publ/bcbs04ade.pdf (zuletzt abgerufen am 3.7.2014).

134 So ausdrücklich auch *Sinn*, Kasino Kapitalismus, S. 193 f.; wohl auch *Hellwig*, Gutachten E, 68. DJT, 2010, S. E 43 ff., nachdem die Risikokalibrierung der Eigenkapitalregulierung nach den Baseler Vorgaben für den Eigenkapitalmangel verantwortlich ist; s. auch *H. J. Hellwig*, in: FS Maier-Reimer, 2010, S. 201, 208: „[...] *regulatorische Mindestanforderungen* [...] *stellten sich* [...] *als zu lax heraus*"; aA allerdings *Florstedt*, ZBB 2013, 81, 92, nach dem nicht die Eigenkapitalvorschriften unzulänglich waren, sondern eine „*Krise der Rechtsbehauptung*" vorgelegen haben soll.

Aktiva (RWA) von 8 % vor, wobei diese Quote mit mindestens 4 % durch Kernkapital unterlegt werden musste.[135] Durch die Risikogewichtung sollte der Risikograd der einzelnen Ausleihungen regulatorisch angemessen berücksichtigt werden können,[136] was durch das schlichte Gegenüberstellen von ungewichteter Aktiva und Passiva nicht möglich sei.

30 Dennoch wurde das Regelwerk aufgrund seiner pauschalen Einordnung der Risiken in ein fünfstufiges Gewichtungsschema von den Banken als zu starr und simpel kritisiert. Daher wurde die Risikobewertung zunächst 1996[137] und später durch ein weiteres, im Jahr 2004 verabschiedetes Baseler Abkommen, sog. Basel II[138], erweitert und in wesentlichen Punkten der internen Bewertung der Banken überlassen.[139] An dem Grundkonzept der Einteilung der Risiken in fünf Gruppen wurde zwar festgehalten, jedoch sollten Aufsichtsbehörden nur noch die bankeninternen Risikomodelle, nicht aber die Zuweisung konkreter Anlagen zu den einzelnen Risikopositionen überprüfen.[140] Das eigentliche Problem des durch Basel I implementierten Bewertungssystems, dass das zur Risikoabdeckung ohnehin zu niedrig angesetzte Eigenkapital auch künstlich aufgebläht werden kann, wurde jedoch nicht angegangen.[141] Es wurde sogar noch durch das Verhalten der Banken verstärkt, da diese ihre Geschäfte auf Grundlage ihrer eigenen Bewertungsmodelle in aller Regel einer niedrigen Risikostufe zuordneten. Die Folge war, dass die Summe der risikogewichteten Aktiva nur noch einen

---

135 Basel I-1988 (Fn. 133), S. 5, 18.

136 Für Details der Risikogewichtung s. Basel I-1988 (Fn. 133), S. 11, Anlage 2.

137 *BCBS*, Änderungen der Eigenkapitalvereinbarung zur Einbeziehung der Marktrisiken v. 1/1996 (Basel I-1996), abrufbar unter: http://www.bis.org/publ/bcbs24ade.pdf (zuletzt abgerufen am 3.7.2014).

138 *BCBS*, Internationale Konvergenz der Eigenkapitalmessung und der Eigenkapitalanforderungen – überarbeitete Rahmenvereinbarung v. 6/2004 (nachfolgend Basel II), abrufbar unter: http://www.bis.org/publ/bcbs107ger.pdf (zuletzt abgerufen am 3.7.2014).

139 *Heun*, JZ 2010, 53, 57; *Sinn*, Kasino Kapitalismus, S. 195 f., 200 f.; zu den Entwicklungen des Baseler Akkords von Basel I bis hin zu Basel III s. auch *Rudolph*, ZHR 175 (2011), 284, 289 ff., 316 ff.

140 *Heun*, JZ 2010, 53, 57 mwN; *Sinn*, Kasino Kapitalismus, S. 194 f.

141 So auch *Sinn*, Kasino Kapitalismus, S. 197 ff.; kritisch in Bezug auf die Risikokalibrierung *Hellwig*, Gutachten E, 68. DJT, 2010, S. E 44; da nicht nachvollzogen werden kann, wie es zu den 8 % der Gesamteigenkapitalquote gekommen ist, die immerhin alle Überarbeitungen der Baseler Regelungen überstanden haben; teilweise wird dabei von den „*magischen*" 8 % gesprochen, s. *Schulte-Mattler/Manns*, WM 2011, 2069, 2072.

geringen Bruchteil der tatsächlichen Aktiva darstellte, womit es insgesamt zu einer enormen Verzerrung der Darstellung der Eigenkapitalausstattung kam. Beispielsweise konnte die *Deutsche Bank AG* im Jahr 2007 eine „beruhigende" Kernkapitalquote von 8,6 % vorweisen, während die Quote ihres ungewichteten Eigenkapitals lediglich 1,9 % ausmachte.[142]

Wie in der obigen Analyse der Finanzmarktkrise gezeigt wurde, war die ban- 31
keninterne Risikogewichtung jedoch nicht die einzige Möglichkeit, um die eigenen Bilanzen zu schönen. So konnten Banken zweifelhafte Forderungen auch auf Zweckgesellschaften übertragen und mussten, obwohl sie zumindest einen Teil der Risiken der Zweckgesellschaften zur Sicherung ihrer Bonität übernommen hatten, diese nicht mehr mit Eigenkapital unterlegen, da sie die Risiken aufgrund der Übertragung auf die Zweckgesellschaft nicht mehr bilanziell abbilden mussten.[143] Nicht anders gestaltete sich das Bild in den USA, wo die *Securities and Exchange Commission* (*SEC*) dem Baseler System ähnelnde Eigenkapitalvorschriften vorgab.[144] Eine Erkenntnis aus der Krise lautet daher, dass die Möglichkeiten zur Bilanzschönung, insbesondere die vollständige Auslagerung der Kreditrisiken aus der eigenen Bilanz, unterbunden[145] und die verzerrte Eigenkapitaldarstellung entzerrt werden muss.[146]

Im Rahmen der Finanzmarktkrise wurde zudem deutlich, dass die Eigenmit- 32
telvorgaben eine prozyklische Wirkung auf das gesamte Bankensystem haben können, die zu einer Verschärfung der Krise führen kann.[147] So verzeichnen die Risikomesssysteme bei einem guten konjunkturellen Umfeld einen Rückgang der Risiken, wodurch die Kreditinstitute in die Lage versetzt werden, zusätzliche Risiken zur Steigerung der Eigenkapitalrendite zu übernehmen.[148]

---

142 Zum Ganzen *Sinn*, Kasino Kapitalismus, S. 198.

143 *Heun*, JZ 2010, 53, 57; *Spindler*, AG 2010, 601, 602.

144 Näher hierzu und zu den Unterschieden *Sinn*, Kasino Kapitalismus, S. 189 f., 196 f., 202 f.; *Heun*, JZ 2010, 53, 56 f.

145 In Deutschland ist dies auch recht früh durch das BilMoG geschehen, dass durch die Änderung der §§ 290 ff. HGB Zweckgesellschaften in die Konsoldierungspflicht desjenigen Unternehmens stellt, dass die überwiegenden Chancen und Risiken der Zweckgesellschaft trägt; s. *Claussen*, DB 2009, 999, 1002.

146 Ein Schritt in diese Richtung sind die strengeren Kapitalanforderungen durch Basel III, wobei die Risikogewichtung durch dieses Regelwerk nicht aufgegeben worden ist. Kritisch hierzu *Hellwig*, Gutachten E, 68. DJT, 2010, S. E 44; zu Basel III s. Rn. 190 ff.

147 S zur prozyklischen Wirkung der Eigenkapitalregelungen auch *Sinn*, Kasino Kapitalismus, S. 204 ff.; *Blaurock*, JZ 2012, 226, 230.

148 *Rudolph*, in: FS Hopt, 2010, S. 2407, 2417 f.; *Sinn*, Kasino Kapitalismus, S. 204.

Kommt es dann aber aufgrund eines konjunkturellen Umschwungs wieder zu einem Anstieg der gemessenen Risiken, würde dies bei Kreditinstituten dazu führen, dass das nun vorhandene Eigenkapital nicht mehr zur Risikoabdeckung der risikogewichteten Aktiva ausreicht. Im schlimmsten Fall müssten daher alle Institute zeitgleich ihr Eigenkapital aufstocken oder aber im Wege der Risikoreduzierung die vorhandenen Verbindlichkeiten veräußern, um den regulatorischen Eigenkapitalanforderungen entsprechen zu können. Dabei führt eben dieses gemeinsame Deleveraging der Banken zu einer Anspannung auf den Märkten, wodurch die Bedingungen, zu denen die Institute sich Eigenkapital beschaffen oder aber Verbindlichkeiten veräußern können, erheblich verschlechtert werden und letztlich eine Abwärtsspirale eingeleitet wird.[149] So ist es auch einigen Banken im Rahmen der Finanzmarktkrise ergangen, die zunächst in sicher geglaubte Wertpapiere investiert hatten, dann aber feststellen mussten, dass die Papiere höchst riskant waren, wodurch sich das Rating für diese derart stark verschlechterte, so dass das vorher als angemessen anerkannte Eigenkapital schlagartig als zu gering angesehen werden musste.

33 Ein weiteres Problem der Eigenkapitalregelungen war aber auch, dass Banken das regulatorische Eigenkapital nicht dazu nutzen konnten, um einen größeren Verlust abzudecken, ohne zeitgleich aufsichtsrechtliche Konsequenzen fürchten zu müssen. Dies macht *Goodhart* mit einer Metapher besonders deutlich:

> *„The most salient metaphor and fable in prudential regulation is of the weary traveler who arrives at the railway station late at night, and, to his delight, see a taxi there who could take him to his distant destination. He hails the taxi, but the taxi driver replies that he cannot take him, since local bylaws require that there must always be one taxi standing ready at the station. Required liquidity is not true, usable liquidity. Nor might I add, is required minimum capital fully usable capital from the point of view of a bank."*[150]

34 Diese Metapher stellt die fehlerhafte Struktur der Eigenkapitalregelungen treffend dar. Denn in der Tat konnte das vorhandene Eigenkapital nicht dazu genutzt werden, um die Verluste des laufenden Geschäfts abzudecken und die Gläubiger zu befriedigen. Dies lag daran, dass dem Eigenkapital eine Doppelfunktion im Sinne einer Risikobegrenzungsfunktion („Bremsfunktion" des Eigenkapitals[151])

---

149 *Rudolph*, in: FS Hopt, 2010, S. 2407, 2417 f.; *ders.*, ZHR 175 (2011), 284, 293; *Sinn*, Kasino Kapitalismus, S. 204.

150 *Goodhart*, Liquidity Risk Management, in: Banque de France: Financial Stability Review No. 11, Febr. 2008, S. 39, 41, abrufbar unter: http://www.banque-france.fr/fileadmin/user_upload/banque_de_france/publications/Revue_de_la_stabilite_financiere/etud6_0208.pdf (zuletzt abgerufen am 3.7.2014).

151 *Rudolph*, ZHR 175 (2011), 284, 292 mwN.

und einer Pufferfunktion (Verlustausgleichs-, Haftungs-, Garantie-, Risikoträger- oder Versicherungsfunktion[152]) zeitgleich zukam, und das ohne weitere Differenzierung und Zuordnung einzelner Kapitalposten zu den unterschiedlichen Funktionen.[153] Dies ist problematisch, da der Risikopuffer im Falle des Bedarfs aufgrund der Notwendigkeit zur Erfüllung der Risikobegrenzungsfunktion gerade nicht in Anspruch genommen werden konnte, um dem notleidenden Institut das weitere Betreiben des laufenden Geschäfts zu ermöglichen.[154] In diesem Zusammenhang wird daher zurecht von einem „*Paradoxon*" gesprochen, da die Sicherstellung der Mindesteigenkapitalisierung, die das Finanzsystem eigentlich krisensicher machen sollte, den Banken die Möglichkeit des Verlustausgleichs im laufenden Betrieb nimmt und den Finanzmarkt daher destabilisiert.[155] Die Finanzmarktkrise verdeutlichte dieses Problem und zeigte, dass, wenn die Eigenkapitalregulierung die zeitgleiche Erfüllung der genannten Funktion beabsichtigt, dies kontraproduktiv für die gewünschte Marktsicherheit ist.[156] Insofern führt das strikte Ineinandergreifen der durch das Mindesteigenkapital zu realisierenden Risikobegrenzungs- und Pufferfunktion zu einem Wirkungsmechanismus, aus dem eine Verlustspirale resultiert.[157] Denn würde die Bank die vorgeschriebene Eigenkapitalquote unterschreiten, so müsste sie aufgrund dieses aufsichtsrechtlichen Fehlverhaltens Sanktionen bis hin zum Entzug der Bankerlaubnis befürchten.[158] Daher mussten die Institute ihre Mittel selbst in

---

152 *Rudolph* ZHR 175 (2011), 284, 292 mwN.

153 *Rudolph,* ZHR 175 (2011), 284, 285 f., 294 Fn. 30 sagt in diesem Zusammenhang sogar ausdrücklich, dass „*Defizite in der Eigenkapitalregulierung zur Verschärfung der internationalen Finanzkrise beigetragen haben könnten*"; *ders.*, in: FS Hopt, 2010, 2407, 2419 f.; zu den Funktionen der Kapitalpolster s. auch *Hilke*, Risiko und Bankenaufsicht, Diss. Göttingen 2013, S. 43 ff. mwN.

154 Ähnlich *Rudolph*, in: FS Hopt, 2010, 2407, 2419 f.; *ders.*, ZHR 175 (2011), 284, 285 f., 294 Fn. 30.

155 *Hellwig*, Preface to: Sinn (Hrsg.), Risk-Taking, Limited Liability and the Banking Crisis, S. 2: „*Unfortunately, there is a paradox involved: Equity capital that a bank needs to meet regulatory requirements is not available as a buffer against losses, which would be the usual function of 'unregulated' equity capital. Through this paradox, capital regulation itself has also contributed to the crisis*"; ähnlich *ders.*, De Economist Vol. 157 (2009), S. 129, 180.

156 So auch *Rudolph,* ZHR 175 (2011), 284, 293.

157 *Rudolph,* ZHR 175 (2011), 284, 294.

158 *Deutsche Bundesbank,* Basel III – Leitfaden zu den neuen Eigenkapital- und Liquiditätsregeln für Banken, 2011, S. 8, abrufbar unter: http://www.bundesbank.de/Redaktion/DE/Downloads/Veroeffentlichungen/Buch_Broschuere_Flyer/

Verlustsituationen zurückhalten, so dass das Eigenkapital seinen Zweck als Puffer nicht mehr erfüllen konnte.[159] Zurecht stellt die Deutsche Bundesbank daher die Frage, „*was* […] *höhere Kapitalanforderungen* [nutzen], *wenn das Eigenkapital selbst in einer Krise gar nicht zu einer Abfederung der Risiken genutzt werden kann, da ein Unterschreiten der Mindestkapitalquote bereits zu aufsichtlichen Sanktionen, bis hin zum Entzug der Geschäftserlaubnis, führt*".[160]

35 Insgesamt sind daher neue Instrumente zu schaffen, die völlig losgelöst von der Risikobegrenzungsfunktion allein der Erfüllung der Pufferfunktion dienen. Der Baseler Ausschuss hat dies im Rahmen seines Basel III-Regelwerks u. a. mit der Einführung eines sog. Kapitalerhaltungspolsters auch vorgeschlagen.[161]

36 Ein weiteres, gegebenenfalls geeigneteres Instrument[162] zur Erfüllung dieser Funktion könnten allerdings CoCo-Bonds mit ihrem vorgesehenen Debt-Equity-Swap bzw. ihrer Herabschreibungsvariante[163] darstellen.[164] Um jedoch zu gewährleisten, dass sie das beschriebene Paradoxon auflösen, dürften sie aufsichtsrechtlich nicht in die Berechnung des Risikodeckungspotentials der Bank einbezogen werden, da CoCo-Bonds ansonsten die Funktion des Risikopuffers nicht erfüllen können.[165] Dies bedeutet, dass die Umwandlung oder Herabschreibung der CoCo-Bonds keine aufsichtsrechtlichen Sanktionen für die Bank zur Folge haben dürfte, weil die Bank keine CoCo-Bonds mehr hätte.[166] Auch bedeutet dies, dass, wenn CoCo-Bonds zur Erfüllung der regulatorischen Eigenkapitalanforderungen

---

bankenaufsicht_basel3_leitfaden.pdf?__blob=publicationFile (zuletzt abgerufen am 3.7.2014).

159 *Rudolph*, ZHR 175 (2011), 284, 317; *Hellwig*, De Economist Vol. 157 (2009), S. 129, 180.

160 *Deutsche Bundesbank*, Basel III – Leitfaden (Fn. 158), S. 8.

161 Zu Basel III s. Rn. 190 ff.

162 S. zu CoCo-Bonds vs. Kapitalerhaltungspolster Rn. 206.

163 Wobei die Herabschreibungsvariante von CoCo-Bonds in dieser Arbeit äußerst kritisch gesehen wird, so dass empfohlen wird, derart ausgestalteten CoCo-Bonds die Anrechenbarkeit auf das regulatorische Eigenkapital zu versagen, s. Rn. 48.

164 So wohl auch *Rudolph*, in: FS Hopt, 2010, 2407, 2420, der CoCo-Bonds als einen „*interessanten Vorschlag zur Lösung des Problems der Doppelfunktion des Eigenkapitals der Banken*" bezeichnet; näher zu den Unterschieden zwischen den CoCo-Bonds und den Baseler Kapitalerhaltungspolstern s. CoCo-Bonds vs. Baseler Kapitalerhaltungspolster Rn. 206.

165 *Rudolph*, ZHR 175 (2011), 284, 310; *ders.*, in: Groß/Pfingsten (Hrsg.), Finanzmarktkrisen, ZfbF Sonderheft 67/2013, S. 97, 115, 118.

166 Ein solches Problem besteht natürlich nur dort, wo es eine zwingende CoCo-Bond-Quote gibt.

eingesetzt werden, sie nur in der Höhe, wie sie im Falle der Wandlung auch auf dieses angerechnet werden können, berücksichtigt werden sollten.[167] Eine hierüber hinausgehende Möglichkeit der Anrechnung birgt nämlich die Gefahr, dass die Bank nach der Wandlung die Eigenkapitalquoten nicht erfüllt und doch wieder aufsichtsrechtliche Sanktionen zu befürchten hat.

CoCo-Bonds könnten bei entsprechender Ausgestaltung zudem die im Rahmen der Finanzmarktkrise deutlich gewordenen Fehlanreize angehen,[168] womit sie neben der Verlustabsorption einen weiteren Vorteil bieten. So haben vor allem die Manager großer Investmentbanken aufgrund der implizierten „Staatsgarantie" selbst bei größeren Verlusten aufgrund eines schwachen Aktienkurses von der notwendigen Aufstockung des Eigenkapitals abgesehen, um eine Verwässerung der Aktionärsanteile zu vermeiden. Vielmehr vertrauten sie in der Krise darauf, dass sie der Staat im Zweifel retten würde und versuchten, die Krise in der Hoffnung auf ihr baldiges Ende auszusitzen.[169] Erste Rettungsaktionen des Staates bestärkten sie sogar in diesem Glauben.[170] Der Grundsatz, dass jeder Marktteilnehmer die Auswirkungen seines risikoreichen Handelns selbst zu tragen hat, schien damit im Finanzsektor keine Bedeutung mehr zu haben, womit die disziplinierende Kraft des eigenverantwortlichen Handelns nicht mehr auf diesen Sektor durchschlug.[171] Die Folgen dieses Fehlanreizes konnten auch bei der Lehman Brothers Bank beobachtet werden. Diese vertagte im Sommer 2008 die wichtige Ausgabe von Aktien zur eigenen Rekapitalisierung wohl im Bewusstsein, dass sie im Zweifel durch den Staat aufgefangen werden **37**

---

167 Dies wird derzeit auch durch Art. 54 Abs. 3 CRR-VO sichergestellt: „*Der Betrag der in den Posten des zusätzlichen Kernkapitals anerkannten Instrumente des zusätzlichen Kernkapitals ist beschränkt auf den Mindestbetrag der Posten des harten Kernkapitals, der sich ergeben würde, wenn der Kapitalbetrag der Instrumente des zusätzlichen Kernkapitals vollständig herabgeschrieben werden oder in Instrumente des harten Kernkapitals umgewandelt würde*".

168 S. Rn. 17 ff.

169 *Calomiris/Herring*, Journal of Applied Corporate Finance Vol. 25 (2013), No. 2, S. 21, 22, die diese Information aus erster Hand, nämlich von einem im Rahmen der Finanzmarktkrise verantwortlichen Bankmanager erhalten haben wollen; ähnlich *Pennacci/Vermaelen/Wolff*, The Case of COERCs, Working Paper 8/2010 (Revised 2/2012), S. 3 Fn. 3, abrufbar unter: http://papers.ssrn.com/sol3/papers.cfm?abstract_id=2023009 (zuletzt abgerufen am 3.7.2014).

170 *Calomiris/Herring*, Journal of Applied Corporate Finance Vol. 25 (2013), No. 2, S. 21, 22.

171 Treffender Weise bezeichnet *Blaurock*, JZ 2012, 226, 227 den Staat aus Sicht der handelnden Akteure als eine „*Agentur der schlechten Risiken*".

würde und spekulierte letztlich auf einen Anstieg des Aktienkurses.[172] Hätten die Manager die Insolvenzgefahr fürchten müssen, hätten sie die Aktienausgabe wohl auch bei niedrigem Aktienkurs vorangetrieben.[173] Bei entsprechend ausgestalteten CoCo-Bonds kann auch die Wandlungsgefahr einen solchen Anreiz zur Stärkung der Eigenkapitalbasis zwecks Vermeidung der Wandlung setzen und das Vertrauen in der Krise auf eine Rettung durch den Staat bzw. auf einen Kursanstieg eindämmen, da dieser – wenn überhaupt – erst nach der für die Gesellschafter nachteilhaften Wandlung einspringen würde, sofern noch ein entsprechender Bedarf bestünde.[174]

38 Letztlich ist die Finanzmarktkrise zu einem nicht unwesentlichen Teil auch auf das aus dem Versicherungsrecht stammende Problem des Moral Hazard zurückzuführen, das entsteht, wenn ein Versicherungsnehmer aufgrund einer abgeschlossenen Versicherung die Folgen des Schadenseintritts nicht mehr selbst zu tragen hat und damit jeden Anreiz zur Vermeidung eines solchen verliert.[175] Ähnliches ließ sich auf dem Finanzmarkt beobachten. Finanzinstitute, die eine bestimmte Größe erreicht hatten, wogen sich in der Sicherheit des Staates, da dieser sie aufgrund ihrer zentralen Bedeutung für die Volkswirtschaft im Zweifelsfall retten würde.[176] Angespornt durch diese „Staatsgarantie" konnten sie

---

172 *Calomiris/Herring*, Journal of Applied Corporate Finance Vol. 25 (2013), No. 2, S. 21, 29.

173 So *Calomiris/Herring*, Journal of Applied Corporate Finance Vol. 25 (2013), No. 2, S. 21, 29.

174 S. zur Ausgestaltung der CoCo-Bonds Rn. 49 ff.

175 Terbille/*Terbille*, Münchener Anwaltshandbuch Versicherungsrecht, § 1 Rn. 11.

176 Ähnlich *Sommer*, Die Subprime-Krise, S. 8; *Flannery*, No Pain, No Gain? (Fn. 27), S. 1 f; *Spindler*, AG 2010, 601, 603 f.; *Sinn*, Kasino Kapitalismus, S. 130; s. auch *Expertenkommission*, Schlussbericht v. 30.9.2010, S. 127, 134, die den aufgrund der Staatsgarantie fehlenden Anreiz zum effizienten und nachhaltigen Wirtschaften als einen Widerspruch zu den marktwirtschaftlichen Prinzipien bezeichnet. Denn ein funktionierender Wettbewerb in einer freiheitlichen Marktwirtschaftsordnung erfordere, dass Markteintritte und -austritte von Unternehmen nicht behindert oder gar verhindert werden, so dass das Risiko des Ausscheidens aus dem Markt die Unternehmen dazu zwingt, sich an die aktuellen Marktgeschehnisse anzupassen (Sanktionsmechanismus des Marktes). Diese Marktdisziplin beugt Fehlverhalten von Unternehmen vor und wurde letztlich durch die Staatsinterventionen zur Rettung von Unternehmen ausgehebelt, abrufbar unter: http://www.sif.admin.ch/dokumentation/00522/00715/index.html?lang=de&download=NHzLpZeg7t,lnp6I0NTU042l2Z6ln1acy4Zn4Z2qZpnO2Yuq2Z6gpJCDdIN2hGym162epYbg2c_JjKbNoKSn6A— (zuletzt abgerufen am 3.7.2014); zur Marktdisziplin auch *Hellwig*, Gutachten E, 68. DJT, 2010, S. E 20 ff.

daher immer höhere Risiken eingehen, ohne dass die Gesellschafter einen Verlust ihres Anteilseigentums oder die Manager den (dauerhaften) Verlust ihres Postens zu befürchten hatten.[177] Im Versicherungsrecht wird dieser falsch gesetzte Anreiz durch die Vereinbarung eines Selbstbehalts des Versicherungsnehmers bzw. des Begünstigten gelöst.[178] Da der Versicherungsnehmer dadurch einen Teil des Schadens selbst zu tragen hat, steigt wieder sein Anreiz zur Schadensvermeidung. Daher finden sich etwa in § 22 e Abs. 6 S. 4 KWG oder in § 93 Abs. 2 S. 3 AktG Regelungen, die im Falle eines Versicherungsabschlusses eine Selbstbehaltspflicht des Versicherungsnehmers vorsehen.[179]

Daran anknüpfend kann die dauerhafte Stabilität des Bankensystems nur wiederhergestellt werden, wenn die Haftung der handelnden Akteure bzw. der dahinter stehenden Eigentümer wieder in den Vordergrund gerückt wird.[180] Hierfür bieten sich CoCo-Bonds bei entsprechender Ausgestaltung geradezu an, da erlittene Verluste zunächst auf die Gesellschafter und die Anleihegläubiger aufgeteilt werden, bevor überhaupt darüber diskutiert werden muss, ob eine Rettung des Instituts durch den Staat notwendig ist. Dieses Haftungsrisiko wieder in den Vordergrund rückend, kann davon ausgegangen werden, dass die Beteiligten die Risiken nicht mehr so sorglos eingehen wie bislang. Teilweise wird sogar bezweifelt, ob irgendeine andere Regulierungsmaßnahme eine ähnlich positive Auswirkung auf die Anreizstruktur der Kreditinstitute haben könnte.[181] 39

Zusammenfassend kann festgehalten werden, dass CoCo-Bonds den im Rahmen der Krise zum Vorschein gekommenen Missständen jedenfalls teilweise entgegenwirken können. Diese Wirkung hängt allerdings sowohl von ihrer konkreten Ausgestaltung als auch vom regulatorischen Umgang mit diesem 40

---

177 *Spindler*, AG 2010, 601, 603; s. auch *Thiratanapong*, Chulalongkorn Journal of Economics Vol. 22 (2010), S. 39, 40, der in diesem Zusammenhang von einer Schwächung der Marktdisziplin spricht.

178 Terbille/*Terbille*, Münchener Anwaltshandbuch Versicherungsrecht, § 1 Rn. 11.

179 Boos/Fischer/Schulte-Mattler/*Tollmann*, KWG, § 22e Rn. 35; s. auch die Beschlussempfehlung des Rechtsausschusses zu § 93 Abs. 2 S. 3 AktG, BT-Drucks. 16/13433, S. 11, wonach der Selbstbehalt Pflichtverletzungen von Vorstandsmitgliedern präventiv entgegenwirkt.

180 *Sinn*, Kasino Kapitalismus, S. 367.

181 So *Calomiris/Herring*, Journal of Applied Corporate Finance Vol. 25 (2013), No. 2, S. 21, 23, die den durch CoCo-Bonds bei entsprechender Ausgestaltung gesetzten Anreiz zur Verbesserung des Risikomanagements und zur Aufrechterhaltung einer adäquaten Eigenkapitalbasis als einzigartig und dringend notwendig bezeichnen.

Instrument ab. Diese zentralen Aspekte sollen im Folgenden beleuchtet werden. Da jeder Diskussion um die Regulierung neuer Finanzprodukte immer das Verständnis von deren ökonomischen Bewertung voranzustellen ist,[182] soll im nächsten Abschnitt dieser Arbeit zunächst eine ökonomische Analyse der Co-Co-Bonds erfolgen.

182 *Möslein*, ZBB 2013, 1, 7.

3. Teil Contingent Convertible Bonds (CoCo-Bonds)

Bei CoCo-Bonds handelt es sich um hybride Schuldinstrumente. Als solche sind sie in krisenfreien Zeiten als langfristige, nachrangige Schuldverschreibungen mit festem Kupon und damit als Fremdkapital zu qualifizieren. Sobald allerdings bestimmte, bereits bei Zeichnung der Anleihe festgelegte Kriterien, sog. Trigger oder auch Trigger Events, tangiert werden, wandeln sie sich in haftendes Eigenkapital um oder werden ganz oder teilweise herabgeschrieben.[183] So ausgestaltet, entsprechen CoCo-Bonds auch den durch Basel III[184] geänderten und in Europa durch das CRD IV-Maßnahmenpaket umgesetzten[185] Anforderungen zur Anerkennung hybrider Finanzinstrumente als Teil des regulatorischen Eigenkapitals.[186] 41

Im Gegensatz dazu verlieren vormals von den Banken ausgegebene Hybridanleihen aufgrund der neuen Regelungen gem. Art. 486 Abs. 1, 3, 5 CRR-VO bis zum 31.12.2021 schrittweise ihre Anrechenbarkeit auf das regulatorische Eigenkapital.[187] Der wesentliche Unterschied zwischen den CoCo-Bonds und den bisherigen Hybridanleihen liegt in der nun geforderten, uneingeschränkten Zurverfügungstellung solcher Anleihen zur Verlustabdeckung.[188] Während CoCo-Bonds aufgrund ihrer Wandlungsklausel dieses Kriterium erfüllen, konnten die bisherigen Hybridanleihen Verluste allenfalls durch eine Verlängerung ihrer Laufzeit oder durch das Einbehalten ihrer Kuponzahlung auffangen.[189] Denn die Wandlungsberechtigten der klassischen Hybridanleihen, die 42

---

183 *Brahmi*, Contingent Convertibles, in: Schütt (Hrsg.), Deutsches Institut für Bankwirtschaft – Schriftenreihe, Band 7 (12/2011), S. 4; *Gleske/Ströbele*, CFL 2012, 49; *French/Baily/Campbell/et al.*, The Squam Lake Report, 2010, S. 86.

184 S. hierzu Rn. 190 ff.

185 Zum CRD IV-Maßnahmenpaket s. Rn. 201 ff.

186 Maßstab hierfür ist bei den CoCo-Bonds Art. 52 in Verbindung mit Art. 54 CRR-VO.

187 *Brahmi*, Contingent Convertibles, in: Schütt (Hrsg.), Deutsches Institut für Bankwirtschaft – Schriftenreihe, Band 7 (12/2011), S. I; *Thiratanapong*, Chulalongkorn Journal of Economics Vol. 22 (2010), S. 39, 48.

188 *Zähres*, Deutsche Bank Research v. 15.4.2011 (Fn. 25), S. 1.

189 *Mackinger*, CoCo-Bonds, S. 20.

Anleihegläubiger, machen in der Krise bewusst nicht von ihrem Wandlungsrecht Gebrauch, um die Verluste der Bank nicht tragen zu müssen.[190]

43 Aber selbst wenn die Anleihe nicht mit einem Wandlungsrecht des Gläubigers, sondern mit einer Wandlungspflicht ausgestattet war, vermochte sie in Krisenzeiten nicht zur Verlustabsorption beizutragen, weswegen auch die klassische Pflichtwandelanleihe ihre Anrechenbarkeit auf das Eigenkapital verlieren wird. Denn diese ist üblicherweise so ausgestaltet, dass sie spätestens am Ende der Laufzeit gewandelt werden musste.[191] Zudem hat der Anleihegläubiger auch noch ein Wandlungsrecht, von dem er vor Ende der Anleihelaufzeit Gebrauch machen kann.[192] Da eine Krise jedoch keinen bestimmten Zeitplan verfolgt,[193] ist es für die Fähigkeit zur Verlustabsorption des Instruments wichtig, dass seine Wandlung in Elemente des harten Kernkapitals oder seine Herabschreibung nicht für einen in den Anleihezeitpunkt fest definierten Zeitpunkt vorgesehen oder in das Ermessen eines der Vertragsparteien gestellt wird. Vielmehr sollte das Auslöseereignis an das Vorliegen einer Krise und damit an objektive Bedingungen, die festlegen, wann sich das Institut in einer solchen befindet, anknüpfen. Daher ist der Verlust der Anrechenbarkeit von Anleihen, die die in der Krise nicht zur Verlustabsorption beitragen können, auf das regulatorische Eigenkapital zu begrüßen. Aus Sicht der Banken bedeutet dieser Verlust, dass sie sich zur Erfüllung der Eigenkapitalvorgaben verstärkt mit der Ausgabe von CoCo-Bonds zu beschäftigen haben.[194] Damit werden CoCo-Bonds wohl die klassischen Hybridanleihen mittel- bis langfristig ersetzen.[195] Wie schnell das gehen könnte,

---

190 Im Ergebnis auch *Brahmi*, Contingent Convertibles, in: Schütt (Hrsg.), Deutsches Institut für Bankwirtschaft – Schriftenreihe, Band 7 (12/2011), S. 3 f.

191 MünchKommAktG/*Habersack*, § 221 Rn. 52; Marsch-Barner/Schäfer/*Groß*, HdB börsennotierte AG, § 51 Rn. 7; *Friel*, Wandelanleihen mit Pflichtwandlung, Diss. Bonn 2000, S. 41; *Schanz*, BKR 2011, 410, 414.

192 Spindler/Stilz/*Seiler*, § 221 AktG Rn. 151; MünchKommAktG/*Habersack*, § 221 Rn. 52.

193 *Nodoushani*, ZBB 2011, 143, 145.

194 Zu den neuen Eigenkapitalregelungen s. Rn. 190 ff.

195 *Brahmi*, Contingent Convertibles, in: Schütt (Hrsg.), Deutsches Institut für Bankwirtschaft – Schriftenreihe, Band 7 (12/2011), S. I, 1, 3; *Zähres*, Deutsche Bank Research v. 15.4.2011 (Fn. 25), S. 1, 12, 18; s. auch *Schlitt/Brandi/Schröder/Gemmel/Ernst*, CFL 2011, 105, 120; allgemein zu den Auswirkungen von Basel III auf hybride Instrumente in der Handels- und Steuerbilanz *Haisch/Renner*, DB 2012, 135 ff.

zeigen verschiedene Pressemitteilungen, nach denen CoCo-Bonds im Jahr 2013 zu den „Gewinnern" des Anleihemarkts zählen.[196]

A. Ziel und Funktion

Bis zum Eintritt des Wandlungsauslösers sind CoCo-Bonds Schuldverschreibungen, so dass der Emittent dem Gläubiger neben der Kuponrückzahlung grundsätzlich auch die Rückzahlung des Kapitals schuldet.[197] Mit Eintritt des Trigger Events wird das Instrument jedoch entweder herabgeschrieben oder wandelt sich in Mittel des harten Kernkapitals, wodurch sich die Eigenkapitalausstattung des Emittenten sofort verbessert.[198] In der Wandlungsvariante der CoCo-Bonds erhalten die Anleihegläubiger bei Wandlung des Instruments nicht nur die üblichen Eigentümerrechte, sondern übernehmen auch die üblichen Pflichten, so dass sie sowohl an einem erwirtschafteten Gewinn partizipieren als auch für alle aufgetretenen und (möglicherweise) noch auftretenden Verluste der Gesellschaft mit ihrer Einlage haften bzw. diese verlieren.[199] Bis zur Wandlung haben die CoCo-Bond-Gläubiger allerdings weder ein Anwartschaftsrecht auf die Aktien noch sind sie als „aufschiebend bedingte Aktionäre" anzusehen, vielmehr sind sie wie jeder sonstige Besitzer einer Schuldverschreibung zu behandeln.[200] 44

Die Wandlung der CoCo-Bonds ermöglicht einen „auf Vorrat angelegten Debt-Equity-Swap".[201] Zwar werden der Gesellschaft durch derartige Swaps keine 45

196 Vgl. „CoCo-Bonds: Die Gewinner 2013 werden auf dem Institutional Money Kongress präsentiert", in: Institutional Money v. 21.11.2013, abrufbar unter: http://www.institutional-money.com/news/uebersicht/artikel/coco-bonds-die-gewinner-2013-werden-auf-dem-institutional-money-kongress-praesentiert/?no_cache=1&cHash=49718bd462f332eb1111a71f19cc4495 (zuletzt abgerufen am 3.7.2014); s. auch „CoCo-Bonds gehören zu den Gewinnern 2013", in: anleihencheck.de v. 21.11.2013, abrufbar unter: http://www.anleihencheck.de/analysen/Artikel-CoCo_Bonds_gehoeren_Gewinnern_2013-5377333 (zuletzt abgerufen am 3.7.2014).

197 *Von der Crone/Beeler*, ZBB 2012, 12, 16; *Zähres*, Deutsche Bank Research v. 15.4.2011 (Fn. 25), S. 5.

198 *Zähres*, Deutsche Bank Research v. 15.4.2011 (Fn. 25), S. 5.

199 *Rudolph*, Kreditwesen 2010, 1152, 1153; *ders.*, ZHR 175 (2011), 284, 311; *ders.*, in: Groß/Pfingsten (Hrsg.), Finanzmarktkrisen, ZfbF Sonderheft 67/2013, S. 97, 107.

200 So bei den klassischen Wandel- und Pflichtwandelanleihen MünchKommAktG/*Habersack*, § 221 Rn. 28 mwN; ähnlich K. Schmidt/Lutter/*Merkt*, § 221 AktG Rn. 21.

201 So der Referentenentwurf des Bundesministeriums der Justiz und für Verbraucherschutz zum Entwurf eines Gesetzes zur Änderung des Aktiengesetzes (Aktienrechtsnovelle 2014), S. 27.

neuen liquiden Mittel zugeführt, allerdings wird die Eigenkapitalbasis aufgrund des Wegfalls der Rück- sowie Zinszahlungsverbindlichkeit dennoch gestärkt.[202] Diese sofortige Verbesserung der Kapitalqualität führt dazu, dass künftige Verluste besser aufgefangen werden können, wodurch letztlich auch der Zugang zu anderen privatwirtschaftlichen Refinanzierungsmitteln zu einer Zeit erleichtert wird,[203] zu der es der Bank anderenfalls kaum möglich wäre, aus eigener Kraft frisches Kapital am Finanzmarkt zu erhalten.[204] Dadurch könnte verhindert werden, dass Restrukturierungsmaßnahmen im Sinne der §§ 48a ff. KWG und Maßnahmen nach dem KredReorgG überhaupt erst erforderlich werden.[205]

46 Darüber hinaus könnten CoCo-Bonds bei entsprechender Ausgestaltung die durch die implizierte Staatsgarantie vorhandenen Fehlanreize korrigieren.[206] Denn diese sind im Zweifel nach der Finanzmarktkrise aufgrund der weitreichenden Folgen der Lehman Brothers Bank Insolvenz eher noch stärker ausgeprägt, als dass sie obsolet geworden sind.[207] Damit diese Fehlanreize mit dem Einsatz von CoCo-Bonds effektiv bekämpft werden können, muss jedoch sichergestellt werden, dass die CoCo-Bond-Emittenten bzw. ihre Gesellschafter im Wandlungsfall mit einem erheblichen Verlust zu rechnen haben.[208] Nur auf diese Weise würde das Management der Kreditinstitute wieder einen starken Anreiz

---

202 *Friedl*, BB 2012, 1102; *Zähres*, Deutsche Bank Research v. 15.4.2011 (Fn. 25), S. 5; ähnlich *Carli/Rieder/Mückl*, ZIP 2010, 1737, 1740; s. auch *Simon*, Das neue Schuldverschreibungsgesetz, Diss. Köln 2011, S. 82 weist jedoch richtigerweise darauf hin, dass derartige Swaps trotz ihrer zunehmenden praktischen Bedeutung nicht geeignet sind, eine drohende Zahlungsunfähigkeit abzuwenden; wie dieser auch *Wittig*, in: FS Uhlenbruck, 2000, S. 685, 703.

203 *Zähres*, Deutsche Bank Research v. 15.4.2011 (Fn. 25), S. 5; ähnlich auch *Flannery*, Maintaining Adequate Bank Capital, April 2013, S. 18 f., abrufbar unter: http://papers.ssrn.com/sol3/papers.cfm?abstract_id=2258181 (zuletzt abgerufen am 3.7.2014).

204 *Mackinger*, CoCo-Bonds, S. 16; *Böhringer/Mihm/Schaffelhuber/Seiler*, RdF 2011, 48 sprechen in diesem Zusammenhang auch von einem in den CoCo-Bonds angelegten *„Prepacked Recapitalization"*.

205 *Böhringer/Mihm/Schaffelhuber/Seiler*, RdF 2011, 48.

206 Hierzu bereits oben Rn. 37 ff.

207 Immerhin führte die Insolvenz dieser Bank zu einem Dominoeffekt, der den gesamten Finanzmarkt destabilisierte und aufzeigte, dass auch Staaten in Bedrängnis geraten können, wenn sie versuchen, diesen Markt wieder zu stabilisieren. Gerade systemrelevante Banken werden hieraus wohl den Schluss ziehen, dass die Staaten ein erneutes Echo auf den Finanzmärkten verhindern wollen und sie sie daher im Zweifel immer auffangen würden.

208 Näher hierzu im Rahmen des Wandlungsverhältnisses, s. Rn. 73 ff.

erhalten, um vorbeugende oder zumindest rechtzeitige Maßnahmen zur Stärkung der Eigenmittelbasis und damit zur Sicherung der finanziellen Stabilität der Bank und mit ihr schlussendlich der des Finanzsektors zu ergreifen.[209] Denn wenn die Ausgabe von Aktien im Vergleich zur Wandlung der CoCo-Bonds das „geringere Übel" für die (vorhandenen) Aktionäre darstellt, dann wäre der Vorstand im Rahmen des Shareholder Value-Ansatzes[210] dazu angehalten, im Zweifel durch die Ausgabe von Aktien rechtzeitig frisches Eigenkapital für die Gesellschaft zu gewinnen, um dadurch die Wandlung zu verhindern.[211] Insofern sind CoCo-Bonds, die zu einer erheblichen Gesellschafterverwässerung führen, für den Vorstand mit dem Schwert des Damokles vergleichbar. Denn würde es zur einer Wandlung kommen, so wären sowohl die Altaktionäre, die erbost über ihre Anteilsverwässerung sind, als auch die Neuaktionäre, aus deren Sicht sich die Inkompetenz des Vorstands auf die nicht verhinderte Wandlung zurückführen lässt, stark daran interessiert, den Vorstand abzusetzen.[212] Zwar ist dies im dualistischen System des Aktienrechts in Deutschland gem. § 84 Abs. 3 AktG die Aufgabe des Aufsichtsrates, allerdings kann davon ausgegangen werden, dass ein Misstrauensvotum der Hauptversammlung praktisch die Absetzung des Vorstands durch den Aufsichtsrat zur Folge haben wird.[213] Daher würde das Wissen des Vorstands von der Existenz eines derartigen Finanzinstruments für diesen einen starken Anreiz zur Vermeidung der Wandlung setzen, was zwangsläufig dazu führt, dass er bestrebt sein würde, eine angemessen hohe Eigenkapitalrate

209 So auch *Calomiris/Herring*, Journal of Applied Corporate Finance Vol. 25 (2013), No. 2, S. 21, 26 f., die davon ausgehen, dass stark verwässernde CoCo-Bonds aufgrund des gesetzten Anreizes zur Vermeidung einer Wandlung in der Praxis wohl nie zu einer solchen führen würden.

210 Ausführlich zum Shareholder Value-Ansatz im Aktienrecht MünchKommAktG/*Spindler*, § 76 Rn. 71 ff.; *R. H. Schmidt/Spindler*, in: FG Kübler, 1997, S. 515 ff.; für einen geschichtlichen Überblick über den Einzug des Shareholder Value-Ansatzes s. *Groh*, DB 2000, 2153 ff.

211 *Calomiris/Herring*, Journal of Applied Corporate Finance Vol. 25 (2013), No. 2, S. 21, 26 f.; für eine Verwässerung der Gesellschafteranteile auch *Berg/Kaserer*, Does contingent capital induce excessive risk-taking?, Working Paper 2/2014, S. 3, 6 f., 34 f., abrufbar unter: http://papers.ssrn.com/sol3/papers.cfm?abstract_id=1709341 (zuletzt abgerufen am 3.7.2014).

212 *Calomiris/Herring*, Journal of Applied Corporate Finance Vol. 25 (2013), No. 2, S.21, 27, die diese Situation auch als „CEO's nightmare" bezeichnen.

213 KölnerKommAktG/*Mertens/Cahn* Vorb. § 76 Rn. 1.

zu halten und ein gut funktionierendes Risikomanagement einzuführen,[214] sowie ein vor allem nachhaltiges und nicht bloß am kurzfristigen Gewinn orientiertes Wirtschaften zu verfolgen.[215]

47 An dieser Stelle sei darauf hingewiesen, dass, wenn in der vorliegenden Arbeit von einer Verhaltenssteuerung auf Aktionärsseite die Rede ist, aus deutscher Sicht damit nicht gemeint ist, dass die Aktionäre unmittelbar auf den laufenden Geschäftsbetrieb Einfluss nehmen können; dies fällt gem. § 76 Abs. 1 AktG exklusiv in den Aufgabenbereich des Vorstands. Der Vorstand ist allerdings gehalten, den Interessen der Aktionäre im Rahmen der Geschäftsführung grundsätzlich hinreichend Rechnung zu tragen.[216] Dies wird im Übrigen auch in Ziff. 4.1.1 DCGK klargestellt, nach dem der Vorstand das Unternehmen (auch) unter Berücksichtigung der Belange der Aktionäre leitet, so dass davon ausgegangen werden kann, dass der Vorstand das Interesse der Aktionäre an einer Vermeidung einer für sie nachteilhaften CoCo-Bond-Wandlung mit dem Ergreifen entsprechender Maßnahmen nachgehen wird.

48 Da die gewünschte Verhaltenssteuerung damit eine für die Gesellschafter nachteilhafte Ausgestaltung der CoCo-Bonds voraussetzt, sollte eine Herabschreibung der CoCo-Bonds, die gem. Art. 54 Abs. 1 lit. d) CRR-VO[217] auch für die Anrechenbarkeit auf das Eigenkapital zulässig ist, nicht in Betracht kommen. Denn eine solche würde auf Seiten des Instituts aufgrund der Verlustabwälzung auf die Anleihegläubiger zu negativen Anreizen führen. So kann der Vorstand eines Instituts mit dem Bewusstsein, dass es im Zweifel die Fremdkapitalgeber

---

214 *Calomiris/Herring*, Journal of Applied Corporate Finance Vol. 25 (2013), No. 2, S. 21, 26; in diese Richtung auch *Pennacci/Vermaelen/Wolff*, The Case of COERCs (Fn. 169), S. 6; für eine starke Verwässerung zudem *Flannery/Perotti*, CoCo Design (Fn. 53), S. 3 f.; wohl auch *Rudolph*, in: Groß/Pfingsten (Hrsg.), Finanzmarktkrisen, ZfbF Sonderheft 67/2013, S. 97, 109 ff., 112 f.

215 Zu den entsprechenden Pflichten aus §§ 76 Abs. 1, 87 Abs. 1 S. 2, 91 Abs. 2 AktG s. Rn. 234 ff. Bereits hier sei darauf hingewiesen, dass sich die aus diesen Normen ergebene Verpflichtung zum nachhaltigen Wirtschaften bzw. zu einem im Rahmen des Anstellungsvertrags entsprechend gesetzten Anreizes und zur Schaffung eines Risikomanagementsystems – eine Pflicht, die für Institute auch aus § 25a Abs. 1 S. 3 KWG folgt – ausschließlich mit der entsprechenden Anreizwirkung der CoCo-Bonds überschneiden. CoCo-Bonds sollen jedoch über diese Anreizsetzung hinaus auch Verluste absorbieren können.

216 S. etwa KölnKomm/*Mertens/Cahn* Vorb. § 76 AktG Rn. 1 f., § 76 115 ff., 31; Spindler/Stilz/*Fleischer* § 76 Rn. 36 f.; MünchKommAktG/*Spindler*, § 76 Rn. 76.

217 Verordnung (EU) Nr. 575/2013 über die Aufsichtsanforderungen an Kreditinstitute und Wertpapierfirmen, ABl. (EU) Nr. L 321 v. 30.11.2013, S. 6 ff.

sind, die im Rahmen der Herabschreibung ihrer Anleihe den Großteil des Schadens zu tragen haben, höhere Risiken eingehen. Je nach Umfang des eingegangenen Risikos könnte dies sogar dazu führen, dass die Herabschreibung der CoCo-Bonds nicht zur Verlustdeckung reicht, wodurch das Institut erst im Vertrauen auf die (gegebenenfalls bei weitem) nicht ausreichende Herabschreibung in die Krise gestürzt werden könnte.[218] Ein stückweit erinnert dies sogar an die fatale Risikoverlagerung im Rahmen der Finanzmarktkrise, da auch hier darauf vertraut wurde, dass im Endeffekt jemand anderes den Schaden bzw. einen auftretenden Verlust zu tragen habe.[219] Daher ist dieser vermeintlichen Sicherheit der Institute entgegenzuwirken, weshalb die Herabschreibungsvariante abzulehnen ist. Zwar könnte sie zu einer Marktdisziplin auf Investorenseite führen, da diese die Finanzsituation des Emittenten vor ihrer Investition genauestens überprüfen und die Zinsen entsprechend anpassen würden, allerdings haben Fremdkapitalgeber keinen unmittelbar gestalterischen Einfluss auf die laufende Geschäftsführung, so dass sie das von der Gesellschaft eingegangene Risiko letztlich nicht direkt steuern können.[220] Daher sollte der verhaltenssteuernde Anreiz der CoCo-Bonds auf Seiten der Gesellschaft und nicht auf Investorenseite gesetzt werden. Dies gilt umso mehr, wenn man berücksichtigt, dass die Anreizsetzung auf der Investorenseite bereits durch das sog. *Bail-in-Instrument* erfolgt.[221]

B. Ausgestaltung

Aus den oben genannten Gründen beschränkt sich die folgende Prüfung auf die 49
Wandlungsvariante der CoCo-Bonds[222] und untersucht die mögliche Ausgestaltung einer solchen Anleihe. Dabei wird von einer börsennotierten Gesellschaft als Emittenten ausgegangen.

---

218 Auch *von der Crone/Beeler*, ZBB 2012, 12, 17 weist auf die Gefahr der falschen Anreizsetzung aufgrund der Verlustabwälzung auf die Gläubiger hin; s. zu den falschen Anreizen durch eine zu starke Verlustbeteiligung der Gläubiger auch *Berg/Kaserer*, Does contingent capital induce excessive risk-taking? (Fn. 210), S. 3, 6 f., 34 f.

219 Hierzu Rn. 16 ff.

220 Insofern ist die Argumentation mit der eines für die Anleihegläubiger nachteilhaften Wandlungs-verhältnisses vergleichbar. Zum Wandlungsverhältnis s. Rn. 73 ff.

221 S. zum Bail-in-Instrument Rn. 159 ff.

222 *Zähres*, Deutsche Bank Research v. 15.4.2011 (Fn. 25), S. 3 f. sowie *Mackinger*, CoCo-Bonds, S. 10 f., 71 erkennen die Herabschreibungsvariante noch nicht einmal als CoCo-Bond an, da ein solcher immer in Aktien bzw. in Instrumente des harten Kernkapitals zu wandeln sei.

50 Zudem soll unter den einzelnen Ausgestaltungsmerkmalen auch auf die neuen Regelungen des sog. „Capital Requirements Directive IV"-Pakets, bestehend aus der CRD IV-Richtlinie[223] (nachfolgend CRD IV) und der „Capital Requirements Regulations"-Verordnung[224] (nachfolgend CRR), eingegangen werden, durch die der europäische Normgeber das Basel III-Regelwerk in europäisches Recht umgesetzt hat.[225] Dieses Regulierungspaket ersetzt gem. Art. 163 CRD IV die bislang maßgeblichen Richtlinien 2006/48/EG und 2006/49/EG mit Wirkung zum 1.1.2014[226] und machte auch in Deutschland eine umfangreiche Überarbeitung des Kreditwesengesetzes notwendig, was durch das CRD IV-Umsetzungsgesetz bereits geschehen ist.[227]

I. Ausgestaltungsmerkmale

51 Die Frage nach der Ausgestaltung der CoCo-Bonds ist eng mit der Frage verknüpft, was passieren könnte bzw. soll, wenn sich das wandlungsauslösende Ereignis nähert. Soll der Vorstand in einem derartigen Szenario alles ihm Mögliche tun, um die Erreichung des Triggers und dessen Folgen zu vermeiden? Oder könnte es eher im Interesse der Gesellschaft liegen, dass das wandlungsauslösende Ereignis erreicht wird, so dass der Vorstand sogar bewusst versuchen wird, dieses Szenario zu fördern? Da CoCo-Bonds in der Lage sind, eine verhaltenssteuernde Wirkung zu entfalten, können sie das Moral Hazard-Problem je nach ihrer Ausgestaltung entweder ver- oder aber entschärfen. Um Letzteres zu

---

223 Richtlinie 2013/36/EU über den Zugang zur Tätigkeit von Kreditinstituten und die Beaufsichtigung von Kreditinstituten und Wertpapierfirmen, ABl. (EU) Nr. L 176 v. 27.6.3013, S. 338 ff.

224 Verordnung (EU) Nr. 575/2013 über die Aufsichtsanforderungen an Kreditinstitute und Wertpapierfirmen, ABl. (EU) Nr. L 321 v. 30.11.2013, S. 6 ff.

225 Ausführlich zum sog. CRD IV-Paket und zu Basel III s. Rn. 190 ff., 201 ff.

226 Verweise auf die ersetzten Richtlinien sind gem. Art. 163 Abs. 2 CRD IV nach Maßgabe der Entsprechungstabelle in Anhang II der CRD IV-Richtlinie und in Anhang IV der CRR-VO zu lesen.

227 Gesetz zur Umsetzung der Richtlinie 2013/36/EU über den Zugang zur Tätigkeit von Kreditinstituten und die Beaufsichtigung von Kreditinstituten und Wertpapierfirmen, BGBl. 2013 Teil 1 Nr. 53, S. 3395 ff.; einen Überblick in Bezug auf die Änderungen des KWGs im Zuge des CRD IV-Pakets bietet auch *Höpfner*, BaFin-Journal Nr. 1/2014, S. 21, 23 ff; des Weiteren ausführlich hierzu *Kirchhartz*, GWR 2013, 395 ff.

vermeiden, darf das verhaltenssteuernde Potential der CoCo-Bonds im Rahmen ihrer Ausgestaltung nicht außer Acht gelassen werden.[228]

1. *Die Wahl des wandlungsauslösenden Ereignisses*

Kategorisch lassen sich zwei Typengruppen von Wandlungsauslösern unterscheiden: die systemischen und die bankspezifischen Trigger. Die systemischen Trigger stellen auf den Zustand des gesamten Finanzmarkts ab und führen beispielsweise erst dann zu einer Wandlung, wenn die zuständige Aufsichtsbehörde auf dem Finanzmarkt eine Krisensituation ausruft.[229] Derartige Wandlungsauslöser sollten allerdings von vornherein ausscheiden, da nicht nachvollziehbar ist, warum CoCo-Bonds einem kriselnden Institut erst dann mit einem Debt-Equity-Swap helfen sollen, wenn sich der gesamte Finanzsektor in der Krise befindet. Dies erst recht, wenn bedacht wird, dass erst die Insolvenz einer Bank zu einer Krise auf den Finanzmärkten führen kann.[230] Systemische Trigger laufen damit Gefahr, erst dann einzusetzen, wenn eine Krise ganz unmittelbar bevorsteht und ggf. kaum noch zu verhindern ist, was sie als Krisenpräventionsmittel zu statisch erscheinen lässt. **52**

Zudem würde ein Wandlungsauslöser, der nicht auf die individuelle Finanzsituation des Emittenten, sondern allgemein auf die Marktsituation abstellt, den CoCo-Bonds ihr verhaltenssteuerndes Element rauben.[231] Denn letztlich müssten selbst diejenigen Institute, die sich in einer guten wirtschaftlichen Lage befinden, eine Wandlung ihrer CoCo-Bonds fürchten, so dass dem Vorstand der Anreiz zu einer risikobewussten, nachhaltigen Geschäftsführung zur Vermeidung der Wandlung genommen werden würde.[232] Da somit der mit den CoCo-Bonds **53**

228 So wohl auch *De Spiegeleer/Schoutens*, Contingent Convertible Notes, S. 5; auch *Coffee*, Colum. L. Rev. Vol. 111 (2011), 795, 844 f. weist auf die Gefahr hin, dass das ganze Potential der CoCo-Bonds verkannt wird, wenn ausschließlich auf die Verlustabsorption abgestellt wird.

229 *Mackinger*, CoCo-Bonds, S. 24; *Pazarbasioglu/Zhou/Le Leslé/Moore*, Contingent Capital: Economic Rationale and Design Features, S. 9.

230 Insofern meint auch *Zähres*, Deutsche Bank Research v. 15.4.2011 (Fn. 25), S. 7: "*CoCos* [stellen] *ein institutsspezifisches Instrument dar, daher sollte auch die Wandlungsentscheidung individuell erfolgen*".

231 So auch *Calomiris/Herring*, Journal of Applied Corporate Finance Vol. 25 (2013), No. 2, S. 21, 31.

232 Ähnlich *French/Baily/Campbell/et al.*, The Squam Lake Report, 2010, S. 91, die deswegen neben dem systematischen Trigger auf auch einen bankspezifischen abstellen.

verbundene, positive Anreizeffekt auf den Vorstand zur Stärkung der Marktdisziplin wegfallen würde, sollte ein solcher Auslöser nicht gewählt werden.

54 Hingegen orientieren sich bankspezifische Trigger an den Bilanz- oder Marktwerten ihrer Emittenten, womit die individuelle Finanzlage der Institute das maßgebliche Wandlungskriterium ist. Ebenfalls denkbar sind regulatorische Trigger, die die Wandlung der CoCo-Bonds von einer Ermessensentscheidung der zuständigen Aufsichtsbehörde, die auf eine Bewertung der wirtschaftlichen Situation des jeweiligen CoCo-Bondemittenten beruht, abhängig machen.

a) Regulatorischer Trigger

55 Zunächst kommt ein der zuständigen Aufsichtsbehörde eingeräumtes Ermessen zur Einleitung der CoCo-Bondwandlung in Betracht, das beispielsweise an das Ergebnis eines Bankenstresstestes geknüpft werden könnte.[233] Dies würde jedoch die Gefahr einer nicht unerheblichen Wandlungsverzögerung mit sich bringen, da die Aufsichtsbehörden dem hinter einer solchen Wandlung stehenden politischen Druck ausgesetzt wären.[234] Neben einer Verzögerung kommt zudem auch eine Verzerrung in Betracht, wenn die Politik nicht will, dass ihre Banken marode wirken.[235] Außerdem ist unklar, auf welcher Grundlage die Behörden eine „bessere" Wandlungsentscheidung treffen können sollen, als die Marktteilnehmer

---

233 Gerade das Anknüpfen an einen Stresstest bezeichnet etwa *Rudolph*, ZHR 175 (2011), 284, 313 als eine *„überdenkenswerte Möglichkeit"* mit einem *„ausgeprägt*[en] *präventiven Charakter"*; ein regulatorischer Trigger wird offenbar vom FSOC, Report to Congress on a Study of a Contingent Capital Requirement for certain Nonbank Financial Companies and Bank Holding Companies v. Juli 2012 (nachfolgend FSOC Report), S. 15 f. favorisiert; abrufbar unter: http://www.treasury.gov/initiatives/fsoc/studies-reports/Documents/Co%20co%20study[2].pdf (zuletzt abgerufen am 3.7.2014).

234 So ähnlich auch *Mackinger*, CoCo-Bonds, S. 25; *Pennacci/Vermaelen/Wolff*, The Case of COERCs (Fn. 169), S. 9, 16; *Flannery/Perotti*, CoCo Design (Fn. 53), S. 6; FSOC Report (Fn. 233), S. 12; allgemein kritisch zur Aufsicht *Calomiris/Herring*, Journal of Applied Corporate Finance Vol. 25 (2013), No. 2, S. 21, 23 f.; *Berndt/Vollmar/Becker*, Der Schweizer Treuhänder 2012, 125, 129; ein schlechtes Licht auf Entscheidungen der Bankenaufsicht werfen auch die Ausführungen bei *H. J. Hellwig*, in: FS Maier-Reimer, 2010, S. 201, 211, der Indizien vorbringt, nach denen der BaFin bereits im Jahr 2005 sowohl das von den Banken betriebene Fristentransformationsgeschäft (Rn. 23 ff.) als auch das damit verbundene Risiko bekannt war; dennoch blieb die BaFin *vermutlich* aufgrund des politischen Drucks untätig.

235 Skeptisch im Zusammenhang mit dem neu zu installierenden Abwicklungssystem offenbar auch Erwägungsgrund 4b AbwicklungsVO-E (zur AbwicklungsVO-E s. Rn. 142 ff., 169 ff.): *„Für nationale Behörden bestehen möglicherweise Anreize zur*

bzw. der Markt selbst.[236] Daher kann die Sinnhaftigkeit eines solchen Wandlungsauslösers ernsthaft bezweifelt werden, zumal mit dem Anknüpfen an eine Ermessensentscheidung eines Dritten auch die gewünschte Anreizsetzung auf Vorstandsebene nicht mehr in gleicher Weise gesetzt werden könnte.

b) Bilanzwertorientierter Trigger

Des Weiteren könnte ein am Bilanzwert orientierter Trigger, der an die (regulatorische) Eigenmittelquote des Emittenten knüpft, die CoCo-Bondwandlung herbeiführen. Ein solcher Wandlungsauslöser liegt nahe, da CoCo-Bonds die Eigenkapitalbasis der Bank in Krisenzeiten gerade auch aus regulatorischer Sicht wieder stärken sollen, um Maßnahmen der Aufsichtsbehörden unnötig zu machen.[237] Zudem sind diese Eigenkapitalquoten einfach in ihrer Bewertung, vergleichsweise unkompliziert und werden in regelmäßigen Abständen offengelegt.[238] Wohl aus diesen Gründen knüpft auch Art. 54 Abs. 1 lit. a) CRR-VO[239] an einen solchen Trigger an und bestimmt, dass CoCo-Bonds spätestens bei der Unterschreitung der harten Kernkapitalquote von 5,125 % zu wandeln sind. Damit setzt die CRR-VO zumindest teilweise den Vorschlag der Europäischen Bankenaufsichtsbehörde (EBA) um, der neben diesem Wert allerdings auch auf das Unterschreiten der (gesamten) Kernkapitalquote von 7 % abstellte.[240] 56

Rettung von Banken mit öffentlichen Finanzmitteln, bevor ein Abwicklungsprozess eingeleitet wird […]".

236 *Berndt/Vollmar/Becker*, Der Schweizer Treuhänder 2012, 125, 129.

237 So wohl *Nodoushani*, ZBB 2011, 143, 148, der aber bei Instituten in Deutschland zusätzlich hierzu auch auf Maßnahmen der BaFin, die auf eine Kapitalerhöhung gerichtet sind, abstellt.

238 Für die Anknüpfung an das Kernkapital etwa *French/Baily/Campbell/et al.*, The Squam Lake Report, 2010, S. 91 f., die allerdings alternativ auch an eine regulatorischen Trigger anknüpfen; wohl auch *Schlitt/Brandi/Schröder/Gemmel/Ernst*, CFL 2011, 105, 113; *Pazarbasioglu/Zhou/Le Leslé/Moore*, Contingent Capital: Economic Rationale and Design Features, S. 19; *Nodoushani*, ZBB 2011, 143, 148, der jedoch eine Kombination eines bilanzwertorientierten und eines regulatorischen Triggers befürwortet.

239 Verordnung (EU) Nr. 575/2013 über die Aufsichtsanforderungen an Kreditinstitute und Wertpapierfirmen, ABl. (EU) Nr. L 321 v. 30.11.2013, S. 6 ff.; näher zu dieser Verordnung Rn. 201 ff.

240 *EBA*, Recommendation on the creation and supervisory oversight of temporary capital buffers (EBA/REC/2011/1) v. 8.12.2011, S. 19 f., abrufbar unter: http://www.eba.europa.eu/documents/10180/16460/EBA+BS+2011+173+Recommendation+FINAL.pdf/b533b82c-2621-42ff-b90e-96c081e1b598 (zuletzt abgerufen am 3.7.2014); die 7 % sollen nach Art. 94 Abs. 1 lit. l) ii) CRD-IV Richtlinie in

57 Bei genauerer Betrachtung kann jedoch bezweifelt werden, ob sich ein bilanzwertorientierter Trigger als Wandlungsauslöser eignet. Zwar mag es stimmen, dass ein solcher Trigger einfach zu bewerten ist und zudem in regelmäßigen Abständen offengelegt werden muss, jedoch wecken gerade die Umstände der Offenlegung Zweifel an die Angemessenheit eines solchen Wandlungsauslösers. Denn zum einen werden die Bilanzen in der Regel nur quartalsweise und damit gegebenenfalls zu selten veröffentlicht, um einen effektiven CoCo-Bond-Auslöser zu begründen.[241] Zum anderen, und dieser Einwand ist erheblicher, können Institute aufgrund eigener Berechnungsmethoden die bilanztechnischen Größen derart manipulieren, dass sie nicht nur stark von der ökonomischen Realität abweichen, sondern auch die CoCo-Bond-Wandlung in ihrem eigenen Interesse lenken.[242]

58 Die Gefahr der Manipulation dieser Werte, insbesondere aufgrund der eigenen Risikobewertungsmethoden, wurde nicht zuletzt auch im Rahmen der Finanzmarktkrise demonstriert.[243] So hat keines der 2008 kriselnden

---

Verbindung mit Art. 1 Commission Delegated Regulation supplementing Directice (EU) 2013/36/EU with regard to regulatory technical standards (Entwurf), jedoch im Rahmen der Vorstandsvergütung berücksichtigt werden, der Entwurf der delegierten Rechtsverordnung ist zu finden im *EBA*, Consultation Paper, Draft Regulatory Technical Standards on classes of instruments that are appropriate to be used für the purpose of variable remuneration under Article 94(2) oft he Capital Requirements Directive (EBA/CP/2013/32) v. 29.7. 2013, abrufbar unter: http://www.eba.europa.eu/documents/10180/361860/EBA-CP-2013-32-instruments-for-variable-remuneration.pdf (zuletzt abgerufen am 3.7.2014); demgegenüber stellte der Baseler Ausschuss jedenfalls bei den Anforderungen an die zusätzliche Verlustabsorption für global systemrelevante Banken ausschließlich auf die Unterschreitung von 7 % der harten Kernkapitalquote ab, s. *BCBS*, Global systemrelevante Banken: Bewertungsmethodik und Anforderungen (Fn. 34), Anhang 3, S. 30.

241 So *Leippold*, Der Schweizer Treuhänder 2011, 913, nachdem sowohl ein funktionierender CoCo-Bonds-Markt als auch eine CoCo-Bonds-Bewertung *mindestens* eine tägliche Preisnotierung verlangen.

242 *Leippold*, Der Schweizer Treuhänder 2011, 913; in diese Richtung auch *Pennacci/Vermaelen/Wolff*, The Case of COERCs (Fn. 169), S. 16; *Flannery*, Stabilizing Large Financial Institutions (Fn. 44), S. 11 f.; *Breitkreuz/Vollmar*, Der Schweizer Treuhänder 2011, 148, 150; passend hierzu *Calomiris/Herring*, Journal of Applied Corporate Finance Vol. 25 (2013), No. 2, S. 21, 23: "*Bankers can be very creative in their use of complex transactions to disguise loses*".

243 Ein weiterer aktueller Beleg dafür, dass Banken durchaus Werte im eigenen Interesse manipulieren können und dies zum Teil auch tun, ist der sog. Libor-Skandal, bei dem der Referenzzinssatz LIBOR sowie weitere Zinssätze, etwa der EURIBOR,

Investmentbanken, etwa Bear Stearns, Merill Lynch oder gar die insolvente Lehman Brothers Bank, die vorgeschriebenen Mindestkapitalanforderungen von 8 % in einem ihrer Abschlüsse unterschritten.[244] Dennoch mussten sie entweder vom Staat gerettet werden, oder – im Fall der Lehman Brothers Bank – gar die Insolvenz anmelden.[245] Können diese Werte aber nicht die tatsächliche Marktrealität wiedergeben, sind sie auch nicht dazu geeignet, die CoCo-Bondwandlung herbeizuführen. Vielmehr könnte eine hierauf basierende CoCo-Bondwandlung zu spät für die anvisierte Rettung des Instituts erfolgen, wodurch die CoCo-Bonds ihren Zweck nicht erfüllen könnten.[246]

Zudem berücksichtigt ein am Bilanzwert orientierter Trigger lediglich bereits abgeschlossene Transaktionen. CoCo-Bonds sollten, insbesondere bei systemrelevanten Instituten, allerdings präventiv wirken und einen (existenzgefährdenden) Verlust im Zweifel bereits dann auffangen, wenn er zwar schon hinreichend wahrscheinlich, aber noch nicht eingetreten ist. CoCo-Bonds, die ausschließlich einen Vergangenheitsbezug haben, können dies nicht bewerkstelligen,[247] weswegen sie 59

im Interbankengeschäft manipuliert wurden. Mit der Deutschen Bank AG scheint jedenfalls auch eine deutsche Bank in diesen Skandal verwickelt zu sein. S. hier etwa *Siedenbiedel*, „Die Libor-Bande", in: FAZ v. 10.2.2013, abrufbar unter: http://www.faz.net/aktuell/wirtschaft/wirtschaftspolitik/zinsmanipulation-die-libor-bande-12057074.html (zuletzt abgerufen am 3.7.2014).

244 *Berndt/Vollmar/Becker*, Der Schweizer Treuhänder 2012, 125, 128; mit einem anderen Beispiel auch *Pennacci/Vermaelen/Wolff*, The Case of COERCs (Fn. 169), S. 5; ohne Nennung eines Beispiels in diese Richtung argumentieren auch *Sundaresan/Wang*, Federal Reserve Bank Staff Report No. 448 (2011) (Fn. 131), S. 3; *Flannery*, Stabilizing Large Financial Institutions (Fn. 44), S. 2, 11 f.

245 Wobei dies nicht nur an diesem Qualitätsdefizit, sondern auch daran lag, dass die Eigenkapitalquoten zu gering sind, womit neben dem Qualitäts- auch ein Quantitätsdefizit tritt.

246 So ausdrücklich *Flannery*, Stabilizing Large Financial Institutions (Fn. 44), S. 11 f.; *ders.*, Maintaining Adequate Bank Capital (Fn. 203), S. 19 f.; im Ergebnis auch *Berndt/Vollmar/Becker*, Der Schweizer Treuhänder 2012, 125, 128; teilweise wird dieser Nachteil jedoch auch schlicht hingenommen, etwa von *Zähres*, Deutsche Bank Research v. 15.4.2011 (Fn. 25), S. 8 f. sowie von *Brahmi*, Contingent Convertibles, in: Schütt (Hrsg.), Deutsches Institut für Bankwirtschaft – Schriftenreihe, Band 7 (12/2011), S. 8, die sich letztlich in Kenntnis dieser Kritik für die Anknüpfung des Wandlungsauslösers an die Eigenkapitalquote aussprechen.

247 *Flannery*, Maintaining Adequate Bank Capital (Fn. 203), S. 19 f., ähnlich wohl auch FSOC Report (Fn. 233), S. 14, der darauf hinweist, dass ein solcher Trigger die Markterwartungen in Bezug auf den Finanzzustand eines Instituts nicht

nicht als Trigger – jedenfalls nicht als einziger[248] – in Betracht gezogen werden sollten. Wird dennoch ein solcher Wandlungsauslöser gewählt, so müsste die Wahrscheinlichkeit eines Abweichens der berichteten Werte von der tatsächlichen wirtschaftlichen Situation des Instituts berücksichtigt werden, so dass der Trigger hoch angesetzt werden sollte.[249] Ob die Unterschreitung von 5,125 % nach Art. 54 Abs. 1 lit. a) CRR-VO in diesem Sinne als hoher Trigger eingestuft werden kann, ist angesichts der neuen Anforderungen an das regulatorische Eigenkapital, wonach Banken grundsätzlich eine harte Kernkapitalquote von 9,5 % (4,5 % hartes Kernkapital, zzgl. 2,5 % Kapitalerhaltungspolster und 2,5 % antizyklischen Kapitalerhaltungspuffer)[250] vorhalten müssen, eher abzulehnen.[251]

60 Auch muss das wandlungsauslösende Ereignis nicht zwangsläufig an Bilanzwerte knüpfen, um die Eigenkapitalbasis zu stärken. In diesem Zusammenhang sind nämlich nicht die Festlegungskriterien des Wandlungsauslösers, sondern die Folgen der Wandlung entscheidend. Daher kann dies nicht als Argument für einen bilanzwertorientierten Trigger angeführt werden.

c) Marktwertorientierter Trigger

61 Marktwerte, die anhand von Aktienkursen oder Preisen auf Credit Default Swaps (CDS) ermittelt werden können, sind täglich nachvollziehbar, zeitnah, einfach, transparent und, da sie auch die Markterwartungen berücksichtigen, umfassend in ihrer Bewertung des Emittenten, so dass sie grundsätzlich als Wandlungsauslöser in Betracht gezogen werden sollten.[252] Bei der Annahme

---

wiedergeben kann und daher nicht geeignet ist, um den richtigen Wandlungszeitpunkt festzulegen.

248 Zur Kombination der Trigger s. Rn. 66 ff.

249 *Mackinger*, CoCo-Bonds, S. 27.

250 S. zu den neuen Eigenkapitalanforderungen Rn. 190 ff.

251 S. hierzu auch Rn. 71.

252 Für einen martkwertbasierenden Trigger etwa: *Calomiris/Herring*, Journal of Applied Corporate Finance Vol. 25 (2013), No. 2, S. 21, 28 ff.; *Sundaresan/Wang*, Federal Reserve Bank Staff Report No. 448 (2011) (Fn. 131), S. 2 f.; *Flannery/Perotti*, CoCo Design (Fn. 53), S. 5 ff.; *Flannery*, Stabilizing Large Financial Institutions (Fn. 44), S. 4, 11 ff.; *Pennacci/Vermaelen/Wolff*, The Case of COERCs (Fn. 169), S. 9 f., 15; *Thiratanapong*, Chulalongkorn Journal of Economics Vol. 22 (2010), S. 39, 64; *Prescott/Price*, Experimenting with Contingent Capital Triggers, Economic Brief 12-02, The Federal Reserve Bank of Richmond, S. 2, abrufbar unter: http://www.richmondfed.org/publications/research/economic_brief/2012/eb_12-02.cfm (zuletzt abgerufen am 3.7.2014); wohl auch *Rudolph*, in: Groß/Pfingsten (Hrsg.), Finanzmarktkrisen, ZfbF Sonderheft 67/2013, S. 97, 115.

eines effizienten Marktes sind sie sogar der einzige zukunftsgerichtete Indikator für den wirtschaftlichen Zustand eines Kreditinstituts und damit geradezu prädestiniert, um vor zukünftigen finanziellen Schwierigkeiten zu warnen.[253] Problematisch ist allerdings, dass gerade in Krisenzeiten – und damit in dem für die CoCo-Bondwandlung möglicherweise entscheidenden Zeitpunkt – aufgrund der hohen Volatilität nicht auf die Effizienz des Markts vertraut werden kann, da es hier regelmäßig zu einer Funktionsstörung kommt, die zu einer unnötigen Wandlung der CoCo-Bonds führen könnte.[254]

Darüber hinaus unterliegen Marktwerte einem gewissen Manipulationsrisiko 62
und könnten den Markt sogar aufgrund negativ gesetzter Anreize destabilisieren.[255] So könnten einige Marktteilnehmer dazu neigen, CoCo-Bonds bei zeitgleichem Leerverkauf von Aktien des CoCo-Bondemittenten zu erwerben,[256] um dann – je nach der konkreten Ausgestaltung der Anleihebedingungen – aus einer erzwungenen Wandlung selbst bzw. aus dem bei Kurserholung erfolgten

---

253 In diese Richtung auch *Breitkreuz/Vollmar*, Der Schweizer Treuhänder 2011, 148, 150 f.; *Pazarbasioglu/Zhou/Le Leslé/Moore*, Contingent Capital: Economic Rationale and Design Features, S. 24; ähnlich *Flannery*, Stabilizing Large Financial Institutions (Fn. 44), S. 11.

254 *Zähres*, Deutsche Bank Research v. 15.4.2011 (Fn. 25), S. 9; *Pazarbasioglu/Zhou/Le Leslé/Moore*, Contingent Capital: Economic Rationale and Design Features, S. 24; *Brahmi*, Contingent Convertibles, in: Schütt (Hrsg.), Deutsches Institut für Bankwirtschaft – Schriftenreihe, Band 7 (12/2011), S. 8, die auch auf den Fall hinweist, dass es trotz Notwendigkeit einer Wandlung gerade nicht zu einer solchen kommen könnte.

255 *Zähres*, Deutsche Bank Research v. 15.4.2011 (Fn. 25), S. 8; ähnlich *Leippold*, Der Schweizer Treuhänder 2011, 913 f., nachdem marktbasierte Trigger zwar transparent und leicht nachvollziehbar sind, sich jedoch aufgrund ihrer Manipulierbarkeit *kaum* als Wandlungsauslöser eignen sollen; zur Manipulationsmöglichkeit bei einem marktwertbasierten Trigger s. auch *McDonald*, Contingent Capital with a Dual Price Trigger, Working Paper 12/2009 (Revised 4/2011) S. 4, abrufbar unter http://papers.ssrn.com/sol3/papers.cfm?abstract_id=1553430&download=yes (zuletzt abgerufen am 3.7.2014) S. 11 ff.; *Flannery*, Stabilizing Large Financial Institutions (Fn. 44), S. 18 ff. weist zwar auf diese Gefahr hin, hält sie aber jedenfalls bei großen Finanzinstituten für unwahrscheinlich.

256 Zu der sog. Leerverkaufs-VO Nr. 236/2012, ABl. (EU) Nr. L 86 v. 24.3.2012, S. 1 ff., die u. a. ein Verbot für ungedeckte Leerverkäufe in Aktien sowie staatliche Schuldtitel aufstellt s. etwa *Ludewig/Geilfus*, WM 2013, 1533 ff.; *Krüger/Ludewig*, WM 2012, 1942 ff.; *Mülbert/Sajnovitis*, ZBB 2012, 266 ff.; *Walla*, in: Veil (Hrsg.), Europäisches Kapitalmarktrecht, § 15 Rn. 11 ff.

Verkauf der durch die Wandlung erhaltenen Aktien einen Gewinn zu erzielen.[257] Ein anschauliches, wenn auch stark vereinfachtes Beispiel, wie CoCo-Bonds einen Anreiz zur Marktmanipulation setzen könnten, liefern *Pennacci, Vermaelen* und *Wolff*.[258] Sie gehen von einem fiktiven Institut aus, dessen Gesamtvermögen in Höhe von 1.100 Euro sich aus 1.000 Euro Fremdkapital, 7 Aktien im Wert von je 10 Euro (gesamt 70 Euro) sowie CoCo-Bonds mit einem Wert von insgesamt 30 Euro zusammensetzt. Den Trigger definieren sie der Einfachheit halber nicht anhand eines bestimmten Verhältnisses zu den risikogewichteten Aktiva (nachfolgend *RWA*)[259], sondern an einem festgelegten Aktienpreis von 5 Euro je Aktie. Dieser Preis soll zugleich auch der Wandlungspreis sein, d.h. dass die CoCo-Bondinhaber würden bei Erreichen des Wandlungsauslösers Aktien im Wert von je 5 Euro erhalten und zwar selbst dann, wenn der tatsächliche Aktienkurs unter diesem Wert liegen sollte. Gewandelt werden soll zum Nennwert der CoCo-Bonds, so dass die CoCo-Bondinhaber im Zeitpunkt der Wandlung 6 Aktien zu je 5 Euro erhalten würden.

63 Die genannten Autoren gehen nun in ihrem Beispiel davon aus, dass es aufgrund einer Marktmanipulation durch Leerverkäufe zur einer Wandlung der CoCo-Bonds kommt, so dass das Institut neben den bereits ausgegebenen 7 Aktien weitere 6 Aktien ausgeben muss. Sobald der Markt die Manipulation realisiert und den Marktwert des Instituts wieder auf 1.100 Euro angepasst wird, müsste man die 100 Euro Eigenkapital auf die nunmehr vorhandenen 13 Aktien aufteilen.[260] Für den Aktienpreis bedeutet dies, dass die Aktien aufgrund der manipulationsbedingten Wandlung nun nicht mehr 10 Euro je Aktie Wert sind, sondern nur noch 7,69 Euro. Aus Sicht der CoCo-Bondinvestoren, die nunmehr Aktien im Wert von insgesamt 46,14 Euro halten würden, stellt dies

---

257 *Zähres*, Deutsche Bank Research v. 15.4.2011 (Fn. 25), S. 8; *Berndt/Vollmar/Becker*, Der Schweizer Treuhänder 2012, 125, 128; *Pennacci/Vermaelen/Wolff*, The Case of COERCs, S. 4, 10 ff.; letztlich auch *French/Baily/Campbell/et al.*, The Squam Lake Report, 2010, S. 92.

258 Das Beispiel stammt aus *Pennacci/Vermaelen/Wolff*, The Case of COERCs, S. 10 ff.; lediglich die Währung wurde von US-Dollar auf Euro umgestellt.

259 Zur Risikogewichtung s. Rn. 29 f.

260 Wobei *Pennacci/Vermaelen/Wolff*, The Case of COERCs, S. 11 es hier wie folgt formulieren: „*if CoCo investors understand that the true value of the firm's assets is still $1,000, then they know that the combined value of CoCo investors' and shareholders' stakes is $100, which means that the fundamental stock value is $100/13 = $7.69 per share*". Trotz des missverständlichen Wortlautes kann dies hier nur so gemeint sein, dass der Markt den wahren Wert des Instituts erkennt und nicht lediglich die CoCo-Bond-Investoren, da ansonsten die Wertkorrektur nicht zu erklären ist.

einen wandlungsbedingten Gewinn von 16,14 Euro dar – was einer attraktiven Gewinnquote von 54 % entsprechen würde.[261] Der hierdurch gesetzte Manipulationsanreiz liegt offen auf der Hand.

Um einen marktwertbasierten Trigger dennoch effektiv einsetzen zu können, 64
müssten daher die mit ihm verbundenen Gefahren möglichst reduziert bzw. beseitigt werden. Hierzu scheint sich insbesondere der Vorschlag von *Calomiris* und *Herring*[262] zu eignen. Diese schlagen die Anknüpfung des Wandlungsauslösers an ein sog. quasi-market-value-of-equity ratio (QMVER) vor. Demnach sollte ein in den Anleihebedingungen festgelegtes Verhältnis zwischen dem Marktwert des Eigenkapitals zu der Summe aus diesem Marktwert und dem Nennwert des Fremdkapitals zur Wandlung der CoCo-Bonds führen ($\frac{\textit{Marktwert Eigenkapital}}{\textit{Marktwert Eigenkapital} + \textit{Nennwert Fremdkapital}}$). Der Marktwert des Eigenkapitals selbst soll sich dabei aus der Multiplikation des Aktienkurses mit der Anzahl aller vorhandenen Aktien ergeben.[263] Um dabei auch der Manipulationsgefahr des Aktienkurses Rechnung zu tragen, sollte für das wandlungsauslösende Ereignis auf einen Durchschnittswert des Aktienkurses abgestellt werden.[264] Dieses der Wandlung zugrundeliegende Intervall darf allerdings weder zu lang sein, da ansonsten eine notwendige Wandlung ausgebremst werden könnte, noch zu kurz gewählt werden, um eine Marktmanipulation zu erschweren.[265] In diesem Zusammenhang schlagen die genannten Autoren einen 90-tägigen Durchschnittswert vor, da dieser die Rechtzeitigkeit der CoCo-Bondwandlung nicht weiter beeinträchtigt und dabei zeitgleich sowohl den Aufsichtsbehörden als auch den Banken ausreichende

---

261 Ein weiteres Beispiel zur Manipulationsmöglichkeit ist auch bei *McDonald*, Contingent Capital, (Fn. 255), S. 11 zu finden.

262 *Calomiris/Herring*, Journal of Applied Corporate Finance Vol. 25 (2013), No. 2, S. 21, 29 f., 34 ff.

263 *Calomiris/Herring*, Journal of Applied Corporate Finance Vol. 25 (2013), No. 2, S. 21, 29 f., 34 ff., die auf S. 34 ff. auch prüfen, wie ein so ausgestalteter Trigger im Rahmen der Finanzmarktkrise funktioniert hätte.

264 *French/Baily/Campbell/et al.*, The Squam Lake Report, 2010, S. 92 (20 Tage); *Flannery*, Stabilizing Large Financial Institutions (Fn. 44), S. 20 (5 oder 10 Tage); *Calomiris/Herring*, Journal of Applied Corporate Finance Vol. 25 (2013), No. 2, S. 21, 29 (90 Tage); ohne Nennung eines konkreten Zeitraums *Flannery/Perotti*, CoCo Design (Fn. 53), S. 6 f.; *Berndt/Vollmar/Becker*, Der Schweizer Treuhänder 2012, 125, 128.

265 Ähnlich *Flannery*, No Pain, No Gain? (Fn. **27**), S. 20.

Reaktionszeit gibt, um eine Wandlung zu verhindern.[266] Gerade dann, wenn ein hoher Wandlungsauslöser gesetzt wird,[267] der die Wandlung zu einem Zeitpunkt anvisiert, zu dem es dem Institut noch gut geht und es weit von der Insolvenz entfernt ist (Going Concern Situation), erscheint dies auch überzeugend. Die Gefahr, dass eine rechtzeitige Wandlung zur Verlustabsorption und zur Erhaltung der Lebensfähigkeit der Bank zu spät erfolgt, ist in einer solchen Konstellation weniger präsent als die Gefahr der Marktmanipulation. Daher sollte das Augenmerk bei der Wahl eines hohen Triggers vor allem auf die Erschwerung der Manipulationsgefahr gelegt werden. Auch sollte darauf geachtet werden, dass den Instituten die Möglichkeit gegeben wird, sich am Finanzmarkt selbst frisches Eigenkapital zu verschaffen. Dies ist insbesondere dann nötig, wenn ein für sie nachteilhaftes Wandlungsverhältnis festgelegt wird.

65 Ob nun wirklich 90 Tage als Durchschnittswert ausschlaggebend sein sollten oder doch eher auf einen kürzeren Zeitraum, beispielsweise einen 30- oder 60-tägigen Durchschnittswert, abgestellt werden sollte, ist anhand empirischer ökonomischer Studien weiter zu untersuchen. Jedenfalls sind Durchschnittswerte von 5 bis 10 Tagen[268] wohl nicht ausreichend, um der Manipulationsgefahr effektiv entgegenzuwirken. Zur weiteren Einschränkung dieser Gefahr sollte daher zusätzlich zum Durchschnittswert eine gesetzliche Regelung treten, die Anlegern den Leerverkauf von Aktien eines Instituts, von dem sie CoCo-Bonds halten, verbietet.[269] Teilweise ist dies in Europa auch schon durch das Verbot ungedeckter Leerverkäufe geschehen.[270]

---

266 *Calomiris/Herring*, Journal of Applied Corporate Finance Vol. 25 (2013), No. 2, S. 21, 30.

267 Zur Höhe des Triggers s. Rn. 69 ff.

268 Dies vorschlagend *Flannery*, Stabilizing Large Financial Institutions (Fn. 44), S. 20.

269 In diese Richtung auch *Calomiris/Herring*, Journal of Applied Corporate Finance Vol. 25 (2013), No. 2, S. 21, 31, die darüber hinaus aber auch das Investieren in CoCo-Bonds auf qualifizierte institutionelle Investoren mit Ausnahme von Banken beschränken wollen. Würde zudem auch noch ein Höchstwert der im Wandlungsfall auszugebenen Aktien festgelegt werden, so könnte neben der Erschwerung der Manipulation auch der Manipulationsanreiz selbst gesenkt werden, *BCBS*, Global systemrelevante Banken: Bewertungsmethodik und Anforderungen (Fn. 34), Ziff. 86 lit. d).

270 Zu der sog. Leerverkaufs-VO Nr. 236/2012, ABl. (EU) Nr. L 86 v. 24.3.2012, S. 1 ff., s. etwa *Ludewig/Geilfus*, WM 2013, 1533 ff.; *Krüger/Ludewig*, WM 2012, 1942 ff.; *Mülbert/Sajnovitis*, ZBB 2012, 266 ff.; *Walla*, in: Veil (Hrsg.), Europäisches Kapitalmarktrecht, § 15 Rn. 11 ff.

d) Fazit

66 Aufgrund der angestellten Analyse ist den börsennotierten Emittenten von CoCo-Bonds zu empfehlen, dass sie auf einen marktwertorientierten Trigger, insbesondere auf den Aktienkurs, zurückgreifen. Denn gewichtige und anhaltende Rückgänge in diesem Bereich waren bereits in der Vergangenheit immer wieder ein Indikator dafür, dass eine Gesellschaft in wirtschaftliche Schwierigkeiten geraten ist bzw. geraten wird und deuteten damit die Schieflage eines Instituts an, noch lange bevor Rating-Agenturen oder Aufsichtsbehörden diese wahrgenommen hatten. Betrachtet man etwa den Aktienkurs für die im September 2008 in die Insolvenz gegangene Lehman Brothers Bank, so fällt auf, dass die mangelnde Lebensfähigkeit der Bank bereits im Juli 2008, d. h. knapp zwei Monate vor ihrem Insolvenzantrag, hätte festgestellt werden können.[271] Teilweise wird sogar davon ausgegangen, dass ein am Aktienkurs orientierter CoCo-Bond-Trigger die Lehman Brothers Bank rechtzeitig rekapitalisiert und damit wohl auch vor der Insolvenz gerettet hätte.[272]

67 Der Manipulationsgefahr, die mit einem solchen Trigger einhergeht, kann mit den dargestellten Maßnahmen – das Abstellen auf einen Durchschnittswert und das Verbot von Leerverkäufen – begegnet werden, so dass dies kein Ausschlusskriterium für einen marktwertbasierten Wandlungsauslöser darstellt.

68 Im Gegensatz dazu stellt die aktuelle Rechtslage mit Art. 54 Abs. 1 lit. a) CRR-VO allerdings auf einen bilanzwertorientierten Wandlungsauslöser ab, indem die Norm vorschreibt, dass eine Wandlung spätestens bei Unterschreiten einer harten Kernkapitalquote von 5,125 % des Emittenten durchzuführen ist. Nach Art. 54 Abs. 1 lit. b) CRR-VO dürfen Institute jedoch in den für das Instrument geltenden Bestimmungen auch weitere Auslöseereignisse festlegen, so dass der marktwertbasierte Trigger von der Verordnung jedenfalls nicht ausgeschlossen wird. Da damit der Wandlungsauslöser nicht zwangsläufig an ein einziges Ereignis anknüpfen muss, kommt die Kombination verschiedener Trigger in Betracht.[273] Eine solche ist nach der derzeitigen Rechtslage sogar wünschenswert,

---

271 *Calomiris/Herring*, Journal of Applied Corporate Finance Vol. 25 (2013), No. 2, S. 21, 29, verweisend auf die Studie von *Valukas*, Report of Anton R. Valukas, Examiner for United States Bankruptcy Court, Southern District of New York, Vol. 5, 2010.

272 *Calomiris/Herring*, Journal of Applied Corporate Finance Vol. 25 (2013), No. 2, S. 21, 29, 38.

273 Für eine (kumulative) Kombination eines bilanzwertorientierten und eines regulatorischen Wandlungsauslösers *French/Baily/Campbell/et al.*, The Squam Lake Report, 2010, S. 91, wobei diese mittlerweile aufgrund der mit der regulatorischen

um die Vorteile der Anknüpfung an den Aktienkurs eines börsennotierten Instituts nutzen zu können. Allerdings darf ein so ausgestalteter CoCo-Bond für die Wandlung nicht auf das kumulative Vorliegen der Trigger abstellen,[274] sondern sollte vielmehr so ausgestaltet werden, dass jedes Ereignis für sich die Wandlung der Anleihe rechtfertigen kann.[275] Denn käme es auf das zeitgleiche Vorliegen der Trigger an, könnte dies eine Verzögerung der Wandlung oder, sofern nur ein Trigger tangiert bleibt, gar die gänzliche Verhinderung einer solchen zur Folge haben, was die Effizienz dieses Finanzinstruments zur Krisenprävention beeinträchtigen würde. Zudem erscheint nur das Abstellen auf eine alternative Erfüllung der Wandlungsauslöser mit den Vorgaben des Art. 54 Abs. 1 lit. a) und b) CRR-VO vereinbar zu sein. Denn die Norm stellt grundsätzlich auf eine Wandlung bei Unterschreitung einer harten Kernkapitalquote von 5,125 % ab, sofern das Instrument auf das regulatorische Eigenkapital angerechnet werden soll, und gibt den Instituten lediglich „*zusätzlich*" hierzu die Möglichkeit, „*weitere*" Auslöser festzulegen. Hiermit unvereinbar wäre die Bedingung, dass eine Wandlung nur dann in Betracht kommt, wenn neben dem fest in der CRR-VO vorgesehenen Wandlungsauslöser noch eine weitere Bedingung (kumulativ) erfüllt werden muss.

2. *Die Höhe des Triggers*

69 Die Höhe des Wandlungsauslösers entscheidet als Schwellenwert, bei dessen Unterschreitung die Wandlung stattfindet, über die Funktion eines CoCo-Bonds. Ob ein Trigger dabei als „niedrig" oder „hoch" einzustufen ist, richtet sich nach der Wahrscheinlichkeit der CoCo-Bond-Wandlung.[276] Wird ein niedriger Trigger gewählt, so soll der CoCo-Bond als eine Art Notlösung lediglich die ordentliche Liquidation eines Kreditinstituts absichern, indem er sicherstellt, dass

---

Entscheidung einhergehenden Problematik von dem Abstellen auf einen regulatorischen Trigger Abstand nehmen und nur noch auf einen bilanzwertorientierten Trigger abstellen, s. *dies.*, Aligning Incentives, Working Paper 3/2013, S. 4, abrufbar unter: http://papers.ssrn.com/sol3/papers.cfm?abstract_id=2239895 (zuletzt abgerufen am 3.7.2014).

274 Kritisch in Bezug auf einen kumulativen Trigger auch *Flannery*, Stabilizing Large Financial Institutions (Fn. 44), S. 12; *Zähres*, Deutsche Bank Research v. 15.4.2011 (Fn. 25), S. 7.

275 So auch *Nodoushani*, ZBB 2011, 143, 149.

276 *Mackinger*, CoCo-Bonds, S. 40; *Zähres*, Deutsche Bank Research v. 15.4.2011 (Fn. 25), S. 7.

auch die (privaten) Anleihegläubiger einen Restrukturierungsbeitrag leisten[277] – etwas, wovor im Rahmen der Finanzmarktkrise selbst Gläubiger nachrangiger Verbindlichkeiten bewahrt wurden, da sie aufgrund der Bankenrettung weiter bedient werden konnten und mussten.[278] Die Wandlung von CoCo-Bonds erfolgt bei einem niedrigen Trigger zu einem Zeitpunkt, zu dem das betroffene Kreditinstitut nicht mehr (alleine) überlebensfähig wäre (sog. Gone Concern Situation).[279] Eine derart späte Rekapitalisierung würde jedoch dazu führen, dass die Aktionäre nur noch wenig zu verlieren hätten, wodurch der Vorstand ganz im Sinne des Shareholder Value-Ansatzes dazu verleitet werden würde, größere Risiken zur Verbesserung der Kapitalisierung einzugehen.[280] Dies allerdings könnte zu einem Überschuldungsproblem, dem sog. *debt overhang*, führen, bei dem jeglicher Anreiz zur Erhöhung des Eigenkapitals ausbliebe, da eine entsprechende Erhöhung allein zugunsten der Fremdkapitalgeber ginge.[281] Das möglicherweise hierauf basierende Hinauszögern der Wandlung und damit der eigenen Rekapitalisierung könnte u. a. zu einem starken Vertrauensverlust am Markt führen, an dessen Ende im ungünstigsten Fall die Rettung der Bank aus öffentlichen Mitteln stünde.[282] Gerade dies soll aber verhindert werden, weswegen ein niedriger Trigger für CoCo-Bonds eher als ungünstig einzustufen ist.

Demgegenüber soll ein hoher Wandlungsauslöser einen Beitrag zur Sicherung der harten Kernkapitalbasis im laufenden Betrieb leisten (sog. Going **70**

277 *Gleske/Ströbele*, CFL 2012, 49, 51; *Brahmi*, Contingent Convertibles, in: Schütt (Hrsg.), Deutsches Institut für Bankwirtschaft – Schriftenreihe, Band 7 (12/2011), S. 9; *Berndt/Vollmar/Becker*, Der Schweizer Treuhänder 2012, 125, 129.

278 FSOC Report (Fn. 233), Appendix B, S.21.

279 *Mackinger*, CoCo-Bonds, S. 42; *Pazarbasioglu/Zhou/Le Leslé/Moore*, Contingent Capital: Economic Rationale and Design Features, S. 11.

280 Im Ergebnis wohl auch *Flannery/Perotti*, CoCo Design (Fn. 53), S. 3; *Mackinger*, CoCo-Bonds, S. 42; ähnlich *Leippold*, Der Schweizer Treuhänder 2011, 913, 914; etwas anderes könnte dann gelten, wenn ein niedriger Trigger mit der Abschreibungsvariante der CoCo-Bonds verbunden wird. Jedoch sind weder ein niedriger Wandlungsauslöser noch die Herabschreibungsvariante der CoCo-Bonds zu empfehlen, s. Rn. 48, 89.

281 *Flannery/Perotti*, CoCo Design (Fn. 53), S. 3; *Prescott*, Economic Quarterly Vol. 98 (2012) No. 1, S. 33; zum debt overhang auch *Flannery*, Stabilizing Large Financial Institutions (Fn. 44), S. 29; *Berg/Kaserer*, Does contingent capital induce excessive risk-taking? (Fn. 210), S. 2 ff., 16, 20, 25 f.

282 Wohl auch *Flannery/Perotti*, CoCo Design (Fn. 53), S. 3.

Concern Situation) und damit vor allem der Krisenprävention dienen.[283] Daher erfolgt bei einem solchen Trigger die Wandlung zu einer Zeit, zu der es dem Kreditinstitut wirtschaftlich (noch) gut geht und es weder (größere) finanzielle Schwierigkeiten aufweist, noch einen Vertrauensverlust am Markt hinnehmen musste.[284] Die erhöhte Wandlungswahrscheinlichkeit hätte dabei den Vorteil, dass auch die Marktdisziplin und mit ihr der Finanzmarkt selbst gestärkt werden würde, da das Kreditinstitut bzw. dessen Vorstand – je nach Ausgestaltung des Wandlungsverhältnisses[285] – bereits zu einem sehr frühen Stadium darauf achten müsste, nachhaltige Ziele unter Berücksichtigung eines adäquaten Risikomanagements zu verfolgen.[286]

71 Derzeit fordert Art. 54 Abs. 1 lit. a) CRR-VO, der an einen bilanzwertorientierten Trigger anknüpft, spätestens bei der Unterschreitung einer harten Kernkapitalquote von 5,125 % die Wandlung der CoCo-Bonds in Elemente des harten Kernkapitals, damit die Anleihe regulatorische Berücksichtigung findet. Demgegenüber sieht Art. 92 Abs. 1 lit. a) der CRR-VO eine harte Kernkapitalquote von mindestens 4,5 % vor. Darüber hinaus empfehlen das Basel III-Regelwerk[287] und seine entsprechende Umsetzung durch das CRD IV-Paket[288] ein Kapitalerhaltungspolster in Höhe von 2,5 %, das ausschließlich mit Mitteln des harten

---

283 *Gleske/Ströbele*, CFL 2012, 49, 50 f.; *Berndt/Vollmar/Becker*, Der Schweizer Treuhänder 2012, 125, 129; *Pazarbasioglu/Zhou/Le Leslé/Moore*, Contingent Capital: Economic Rationale and Design Features, S. 9; ähnlich *Zähres*, Deutsche Bank Research v. 15.4.2011 (Fn. 25), S. 7.

284 *Expertenkommission*, Schlussbericht v. 30.9.2010 (Fn. 176), S. 26 spricht hier von einer raschen "*Stabilisierung, noch vor der eigentlichen Sanierungs- und Liquidationsphase*"; für einen hohen Trigger auch *Pennacci/Vermaelen/Wolff*, The Case of COERCs (Fn. 169), S. 9 f.; *Flannery/Perotti*, CoCo Design (Fn. 53), S. 3 f.; *Pazarbasioglu/Zhou/Le Leslé/Moore*, Contingent Capital: Economic Rationale and Design Features, S. 19.

285 Zum Wandlungsverhältnis s. Rn. 73 ff.

286 *Mackinger*, CoCo-Bonds, S. 41; *Pazarbasioglu/Zhou/Le Leslé/Moore*, Contingent Capital: Economic Rationale and Design Features, S. 9; in diese Richtung wohl auch *Flannery/Perotti*, CoCo Design (Fn. 53), S. 3; *Thiratanapong*, Chulalongkorn Journal of Economics Vol. 22 (2010), S. 39, 43, der allerdings unabhängig von der konkreten Ausgestaltung davon ausgeht, dass CoCo-Bonds die Marktdisziplin stärken.

287 Hierzu Rn. 190 ff.

288 Bestehend aus der Verordnung (EU) Nr. 575/2013 über die Aufsichtsanforderungen an Kreditinstitute und Wertpapierfirmen, ABl. (EU) Nr. L 321 v. 30.11.2013, S. 6 ff. und der Richtlinie 2013/36/EU über den Zugang zur Tätigkeit von Kreditinstituten und die Beaufsichtigung von Kreditinstituten und Wertpapierfirmen, ABl. (EU) Nr. L 176 v. 27.6.3013, S. 338 ff., näher hierzu Rn. 201 ff.

Kernkapitals zu unterlegen ist.[289] Dabei gilt, dass Instrumente des harten Kernkapitals zunächst immer auf das harte Kernkapital selbst angerechnet werden müssen und erst bei Erreichen des Solls von 4,5 % auf das Kapitalerhaltungspolster angerechnet werden können.[290] Sofern Institute diese Vorgaben erfüllen, hätten sie eine harte Kernkapitalquote von 7 % vorrätig, wobei systemrelevante Institute darüber hinaus auch noch ein antizyklisches Kapitalerhaltungspolser[291] erfüllen müssen. Damit ist aber das Erreichen des von Art. 54 Abs. 1 lit. a) CRR-VO vorgesehenen Wandlungsauslösers von unter 5,125 % spätestens ab dem Jahr 2019, zu dem die neuen Kapitalregelungen in voller Höhe umzusetzen sind, als eher unwahrscheinlich und damit als niedrig einzustufen. Dass diese Einschätzung aber auch bereits heute gültig ist, zeigt ein Blick auf die Statistik der Kernkapitalquoten der größten Banken in Europa aus dem Jahr 2012. Denn die in dieser Statistik aufgeführten harten Kernkapitalquoten schwanken zwischen 9,7 % und 19 %.[292] Ein ähnliches Bild bietet eine Statistik über das harte Kernkapital für das Jahr 2012 für ausgewählte deutsche Banken, bei denen sich die harte Kernkapitalquote zwischen 9,5 % und 21,6 % bewegt.[293] Daher ist es zu begrüßen, dass Art. 54 Abs. 1 lit. a) ii) CRR-VO es den Banken ermöglicht, einen über 5,125 % liegenden Wert als Wandlungsauslöser festzulegen. Dies ist dringend anzuraten, um einen positiven, verhaltenssteuernden Effekt durch den Einsatz von CoCo-Bonds setzen zu können. Insgesamt ist es in diesem Zusammenhang jedoch zu bedauern, dass – insoweit ähnlich wie bei der „*magischen*“[294] 8 % Gesamtkapitalquote der Baseler Regelwerke[295] – nicht nachvollzogen werden kann, wie der viel zu niedrige Wert von 5,125 % zustande gekommen ist und warum gerade dieser vom Normgeber und der EBA als angemessen bewertet wurde.

Was bei einem marktwertbasierten Wandlungsauslöser als eine angemessene 72
Triggerhöhe anerkannt werden kann, ist derzeit noch unklar. Als eine solche wird etwa eine Quote von 8 % vorgeschlagen, die nach der QMVER-Methode

289 Zum Kapitalerhaltungspolster s. Rn. 193 ff.

290 S. Rn. 193 ff.

291 Hierzu Rn. 196.

292 Statistik abrufbar unter http://de.statista.com/statistik/daten/studie/77704/umfrage/kernkapitalquote-von-banken-in-europa-2009/ (zuletzt abgerufen am 3.7.2014).

293 Statistik abrufbar unter: http://de.statista.com/statistik/daten/studie/209382/umfrage/harte-kernkapitalquoten-ausgewaehlter-banken-in-deutschland/ (zuletzt abgerufen am 3.7.2014).

294 s. *Schulte-Mattler/Manns*, WM 2011, 2069, 2072.

295 Hierzu Rn. 185 ff.

zu ermitteln ist.[296] Im Zweifel sollte angesichts der Bedeutung der Banken, insbesondere solcher Institute mit Systemrelevanz, immer dazu tendiert werden, einen eher (etwas zu) hohen als (zu) niedrigen Trigger zu wählen. Damit könnte die aus der Risikogewichtung folgende Gefahr einer nicht zu erkennenden Unterkapitalisierung der Bank[297] begrenzt werden. Die genaue Festlegung einer angemessenen Quote sowie die Überprüfung der von der CRR-VO für einen bilanzwertorientierten Trigger festgelegten Höhe bleibt letztlich jedoch weiteren empirisch-wirtschaftswissenschaftlichen Studien vorbehalten. Dabei sollte die vom Baseler Ausschuss vorgeschlagene Untergrenze des Wandlungsauslösers von 7 % der risikogewichteten Aktiva[298] keinesfalls unterschritten und auch auf einen marktwertbasierten Trigger übertragen werden. Allerdings kann eine rein theoretische Festlegung der Höhe des Wandlungsauslösers quasi vom Schreibtisch aus kaum festgelegt werden.[299] Insofern scheint es in den Wirtschaftswissenschaften hier an entsprechenden Untersuchungsmethoden zu fehlen. In diesem Zusammenhang als Negativbeispiel bei der Festlegung entsprechender Quoten ist etwa das Zustandekommen der 3 % – Defizitgrenze für Neuverschuldungen als Maastricht-Kriterium zu nennen, die in ihrem Ursprung *„ohne jede Theorie“* in Frankreich schlicht aufgrund der gegebenen politischen Umstände angenommen wurde und letztlich ihren Weg in den Maastricht-Vertrag gefunden hat. Dabei wurde die Anknüpfung an das Bruttoinlandsprodukt gewählt, weil dieses als Referenzgröße für *“jedermann“* verständlich sei. Die 3 % – Defizitquote erklärte *Abeille*, der zu dieser Zeit (1981) ein rangniedriger Mitarbeiter im französischen Finanzministerium war und zusammen mit seinem Kollegen *de Villepin* eine Verschuldensquote ausarbeiten sollte, wie folgt: *„Wir* [Frankreich] *steuerten damals auf die 100 Milliarden Francs Defizit zu. Das entsprach rund 2,6 Prozent des BIP. Also sagten wir* [Abeille und de Villepin] *uns: 1 Prozent Defizit*

296 *Calomiris/Herring*, Journal of Applied Corporate Finance Vol. 25 (2013), No. 2, S. 21, 33.

297 S. hierzu die Übersichtstabelle zu den bilanziellen Eigenkapitalquoten und Kernkapitalquoten ausgewählter Banken für das Jahr 2007 bei *Sinn*, Kasino Kapitalismus, S. 198 aus der hervorgeht, dass etwa bei der Deutschen Bank die bilanzielle Eigenkapitalquote von 1,9 % einer Kernkapitalquote von 8,6 % gegenüberstand.

298 *BCBS*, Global systemrelevante Banken: Bewertungsmethodik und Anforderungen (Fn. 34), Ziff. 81.

299 Diese Einschätzung teilen offenbar auch das FSOC und der Baseler Ausschuss, die zwar CoCo-Bonds befürworten, jedoch vorsichtig mit regulatorischen Vorgaben sind. Das FSOC sogar ausdrücklich die Notwendigkeit weiterer Studien, s. FSOC Report (Fn. 233), S. 19 und Rn.282; zum Baseler Ausschuss s. *BCBS*, Global systemrelevante Banken: Bewertungsmethodik und Anforderungen (Fn. 34), Ziff. 88, 199.

wäre zu hart und unerreichbar gewesen. 2 Prozent hätte die Regierung zu stark unter Druck gesetzt. Also kamen wir auf 3 Prozent.“[300] Zu einem nennenswerten Widerstand in der Wirtschaftswissenschaft mit prozentbezogenen Gegenvorschlägen war in der Folgezeit trotz der unbestreitbaren Erheblichkeit dieses Kriteriums nicht zu bezeichnen.

3. *Das Wandlungsverhältnis*

Mit dem Wandlungsverhältnis wird die Anzahl der Aktien festgelegt, die ein Anleihegläubiger im Fall der CoCo-Bondwandlung erhält,[301] wodurch letztlich über die Höhe der Verwässerung der Aktionärsanteile entschieden wird.[302] Daher eignet sich das Wandlungsverhältnis dazu, die Risikofreude des jeweiligen Instituts zu steuern,[303] da der Vorstand die Aktionärsinteressen zu berücksichtigen hat.[304] Diese Möglichkeit der Verhaltenssteuerung ist allerdings nur gegeben, wenn im Wandlungsfall eine im Verhältnis zum Grundkapital ausreichend große Anzahl neuer Aktien begeben werden muss, so dass die Gesellschafter auch tatsächlich die (starke) Verwässerung ihrer Anteile fürchten müssen.[305] **73**

Entsprechend ausgestaltet, kann mit dem Wandlungsverhältnis aber auch die Disziplin der CoCo-Bondinhaber und damit der Institutsgläubiger gestärkt werden. Denn wird eine ausreichend geringe Anzahl neuer Aktien im Wandlungsfall vergeben, so könnte der potentiell eintretende Kapitalverlust für Investoren einen zusätzlichen Anreiz bilden, um die von der emittierenden Bank eingegangenen Risiken genauer zu prüfen. Insgesamt hängt es somit entscheidend vom Wandlungsverhältnis ab, ob die Vorteile einer erhöhten Marktdisziplin über eine **74**

---

300 Zum Ganzen *Schubert*, „Wie das Maastricht-Kriterium im Louvre entstand“, in: FAZ.de v. 26.9.2013, der mit *Abeille* ein Interview hierüber führte, abrufbar unter: http://www.faz.net/aktuell/wirtschaft/wirtschaftswissen/3-prozent-defizitgrenze-wie-das-maastricht-kriterium-im-louvre-entstand-12591473.html (zuletzt abgerufen am 3.7.2014).

301 *Nodoushani*, ZBB 2011, 143, 149; *Gleske/Ströbele*, CFL 2012, 49, 52; *Brahmi*, Contingent Convertibles, in: Schütt (Hrsg.), Deutsches Institut für Bankwirtschaft – Schriftenreihe, Band 7 (12/2011), S. 9; demgegenüber würde in der Abschreibungsvariante das „Wandlungsverhältnis“ die Höhe der Abschreibung festlegen.

302 *Flannery*, Stabilizing Large Financial Institutions (Fn. 44), S. 18.

303 Ähnlich *Berg/Kaserer*, Does contingent capital induce excessive risk-taking? (Fn. 210), S. 3, 34 f.

304 S. zum Shareholder Value-Ansatz bereits oben Rn. 46 f.

305 *BCBS*, Global systemrelevante Banken: Bewertungsmethodik und Anforderungen (Fn. 34), Ziff. 85 lit. b).

Adressierung der Gesellschaft oder aber der CoCo-Bond-Inhaber generiert werden.[306] Je nachdem, welchen Marktteilnehmer man für empfänglicher und geeigneter hält, zu einer Stabilisierung des Finanzsektors beizutragen, ist das Umwandlungsverhältnis entweder positiv oder negativ auszugestalten.

75 Im Interesse der Implementierung eines angemessenen sowie wirksamen Risikomanagements, wozu die Geschäftsleitung einer Bank auch nach § 25a Abs. 1 S. 3 KWG im Rahmen einer ordnungsgemäßen Geschäftsorganisation und der Vorstand einer Aktiengesellschaft gem. §§ 76 Abs. 1, 91 Abs. 2 AktG verpflichtet sind, ist es vorzugswürdig, wenn die Marktdisziplin auf Institutsseite gestärkt wird. Dies umso mehr, zumal das Institut keinen Anreiz erhalten soll, das eingegangene Risiko, auf das die Anleihegläubiger als Fremdkapitalgeber keinen Einfluss haben, auf die CoCo-Bondinvestoren zu verlagern. Müssten diese den überwiegenden Teil des Verlustes tragen, so würde das Moral Hazard-Problem nicht gelöst, sondern verstärkt werden. Aus dem gleichen Grund wurde auch schon die Herabschreibungsvariante der CoCo-Bonds abgelehnt.[307]

a) Fixes oder flexibles Umtauschverhältnis

76 Das Wandlungsverhältnis kann entweder fix oder flexibel sein. Beim fixen Verhältnis sind zwei Gestaltungsvarianten denkbar, zum einen die sog. *fixed share conversion*, bei der sich die CoCo-Bonds in eine vorher festgelegte Menge an Aktien wandeln, und zum anderen die sog. *fixed dollar conversion*, bei der die Wandlung eine in den Anleihebedingungen festgelegte Menge an Eigenkapital generieren soll.

77 Entscheidet sich der Emittent dazu, die Anzahl der auszugebenden Aktien zu fixieren,[308] so besteht die Gefahr, dass eine Wandlung regelmäßig zulasten der CoCo-Bondinhaber erfolgt.[309] Dies hängt mit dem Zeitpunkt der Wandlung zusammen, an dem die Bank erhebliche Verluste hingenommen haben wird, so dass ihre Aktien ebenfalls an Wert verloren haben werden.[310] Denn da die

---

306 *BCBS*, Global systemrelevante Banken: Bewertungsmethodik und Anforderungen (Fn. 34), Ziff. 85 lit. c).

307 S. zur Kritik an der Herabschreibungsvariante von CoCo-Bonds Rn. 48.

308 Hierfür etwa *French/Baily/Campbell/et al.*, The Squam Lake Report, 2010, S. 93.

309 So *Nodoushani*, ZBB 2011, 143, 149 und *Gleske/Ströbele*, CFL 2012, 49, 52; wobei dies natürlich von dem der Fixierung der Aktien zugrunde gelegten Aktienwert abhängt.

310 So *Nodoushani*, ZBB 2011, 143, 149 und *Gleske/Ströbele*, CFL 2012, 49, 52, die offenbar eine Wandlung zum Nennwert der CoCo-Bonds und als Bezugspunkt der Wandlung den Aktienkurs am Ausgabetag der Anleihe annehmen.

Anzahl der zu liefernden Aktien unabhängig von ihrem Wert genau bestimmt ist, kann davon ausgegangen werden, dass die Anleihegläubiger eine Menge an Aktien erhalten, die in ihrem Wert unter dem Nennwert der CoCo-Bonds liegen wird. Dadurch würde es zu einer Vermögensverschiebung zugunsten der Aktionäre kommen.[311] Auch die Verwässerung ihrer Anteile vermag die Aktionäre bei einer so ausgestalteten Emission wohl eher nicht ausreichend abzuschrecken. Da die Anleihegläubiger mit der fixed share conversion damit ein vergleichsweise großes Risiko eingehen, weist der Baseler Ausschuss darauf hin, dass eine derart ausgestaltete Anleihe einen hohen Kupon bereitstellen müsste.[312]

Alternativ hierzu können die Anleihebedingungen jedoch auch auf eine fixed **78**
dollar conversion abstellen, bei der der Anleihegläubiger bei Erreichen des Triggers eine variable Anzahl an Aktien erhält, die sich an den in den Anleihebedingungen festgeschriebenem Gesamtwert der auszugebenden Aktien richtet.[313] Dabei gilt, dass die Anzahl der zu liefernden Aktien umso höher ausfällt, je niedriger der Aktienkurs ist.[314] Diese Variante ist vor allem für die Anleihegläubiger interessant, da dadurch, dass die Anzahl der ihnen zu gewährenden Aktien erst bei Erreichen des Triggers festgelegt wird, der Wertverlust der Aktie durch eine Erhöhung der bei Wandlung zu gewährenden Anzahl der Aktien ausgeglichen wird.[315] Damit werden die Aktionäre stärker als die Anleihegläubiger am Verlust beteiligt, was bereits aufgrund der bis zur Wandlung fehlenden Einflussmöglichkeit der CoCo-Bondinhaber als Fremdkapitalgeber auf die Unternehmensführung zu begrüßen ist. Damit erhöht sich grundsätzlich aber auch die Gefahr der Vermögens- sowie Stimmrechtsverwässerung der Aktionäre.[316] Dies wiederum bringt den positiven Effekt mit sich, dass die Motivation der Institute zur

---

311 Ähnlich *Berndt/Vollmar/Becker*, Der Schweizer Treuhänder 2012, 125, 129 f.; *von der Crone/Beeler*, ZBB 2012, 12, 18; wobei dies natürlich nur für die Annahme gilt, dass die Umwandlung zum Nennwert der Anleihe unter Zugrundelegung des Aktienkurses am Ausgabetag der CoCo-Bonds erfolgt.

312 *BCBS*, Proposal to ensure the loss absorbency of regulatory capital (Fn. 24), S. 8; dem zustimmend *Nodoushani*, ZBB 2011, 143, 150.

313 *McDonald*, Contingent Capital, (Fn. 255), S. 5, 12.

314 S. etwa *Mackinger*, CoCo-Bonds, S. 45.

315 *Gleske/Ströbele*, CFL 2012, 49, 52; *Nodoushani*, ZBB 2011, 143, 150, die hier zwar von einem „variablen" bzw. „fixen" Wandlungsverhältnis sprechen, offenbar aber die fixed dollar conversion meinen.

316 *Gleske/Ströbele*, CFL 2012, 49, 52, die zwar in diesem Zusammenhang von einem „variablen" Wandlungsverhältnis sprechen, ihrem Verständnis von diesem Verhältnis jedoch der fixed dollar conversion entsprechen; zum Verwässerungsschutz im AktG s. Rn. 211 ff., 248 ff.

Vermeidung einer Wandlung steigt,[317] womit die Moral Hazard-Problematik direkt angegangen werden würde. In diesem Zusammenhang darf allerdings auch die Gefahr, dass die Verwässerung der Aktionärsanteile zu einem Kontrollwechsel führen könnte, nicht übersehen werden.[318] Diese Gefahr könnte jedoch einen weiteren (positiven) Anreiz zur Vermeidung der CoCo-Bondwandlung und damit zur Bekämpfung des Moral Hazard-Problems setzen. Begrenzt werden könnte sie durch die Festlegung einer Höchstzahl der im Wandlungsfall auszugebenden Aktien.[319]

79 Beim flexiblen Wandlungsverhältnis hingegen wird weder die Anzahl der Aktien noch der Wert des Eigenkapitals, in den CoCo-Bonds zu wandeln sind, vorher festgeschrieben. Vielmehr soll das genaue Wandlungsverhältnis erst bei Erreichen des Triggers festgelegt werden. Die Anzahl an Aktien ergibt sich hier aus der benötigten Kapitalmenge, beispielsweise bei einem bilanzwertorientierten Trigger die Summe, die benötigt wird, um den regulatorischen Kapitalvorgaben zu entsprechen, dividiert durch den Aktienkurs zum Zeitpunkt der Wandlung.[320] Dieses Wandlungsverhältnis ist jedoch mit einer erheblichen Unsicherheit in der Bewertung des Instruments verbunden, da unklar ist, welche Menge an Eigenkapital zu welchem Aktienpreis gewandelt wird, wodurch die Refinanzierungskosten steigen dürften.[321] Aufgrund dieser Unklarheit kann vorher auch nicht festgelegt werden, zu wessen Lasten die Wandlung letztlich gehen wird. Damit würde den CoCo-Bonds jedoch das verhaltenssteuernde Element genommen werden. Am überzeugendsten und am einfachsten erscheint daher die fixed dollar conversion, insbesondere weil diese Variante sowohl für die Aktionäre als auch für die Gläubiger am transparentesten ist. Denn bereits zum Zeichnungszeitpunkt steht hier fest, welchen Aktienwert sie bei Erreichen des Trigger Events auszugeben bzw. zu erhalten haben. Da hierbei das Risiko für die Investoren aufgrund der für sie vorteilhaften Wandlung – jedenfalls bei entsprechendem Nennwertbezug[322] – geringer ausfällt als bei den anderen Alternativen, würde

---

317 *Brahmi*, Contingent Convertibles, in: Schütt (Hrsg.), Deutsches Institut für Bankwirtschaft – Schriftenreihe, Band 7 (12/2011), S. 10; ähnlich *Zähres*, Deutsche Bank Research v. 15.4.2011 (Fn. 25), S. 9.

318 *Von der Crone/Beeler*, ZBB 2012, 12, 18 mwN; s. in diesem Zusammenhang auch die Verpflichtung zur Abgabe eines Angebots nach § 35 Abs. 2 S. 1 WpÜG bei Rn. 271 ff.

319 Eine solche Begrenzung verlangt Art. 54 Abs. 1 lit. c) CRR-VO auch.

320 *Mackinger*, CoCo-Bonds, S. 48.

321 So *Mackinger*, CoCo-Bonds, S. 48.

322 S. hierzu Rn. 80 ff.

das Anknüpfen an die fixed dollar conversion auch die Kosten des Instruments für den Emittenten verringern.[323]

b) Der Nennwertbezug der Umwandlung

Insbesondere wenn die Anleihebedingungen eine fixed dollar conversion vorsehen, muss festgelegt werden, in welchem Verhältnis der Wert der zu erhaltenden Aktien im Vergleich zum Nennwert der CoCo-Bonds steht. Dabei ist es denkbar, dass der Wert der zu liefernden Aktien dem Nennwert der Anleihe entspricht (sog. *par conversion*), ihn unterschreitet (sog. *premium conversion*) oder diesen sogar übertrifft (sog. *discount conversion*).[324] **80**

aa) Verhältnis zum Anleihenennwert

Mit einer Wandlung unter dem Nennwert der Anleihe würden die Anleihegläubiger stark belastet werden, da diese einen größeren Verlust auffangen müssten. Ein so ausgestalteter Bond führt somit dazu, dass es einen Wohlfahrtstransfer zugunsten der Aktionäre gibt.[325] Ein solches Wandlungsverhältnis wird teilweise sogar befürwortet,[326] da zum einen der Manipulationsanreiz der Investoren gesenkt wird und zum anderen auch eine Wandlung unter dem Nennwert der CoCo-Bonds aufgrund der Verwässerung der Gesellschafteranteile grundsätzlich dazu in der Lage sein soll, die Aktionäre bzw. den Vorstand dazu anzuhalten, die Wandlung möglichst zu vermeiden sowie notwendige Rekapitalisierungsmaßnahmen rechtzeitig vorzunehmen. Hierbei müssen die Anleger damit rechnen, im Falle einer Wandlung nur dann den Nennwert der Anleihe zurückzuerhalten, wenn die Aktie einen entsprechenden Kursanstieg verzeichnet. Dadurch wären sie gehalten, sich selbst vor ihrer Investition in ein systemrelevantes Institut ein klares Bild über das Investitionsrisiko und damit über die Lage des Emittenten zu verschaffen, da sie nicht mehr auf die implizierte „Staatsgarantie" vertrauen könnten. Letztlich soll dadurch sowohl für Banken als auch für Investoren eine **81**

---

323 So im Ergebnis *BCBS*, Proposal to ensure the loss absorbency of regulatory capital (Fn. 24), S. 8.

324 Zum Ganzen s. *McDonald*, Contingent Capital, (Fn. 255), S. 4 f., 12, der in diesem Zusammenhang darauf hinweist, dass die fixed dollar conversion im Vergleich zur fixed share conversion einen stärkeren Manipulationsanreiz setzen könnte.

325 So *Berg/Kaserer*, Does contingent capital induce excessive risk-taking? (Fn. 210), S. 2.

326 S. etwa FSOC Report (Fn. 233), S. 7.

Anreizsteuerung gesetzt werden, welche die Marktdisziplin auf beiden Seiten stärke.[327]

82 Ob hierdurch tatsächlich eine Stärkung der Marktdisziplin sowohl auf Seiten der Bank als auch auf Seiten der Investoren erzielt werden kann, ist jedoch zweifelhaft. Denn eine Wandlung unter dem Nennwert der CoCo-Bonds müsste aufgrund des gestiegenen Verlustrisikos der Investoren diesen mit einem entsprechend höheren Kupon vergüten. Damit würden nicht nur die Kosten des Emittenten für dieses Finanzprodukt steigen, sondern es würde zeitgleich auch die Gefahr bestehen, dass ein falscher Anreiz auf Gesellschafterseite gesetzt wird. So könnte der Vorstand des Emittenten im Vertrauen darauf, dass die Anleihegläubiger den Großteil der Verluste tragen werden, erst recht dazu geneigt sein, ein erhöhtes Risiko im Interesse der Aktionäre einzugehen. Ginge dieser Plan auf, so könnte das Institut seinen Gewinn maximieren, wodurch die Dividende der Aktionäre steigen würde. Verwirklicht sich das eingegangene Risiko hingegen, so wären es vor allem die CoCo-Bond-Investoren, die den Verlust auffangen müssten.[328] Je nach Art und Höhe des eingegangenen Risikos könnte jedoch erst dessen Verwirklichung die finanzielle Situation des Instituts derart stark belasten, dass die Wandlung der CoCo-Bonds nicht einmal mehr zur Verlustabsorption ausreicht, so dass die Krise hierdurch überhaupt erst begründet wird.[329] Ein Vergleich mit der Anreizproblematik im Rahmen der Finanzmarktkrise erscheint hierbei nicht unangebracht.

83 Daneben besteht außerdem noch die Gefahr, dass, sofern der Kupon aufgrund des gesteigerten Verlustrisikos der Investoren entsprechend hoch ausgestaltet ist, dieser die Dividenden auf die Aktien des Emittenten dauerhaft nicht unerheblich übersteigt, so dass die Wandlung der CoCo-Bonds bereits aufgrund der ersparten Zinszahlungen aus der Sicht des Instituts wünschenswert erscheint. Um einen solchen Fehlanreiz auf Seiten der Bank nicht zu setzen, sollte eine Wandlung unter dem Nennwert der Anleihe ausgeschlossen werden, zumal die CoCo-Bond-Investoren als Fremdkapitalgeber bis zur Wandlung keinen Einfluss auf die Unternehmensführung ausüben können.

---

327 FSOC Report (Fn. 233), S. 7.

328 *Berg/Kaserer*, Does contingent capital induce excessive risk-taking? (Fn. 210), S. 3, 6 f., 34 f.

329 Aus den genannten Gründen ebenfalls kritisch gegenüber einem Wandlungsverhältnis zulasten der Anleihegläubiger *Berg/Kaserer*, Does contingent capital induce excessive risk-taking? (Fn. 210), S. 3, 6 f., 34 f.

Aber auch eine Wandlung zum Nennwert[330] muss den gewünschten verhaltenssteuernden Effekt nicht zwingend erfüllen können. Denn soll der gewünschte Steuerungseffekt erzielt werden, dann muss die Wandlung der CoCo-Bonds für die Aktionäre wesentlich nachteilhafter sein als die vorsorgliche Ausgabe von Aktien, da nur dann ein Anreiz zur rechtzeitigen Rekapitalisierung besteht. Ob ein CoCo-Bond, der im Interesse der Sicherung der Existenzfähigkeit des Emittenten an einem hohen Wandlungsauslöser knüpft,[331] die Aktionäre durch seine Wandlung derart stark belasten würde, dass diese die rechtzeitige Rekapitalisierung einer Wandlung vorziehen würden, ist jedoch fraglich. Um dies sicherzustellen und den gewünschten verhaltenssteuernden Effekt zu erzielen, sollte eher an eine Wandlung über den Nennwert der CoCo-Bonds angeknüpft werden, die eine stärkere Verwässerung der Aktionärsanteile mit sich bringt.[332] In diesem Zusammenhang sollten Gestaltungen, die zwar eine starke Verwässerung vorsehen, allerdings den (Alt-) Aktionären im Anschluss an die CoCo-Bond-Wandlung noch ein Rückkaufsrecht an den ausgegebenen Aktien gewähren wollen,[333] von vornherein ausgeschlossen werden, da diese Rückkaufoption die verhaltens- **84**

330 Für eine Wandlung (mindestens) zum Nennwert *Zähres*, Deutsche Bank Research v. 15.4.2011 (Fn. 25), S. 9; *Brahmi*, Contingent Convertibles, in: Schütt (Hrsg.), Deutsches Institut für Bankwirtschaft - Schriftenreihe, Band 7 (12/2011), S. 10; *Calomiris/Herring*, Journal of Applied Corporate Finance Vol. 25 (2013), No. 2, S. 21, 33, schlagen zwar klar eine Verwässerung von 5 % und damit eine Wandlung über den Nennwert vor, halten jedoch auf S. 27 auch fest, dass eine Wandlung jedenfalls nicht unter dem Nennwert der Anleihe erfolgen sollte: "*By a "dilutive" CoCo conversion, we mean a conversion that will leave the holders of CoCos with at least as much value in new equity at the principal of the bonds they surrender*".

331 Zur Höhe des Wandlungsauslösers Rn. 69 ff.

332 So auch *Calomiris/Herring*, Journal of Applied Corporate Finance Vol. 25 (2013), No. 2, S. 21, 33, die eine Wandlung zu 105 % des Anleihenennwertes vorschlagen; *Pennacci/Vermaelen/Wolff*, The Case of COERCs (Fn. **169**), S. 17 f., schlagen in ihrem Rechenbeispiel bei einem aktuellen Marktwert der Aktien von 5 € im Rahmen der Wandlung sogar die Ausgabe der Aktien zu einem Kurs von maximal 1 € je Aktie vor, womit die CoCo-Bond-Gläubiger das Fünffache ihrer Investition erhalten würden. Allerdings haben die Gesellschafter die Möglichkeit, die Aktien zurück zu erwerben; ebenfalls für eine starke Verwässerung jedoch ohne die Angabe einer genauen Höhe *Berg/Kaserer*, Does contingent capital induce excessive risk-taking? (Fn.210), S. 3, 6 f., 34 f., wohl auch *Rudolph*, in: Groß/Pfingsten (Hrsg.), Finanzmarktkrisen, ZfbF Sonderheft 67/2013, S. 97, 109 ff., 112 f.

333 S. etwa *Pennacci/Vermaelen/Wolff*, The Case of COERCs (Fn. **169**), S. 17, 37; einer solchen Ausgestaltung nicht abgeneigt gegenüberstehend hingegen *Rudolph*, in:

steuernde Wirkung ad absurdum führen würde.[334] Denn durch die Möglichkeit des Rückkaufs müssten die Aktionäre nicht mehr zwingend um ihre Anteile fürchten, so dass derart ausgestaltete CoCo-Bonds ausschließlich der Verlustabsorption dienen würden und keinen positiven Verhaltensanreiz für die Aktionäre bzw. den Vorstand setzen könnten. Aktionäre könnten sogar ein Interesse an der Wandlung haben, weil sie sich dann günstig neue Aktien besorgen könnten, so dass Großaktionäre mit Einfluss auf die Geschäftsleitung das Instrument für einen Squeeze-Out missbrauchen könnten.

85 Eine bezugsrechtsfreie Discount Conversion hätte neben der für die Marktdisziplin positiven verhaltenssteuernden Wirkung aus Sicht des Instituts zudem einen Kostenvorteil. Denn die Kehrseite des erhöhten Aktionärsrisikos ist die Reduzierung des Investorenrisikos, da davon ausgegangen werden kann, dass die Bank rechtzeitig korrigierende Maßnahmen zur Vermeidung der Wandlung ergreift. Sollte es dennoch zu einer Wandlung kommen, so erhalten die Anleihegläubiger einen Aktienwert, der über dem Wert ihrer ursprünglichen Investition liegt. Daher sollten so ausgestaltete Bonds mit einem eher niedrigeren Kupon ausgestattet werden können.[335]

86 Bedauerlicherweise setzt eine Wandlung über den Nennwert der CoCo-Bonds aufgrund des (hohen) wandlungsbedingten Gewinns auch einen stärkeren Manipulationsanreiz auf der Investorenseite. Das Anknüpfen des Wandlungsauslösers an einen Durchschnittswert kombiniert mit einem Verbot von Leerverkäufen für CoCo-Bondinhaber für Aktien des CoCo-Bond-Emittenten sollte jedoch eine entsprechende Marktmanipulation derart erschweren, dass sie – wenn überhaupt – als äußerst unwahrscheinlich einzustufen ist.[336]

bb) Anknüpfen an den Marktwert der CoCo-Bonds

87 Teilweise wird vertreten, dass es im Rahmen der CoCo-Bond-Wandlung nicht auf einen irgendwie gearteten Nennwertbezug zur Anleihe ankommen kann,

---

Groß/Pfingsten (Hrsg.), Finanzmarktkrisen, ZfbF Sonderheft 67/2013, S. 97, 111, 115 f.

334 Zur Frage nach dem Bezugsrechtsausschluss der Aktionäre s. Rn. 224 ff.

335 *Zähres*, Deutsche Bank Research v. 15.4.2011 (Fn. 25), S. 9 geht daher davon aus, dass eine Wandlung mindestens zum Nennwert der Anleihe „*sowohl aus Bankensicht als auch aus regulatorischer Perspektive* […] *empfehlenswert* [ist]".

336 *Calomiris/Herring*, Journal of Applied Corporate Finance Vol. 25 (2013), No. 2, S. 21, 26 f.

sofern ein marktwertorientierter Trigger gewählt wird.[337] Denn allein das Eigenkapital sei im Verhältnis zu den CoCo-Bonds, die sich als nachrangige Schuldverschreibungen bei Erreichen des Triggers unabhängig vom Willen der Beteiligten in Aktien wandeln sollen, nachrangig. Dies soll letztlich dazu führen, dass der Marktwert des Eigenkapitals immer zusammen mit dem Marktwert der CoCo-Bonds ermittelt werden muss, was bedeutet, dass eine Wertsteigerung des einen Instruments zu einer entsprechenden Wertminderung des anderen führen müsse.[338] Würde dies in den Anleihebedingungen nicht dahingehend berücksichtigt, dass ein Vermögenstransfer zwischen den CoCo-Bond-Investoren und den Aktionären verhindert wird, so bestünde die Gefahr *„multipler Gleichgewichte"*, was sich unmittelbar auf den Aktienkurs auswirken würde. Denn wird ein Trigger gewählt, der einen Vermögenstransfer zwischen den Aktionären und den Anleihegläubigern nicht ausschließt, sollen zwei unterschiedliche Szenarien vorstellbar sein, sobald sich der Aktienkurs dem Trigger nähert: Im ersten Szenario würden die Investoren auf dem Anleihemarkt davon ausgehen, dass es zu keiner Wandlung kommt, so dass der Aktienkurs den Wandlungsauslöser nicht erreichen wird. Im zweiten Szenario hingegen gehen die Investoren von einer Wandlung aus, so dass dieser Glaube quasi als selbsterfüllende Prophezeiung den Aktienkurs tatsächlich unter den Trigger drückt. Damit wären bei einem Kurswert in unmittelbarer Nähe des Triggers zwei Aktienkurse rational vorstellbar, was zu einer Marktverunsicherung und einer daraus folgenden Destabilisierung des Markts führen würde.[339]

Um ein einheitliches Gleichgewicht zu erzeugen, müsse daher das Wandlungsverhältnis in den Anleihebedingungen so gewählt werden, dass ein **88**

337 *Sundaresan/Wang*, Federal Reserve Bank Staff Report No. 448 (2011) (Fn. **131**), S. 5 ff.

338 *Sundaresan/Wang*, Federal Reserve Bank Staff Report No. 448 (2011) (Fn. **131**), S. 5: *„Since common equity is the residual claim of the bank's value, it must be priced together with the CC* [Contingent Capital]. *Keeping the firm value and senior bond value fixed, a dollar more for the CC value must be associated with a dollar less for the equity value"*.

339 So *Sundaresan/Wang*, Federal Reserve Bank Staff Report No. 448 (2011) (Fn. **131**), S. 4 ff., 13 ff., die diese Argumentation auch mit einer „Beweisrechnung" untermauern wollen (S. 8 f.). Dabei weisen sie auch auf Konstellationen hin, in denen es denkbar ist, dass überhaupt kein Gleichgewicht gefunden wird; ihren Ergebnissen offenbar zustimmend *McDonald*, Contingent Capital, (Fn. 255), S. 6, 10, der darauf hinweist, dass durch die von *Sundaresan/Wang* gemachte Erkenntnis die Gestaltungsmöglichkeiten von CoCo-Bonds stark begrenzt (*„sharply limits"*) wurden; zustimmend auch *Leippold*, Der Schweizer Treuhänder 2011, 913, 914.

Vermögenstransfer zwischen den Beteiligten vermieden wird. Dieses „*zero value transfer condition*“ verlangt, dass das Wandlungsverhältnis bei einem marktwertbasierten Trigger nicht auf den Nennwert der Anleihe, sondern ebenfalls auf ihren Marktwert abstellt. Folglich müssten CoCo-Bondinvestoren zum Zeitpunkt der Wandlung ausschließlich Aktien zum Marktwert der von ihnen gehaltenen CoCo-Bonds erhalten.[340]

89 Die Gefahr des Vorhandenseins „multipler Gleichgewichte“ ist allerdings nur dann existent, wenn alle Gleichgewichte auch rational sind. Dies wiederum setzt voraus, dass das gefundene Ergebnis u. a. auch im Einklang mit den Erwartungen der betroffenen Marktteilnehmer steht. Ohne dies ausdrücklich zu sagen, scheinen die Vertreter dieser Auffassung davon auszugehen, dass der Markt genau weiß, dass die Bank in einer solchen Situation keine Maßnahmen, wie etwa das Emittieren neuer Aktien, ergreift, um die Eigenkapitalquote zu erhöhen.[341] Genau hiervon kann jedoch bei CoCo-Bonds mit einem starken Verwässerungseffekt ausgegangen werden, da der Vorstand des Emittenten im Interesse der Aktionäre entsprechend des Shareholder Value-Ansatzes die Wandlung mit allen Mitteln verhindern möchte. Denn die Aktionäre würden bei entsprechend ausgestalteten CoCo-Bonds die Ausgabe neuer Aktien im Rahmen einer ordentlichen Kapitalerhöhung und die damit einhergehende Stärkung der Eigenkapitalbasis auch bei einem schlechten Aktienkurs favorisieren, da dies das „geringere“ Übel im Vergleich zur Wandlung der CoCo-Bonds über den Anleihenennwert darstellen würde. Damit ist aber das Szenario, in dem die Investoren von einer Wandlung ausgehen, nicht mehr rational, da es den Markterwartungen nicht entspricht. Diese fehlende Rationalität führt letztlich auch dazu, dass das zweite Gleichgewicht, in dem die Investoren auf dem Anleihemarkt von einer Wandlung ausgehen, nicht existent ist. Hiermit besteht allerdings von vornherein nur ein Gleichgewicht.[342] Zudem erfolgt die Wandlung der CoCo-Bonds nicht beim

---

340 *Sundaresan/Wang*, Federal Reserve Bank Staff Report No. 448 (2011) (Fn. **131**), S. 6 f. Dabei bedauern sie auf S. 3 offenbar das von ihnen gefundene Ergebnis: “*This is problematic because punitive conversion is referred to by regulators and academics as a desirable feature to generate the incentives for bank managers to avoid excessive risk taking*”.

341 So ausdrücklich *Calomiris/Herring*, Journal of Applied Corporate Finance Vol. 25 (2013), No. 2, S. 21, 33 f., die sich direkt mit der Argumentation von *Sundaresan/Wang*, Federal Reserve Bank Staff Report No. 448 (2011) (Fn. **131**), S. 6 f. auseinandersetzen.

342 *Calomiris/Herring*, Journal of Applied Corporate Finance Vol. 25 (2013), No. 2, S. 21, 34; auch *Bond/Goldstein/Prescott*, The Review of Financial Studies Vol. 23

erstmaligen Erreichen eines gewissen Aktienkurses, sondern beruht auf einen gleitenden Durchschnittswert, so dass es bereits deswegen eher unwahrscheinlich ist, dass „multiple Gleichgewichte“[343] tatsächlich zu einer Marktdestabilisierung führen können.[344]

c) Rechtliche Vorgaben

Art. 54 Abs. 1 lit. c) CRR-VO sieht vor, dass Bestimmungen zum Wandlungsverhältnis in den Anleihebedingungen „*entweder die Quote einer solchen Umwandlung und eine Obergrenze für die gestattete Umwandlungsmenge*“ oder „*eine Spanne, innerhalb dessen die Instrumente in Instrumente des harten Kernkapitals umgewandelt werden*“ festlegen. Beide Varianten gleichen sich insoweit, als sie eine Höchstmenge, einen sog. Cap, der aufgrund einer Wandlung auszugebenden Aktien verlangen. Damit steht die maximale Verwässerung der (Alt-)Aktionäre bereits zum Zeitpunkt der CoCo-Bondausgabe fest.[345] 90

Im Rahmen der Wandlung muss gem. Art. 54 Abs. 4 CRR-VO zudem darauf geachtet werden, dass eine Wandlung den niedrigeren der beiden folgenden Werte nicht unterschreitet: „*a) den Betrag, der zur vollständigen Wiederherstellung der harten Kernkapitalquote des Instituts von 5,125 % erforderlich ist, b) den vollständigen Kapitalbetrag des Instruments*“. Dies bedeutet, dass die CRR-VO grundsätzlich auch eine Wandlung unter den Nennwert der CoCo-Bonds zulässt, solange damit die harte Kernkapitalquote von 5,125 % erreicht wird. Erfüllt ein Instrument diese Vorgaben, so kann es gem. Art. 54 Abs. 1, 3 in Verbindung mit Art. 52 Abs. 1 lit. n CRR-VO bis zum Wert des harten Kernkapitals, den dieses Instrument bei seiner Wandlung mindestens ergeben würde, auf das zusätzliche Kernkapital angerechnet werden. Voraussetzung hierfür ist allerdings, dass auch die restlichen Vorgaben des Art. 52 Abs. 1 CRR-VO erfüllt werden. 91

(2010), S. 781, 804, die ebenfalls auf das Entstehen derartiger multiplen Gleichgewichte hinweisen, sind davon überzeugt, dass ein vorhersehbares und damit wahrscheinliches Marktverhalten dazu führt, dass lediglich ein Gleichgewicht existiert, so dass die Gefahr multipler Gleichgewichte (jedenfalls) bei einer für die Gesellschafter stark verwässernden CoCo-Bond-Ausgestaltung nicht präsent ist.

343 Die bei hier vertretener Auffassung bei einem für die Aktionäre nachteilhaftem Wandlungsverhältnis aufgrund der fehlenden Rationalität jedoch nicht existent sind.

344 *Calomiris/Herring*, Journal of Applied Corporate Finance Vol. 25 (2013), No. 2, S. 21, 34.

345 *Gleske/Ströbele*, CFL 2012, 49, 52; im deutschen Aktienrecht wird die Verwässerung der Gesellschafter-anteile durch die analoge Anwendung des § 192 Abs. 3 S. 1 AktG begrenzt, s. Rn. 252 ff., 265 ff.

92 Aus der verhaltenssteuernden Perspektive ist insbesondere die Möglichkeit zur Wandlung unter den Anleihenennwert zu bedauern, da zur Bekämpfung des Moral Hazards eine Wandlung über den Nennwert der Anleihe zu empfehlen wäre. Ein Verbot für die Festlegung eines solchen Wandlungsverhältnisses ist der CRR-Verordnung jedenfalls nicht zu entnehmen, sofern auch hier eine Höchstmenge der auszugebenden Aktien festgelegt wird, so dass von der Rechtmäßigkeit einer entsprechenden Ausgestaltung ausgegangen werden kann. Dies ist insoweit auch zu begrüßen, da die Aktionäre im Vorfeld der CoCo-Bondausgabe durch einen Hauptversammlungsbeschluss die Anleihebedingungen und mit ihnen auch die maximale Verwässerung ihrer Anteile in Kenntnis eines Wandlungsverhältnisses über den Nennwert der Anleihe gebilligt haben werden, womit ihre Rechte hinreichend gewahrt wären.[346]

93 Ein Problem könnte sich allerdings daraus ergeben, dass CoCo-Bonds zu einem Debt-Equity-Swap führen und der Nennwertbezug dieses Swaps im deutschen Aktienrecht umstritten ist. So gehen sowohl die herrschende Lehre[347] als auch die Rechtsprechung[348] davon aus, dass ein Debt-Equity-Swap aufgrund des Grundsatzes der realen Kapitalaufbringung an einer vollwertigen Forderung anknüpfen muss, so dass sich das Umtauschverhältnis am tatsächlichen Wert der eingebrachten Forderung, der geringer sein kann als der Nennwert der Forderungen,[349] zu orientierten habe. Allerdings ist der klassische Debt-Equity-Swap nicht mit dem im Rahmen einer CoCo-Bondwandlung zu vergleichen. Denn beim klassischen Debt-Equity-Swap werden Verbindlichkeiten des Unternehmens, dessen Bonität zweifelhaft geworden ist, zumeist durch auf Sanierungsfälle spezialisierte Finanzinvestoren deutlich unter Nennwert aufgekauft und anschließend im Rahmen einer Sachkapitalerhöhung gegen die Gewährung von Anteilen an dem Unternehmen eingebracht. Dabei kann die Einbringung der Forderung entweder durch ihre Abtretung an die Gesellschaft, wodurch die

---

346 Zur Beteiligung der Hauptversammlung im Rahmen der CoCo-Bond-Ausgabe s. Rn. 210 ff.

347 S. etwa *Priester*, DB 2010, 1445 ff.; *Ekkenga*, DB 2012, 331 ff.; *Vaupel/Reers*, AG 2010, 93, 99; *Schmidt/Schlitt*, Der Konzern 2009, 279, 282; ausführlich auch *Arnold*, in: FS Hoffmann-Becking, 2013, S. 29 ff., der beim klassischen Debt-Equity-Swap trotz der neuen Regelungen durch das Gesetz zur weiteren Erleichterung der Sanierung von Unternehmen (ESUG, BGBl. Teil I 2011, S. 2582) und der sog. Aktienrechtsnovelle (hierzu Rn. 257) an dieser hM festhalten will; s. auch *Kleindiek*, in: FS Hoffmann-Becking, 2013, S. 543, 548 ff.

348 S. beispielsweise BGHZ 90, 370, 373 f.; 110, 47, 61 f.; 125, 141, 145 f.

349 S. etwa Buth/Hermanns/*Knecht/Haghani*, Restrukturierung, § 18 Rn. 48.

Forderung im Wege der Konfusion erlöschen würde, oder aber durch den Abschluss eines Erlassvertrages im Sinne von § 397 Abs. 1 BGB zwischen den Forderungsinhabern und der Gesellschaft erfolgen.[350] Derartiger Methoden bedarf es im Rahmen der CoCo-Bond-Wandlung jedoch nicht, da sich bei der Wandelanleihe im Wandlungszeitpunkt die causa der ursprünglich geleisteten Zahlung ändert.[351] Während beim klassischen Debt-Equity-Swap demnach das Einbringen der Forderung als Sacheinlage zu qualifizieren ist, führt die Wandlung der CoCo-Bonds den Gedanken des § 194 Abs. 1 S. 2 AktG entsprechend dazu, dass die ursprünglich auf die Anleihe geleistete Zahlung als Einlage auf den Zeichnungsvertrag und damit als Bareinlage anzusehen ist.[352]

Dennoch soll nach Stimmen der Literatur auch bei den CoCo-Bonds die beim klassischen Debt-Equity-Swap verbreitete Ansicht der Anknüpfung am Zeitwert entscheidend sein. **94** Denn dadurch, dass die Wandlungsoption in den Anleihebedingungen in aller Regel nur einseitig zugunsten der Gesellschaft vorgesehen sein soll, handele es sich bei dieser Anleihe um nichts anderes als eine Darlehensforderung in verbriefter Form, die es nicht rechtfertige, die Anleihegläubiger anders zu behandeln als jeden anderen Gläubiger auch. Insofern fehle unter dem Gesichtspunkt der Kapitalaufbringung jeder Sachgrund dafür, bei einer verbrieften Forderung auf den Nennwert und bei einer unverbrieften auf den Zeitwert abzustellen.[353] Dieses Ergebnis überzeugt allerdings schon beim klassischen Debt-Equity-Swap nicht. Denn gem. § 253 Abs. 1 S. 2 HGB muss die Gesellschaft die Forderung völlig losgelöst von ihrem Zeitwert zu ihrem Nennwert in ihre Bilanz passivieren.[354] Damit befreit ein Debt-Equity-Swap die Gesellschaft aus bilanzieller Sicht – und nur auf diese sollte es hier ankommen – eben nicht in Höhe des Zweitwerts der

---

350 Statt vieler *Löbbe*, Liber Amicorum Winter, 2011, S. 423, 424, 428.

351 Dies wird nun auch durch den RefE zur sog. Aktienrechtsnovelle 2014 klargestellt, s. hierzu Rn. 269.

352 Marsch-Barner/Schäfer/*Groß*, HdB börsennotierte AG, § 51 Rn. 8d; Marsch-Barner/Schäfer/*Busch*, HdB börsennotierte AG, § 44 Rn. 47; Spindler/Stilz/*Rieckers* § 199 Rn. 14; *Friel*, Wandelanleihen mit Pflichtwandlung, Diss. Bonn, 2002, S. 185 f.; *Holland/Goslar*, NZG 2006, 892, 895.

353 So die Argumentation von *Drygala*, WM 2011, 1637, 1644; dem Ergebnis zustimmend *Bayer*, AG 2012, 141, 151, der auch von einer Irreführung des Rechtsverkehrs spricht, da durch den Umtausch der Wandelanleihe in neue Bezugsaktien eine Erhöhung des Grundkapitals vorgetäuscht wird, die obwohl effektiv lediglich eine rein bilanzielle Rechenoperation vorgenommen wurde und gerade keine Grundkapitalerhöhung; ebenfalls für eine Anknüpfung am Zeitwert *Königshausen*, WM 2013, 909, 913.

354 *Cahn/Simon/Theiselmann*, CFL 2010, 238, 243.

Verbindlichkeit, sondern immer in Höhe ihres Nennwerts.[355] Daher ist entgegen der herrschenden Auffassung[356] bereits beim klassischen Debt-Equity-Swap auf den Nennwert abzustellen.[357]

95 Darüber hinaus kann die herrschende Auffassung[358] bereits deswegen nicht auf CoCo-Bonds übertragen werden, da dies dem eindeutig geäußerten Willen des Gesetzgebers widerspräche, der zunächst im (vorerst) gescheiterten VorstKoG und später dann nahezu wortgleich in der Aktienrechtsnovelle 2014 zum Ausdruck kam.[359] Insoweit lässt sich den Gesetzesmaterialien hier entnehmen, dass bei der „umgekehrten Wandelanleihe", der Begriff unter dem der Gesetzgeber CoCo-Bonds den Weg ins deutsche Aktienrecht „*ebnen*" will,[360] „*die ursprüngliche Barzahlung des Anleihegläubigers als Einlage* [angesehen werden soll]. *Es kommt nicht darauf an, ob die bisherige Geldforderung noch werthaltig ist.*"[361] Damit ist aber bei Wandelanleihen nach den Vorstellungen des Gesetzgebers einzig der Nennwert der Forderung entscheidend und nicht ihr Zeitwert. Da der Gesetzgeber diesen Willen wiederholt im Rahmen der „umgekehrten Wandelanleihe" ausdrücklich geäußert hat, kann im Rahmen

---

355 *Cahn/Simon/Theiselmann*, CFL 2010, 238, 243; *dies.*, DB 2010, 1629 ff.; *dies.*, DB 2012, 501 ff.; *Wansleben*, WM 2012, 2083, 2086; *Karollus*, ZIP 1994, 589, 595 weist darauf hin, dass die hM auf eine „*unzulässige Vermengung zweier völlig unterschiedlich gelagerter Fälle, nämlich der Einbringung von Forderungen gegen Dritte und der Einbringung von gegen die AG gerichteten Forderungen*" beruht.

356 BGHZ 90, 370, 373 f.; 110, 47, 61 f.; 125, 141, 145 f.; *Priester*, DB 2010, 1445 ff.; *Ekkenga*, DB 2012, 331 ff.; *Vaupel/Reers*, AG 2010, 93, 99; *Schmidt/Schlitt*, Der Konzern 2009, 279, 282; *Kleindiek*, in: FS Hoffmann-Becking, 2013, S. 543, 551 f.; *Arnold*, in: FS Hoffmann-Becking, 2013, S. 29 ff.; s. auch Rn. 93.

357 Ausführlich hierzu *Cahn/Simon/Theiselmann*, CFL 2010, 238, 242 ff.; *dies.*, DB 2010, 1629 ff.; *dies.*, DB 2012, 501 ff.; *Wansleben*, WM 2012, 2083, 2086; *Karollus*, ZIP 1994, 589, 595 f.

358 BGHZ 90, 370, 373 f.; 110, 47, 61 f.; 125, 141, 145 f.; *Priester*, DB 2010, 1445 ff.; *Ekkenga*, DB 2012, 331 ff.; *Vaupel/Reers*, AG 2010, 93, 99; *Schmidt/Schlitt*, Der Konzern 2009, 279, 282; *Kleindiek*, in: FS Hoffmann-Becking; s. auch Rn. 93.

359 Zu beiden s. Rn. 257 ff.

360 So *Nodoushani*, ZBB 2011, 143; ähnlich Marsch-Barner/Schäfer/*Groß*, HdB börsennotierte AG, § 51 Rn. 8a, 8c, der aber auch darauf hinweist, dass eine Änderung des Aktiengesetzes für die aktienrechtliche Zulässigkeit von CoCo-Bonds nicht notwendig ist; zur Aktienrechtsnovelle 2014 s. Rn. 257 ff.

361 Regierungsentwurf zur Aktienrechtsnovelle 2012, BT-Drucks. 17/8989, S. 19; s. nun auch RefE des BMJ, Aktienrechtsnovelle 2014 (Fn. 41), S. 30.

des Debt-Equity-Swaps der CoCo-Bonds nicht auf den Zeitwert der zu wandelnden Forderung abgestellt werden.[362]

Außerdem ist auch die Annahme, dass CoCo-Bonds in ihren Anleihebedingungen in aller Regel eine Wandlungsoption einseitig zugunsten der Gesellschaft vorsehen,[363] nicht korrekt. CoCo-Bonds sollen in Krisenzeiten ohne „Wenn und Aber" gewandelt werden und stellen damit keine Wandlungs*option* der Gesellschaft in der Krise dar, sondern begründen sowohl für die Gesellschaft als auch für die Anleihegläubiger eine Wandlungspflicht, sobald objektiv festgelegte Kriterien erreicht werden.[364] All dies spricht letztlich deutlich gegen die Gleichsetzung der CoCo-Bonds mit dem klassischen Debt-Equity-Swap. Unabhängig von diesem Streit erfolgt die Wandlung jedenfalls für die hier vorgeschlagenen CoCo-Bonds mit einem hohen Trigger zu einem Zeitpunkt, zudem die Forderung der Anleihegläubiger wahrscheinlich noch werthaltig ist, so dass der Streit letztlich eher geringe praktische Relevanz haben dürfte. Denn auch die Gegner der Nennwerteinbringung im Rahmen eines klassischen Debt-Equity-Swaps halten die Einbringung der Forderungen zu ihrem Nennwert jedenfalls dann für möglich, wenn die Gesellschaft ohne eine weitere Kapitalhöhung in der Lage ist, alle ihre Verbindlichkeiten zu begleichen.[365] Diese Voraussetzung sollte bei CoCo-Bonds mit einem hohen Trigger in der Praxis zum Wandlungszeitpunkt wohl noch erfüllt sein. **96**

Eine andere Frage ist, ob die vorgeschlagene Wandlung über den Nennwert der Anleihe nicht gegen das Unter-pari-Verbot des § 9 Abs. 1 AktG verstößt. Hiernach darf eine Aktie nicht für einen geringeren Betrag als den Nennbetrag **97**

---

362 Wie hier offenbar *Arnold*, in: FS Hoffmann-Becking, 2013, S. 29, 43 f., der in diesem Zusammenhang von einer Sonderregelung für Wandelanleihen spricht, aus der nicht die Zulässigkeit eines klassischen Debt-Equity-Swaps zum Nennwert gefolgert werden kann; aA hingegen *Drygala*, WM 2011, 1637, 1643 f.

363 So *Drygala*, WM 2011, 1637, 1644.

364 Dies wird in der Literatur oft übersehen, wenn von einem Wandlungsrecht der Gesellschaft gesprochen wird, s. *Drygala*, WM 2011, 1637, 1644; Marsch-Barner/Schäfer/*Groß*, HdB börsennotierte AG, § 51 Rn. 8c; wie hier wohl aber *Habersack*, Stellungnahme zur Aktienrechtsnovelle 2012, S. 2, nach dem CoCo-Bonds bei Eintritt eines in den Emissionsbedingungen festgelegten Umwandlungsereignisses ohne weitere Erklärung in Eigenkapital gewandelt werden, abrufbar unter: http://webarchiv.bundestag.de/cgi/show.php?fileToLoad=2930&id=1223 unter öffentliche Anhörungen, Archiv der öffentlichen Anhörungen, Mittwoch, 5.6.2013, Stellungnahmen der Sachverständigen (zuletzt abgerufen am 3.7.2014).

365 S. *Arnold*, in: FS Hoffmann-Becking, 2013, S. 29, 33 mwN aus der Literatur und aus der Rspr.

oder den auf die einzelne Stückaktie entfallenden anteiligen Betrag des Grundkapitals ausgegeben werden (geringster Ausgabebetrag). Diese Vorschrift, die den Gläubigerschutz durch die Sicherung der Kapitalaufbringung bezweckt, soll sicherstellen, dass die Mitgliedschaft nicht ohne entsprechende Einlage entstehen kann und gilt auch im Rahmen einer Kapitalerhöhung.[366] Allerdings handelt es sich bei den CoCo-Bonds um Wandelanleihen, so dass das Unter-pari-Verbot nur in seiner modifizierten Form gem. § 199 Abs. 2 S. 1 AktG in Betracht kommt.[367] Diese Norm gestattet die Ausgabe der Aktien unter-pari, sofern der Unterschied zwischen dem Ausgabebetrag der zum Umtausch eingereichten Schuldverschreibungen und dem höheren geringsten Ausgabebetrag der für sie zu gewährenden Bezugsaktien aus einer anderen Gewinnrücklage, soweit sie zu diesem Zweck verwendet werden kann, oder durch Zuzahlung des Umtauschberechtigten gedeckt ist. Damit ist es aktienrechtlich zulässig, wenn eine Wandlung in Aktien über den Nennwert der Anleihe erfolgt, sofern die Differenz zwischen dem Ausgabebetrag der Schuldverschreibung und dem höheren geringsten Ausgabebetrag der Bezugsaktien nur ausgeglichen wird,[368] womit das vorliegend vorgeschlagene Wandlungsverhältnis aktienrechtlich grundsätzlich unbedenklich ist. Um die Verhaltenssteuerung der CoCo-Bonds zu wahren, sollte die angesprochene Differenz jedoch nicht durch eine Zuzahlung der Anleihegläubiger, sondern ausschließlich durch eine Rücklagenverwendung ausgeglichen werden. Dies setzt selbstverständlich die Bildung entsprechender Rücklagen der Gesellschaft voraus.

4. *Laufzeit und Kündigungsmöglichkeiten*

98 Teilweise wird empfohlen, dass es den Instituten freistehen sollte, CoCo-Bonds mit unterschiedlichen Laufzeiten zu begeben, um den nicht gleichlaufenden Bindungswillen der Investoren berücksichtigen zu können.[369] Sofern sie allerdings daran interessiert sind, dass die Anleihe auf das regulatorische Eigenkapital angerechnet wird, was regelmäßig der Fall sein wird, müssen die Institute gem. Art. 52 Abs. 1 lit. g) CRR-VO die CoCo-Bonds jedoch so ausgestalten, dass

366 Spindler/Stilz/*Vatter* § 9 Rn. 1, 4; MünchKommAktG/*Heider*, § 9 Rn. 4; Henssler/Strohn/*Lange*, Gesellschaftsrecht, § 9 AktG Rn. 1.

367 Statt vieler Spindler/Stilz/*Vatter* § 9 Rn. 11; Spindler/Stilz/*Rieckers* § 199 Rn. 13.

368 S. etwa Spindler/Stilz/*Rieckers* § 199 Rn. 17.

369 *Zähres*, Deutsche Bank Research v. 15.4.2011 (Fn. 25), S. 9, der auf eine Studie des International Institute of Finance verweist, nach der die wichtigsten Investorengruppen eine Laufzeit zwischen drei und sieben Jahren erwarten.

sie zeitlich unbefristet sind und zudem keinen Tilgungsanreiz setzen. Art. 63a Abs. 2 S. 1, 3 RL 2006/48/EG gestattete zwar neben der unbefristeten Laufzeit der Anleihe auch eine Befristung von mindestens 30 Jahren sowie die Setzung eines Tilgungsanreizes für das Institut, allerdings wurde diese Richtlinie nunmehr in die CRR-VO integriert und die Frist im Rahmen dieser Integration gestrichen.[370] Den im Einklang mit dieser Richtlinie begebenen Anleihen kommt aber gem. Art. 484, 486, 489 CRR-VO ein gewisser Bestandsschutz zu, so dass sie nicht sofort, sondern lediglich schrittweise ihre Anrechenbarkeit auf das regulatorische Eigenkapital verlieren.

Die CRR-VO lässt zudem eine Kündigung der zeitlich unbefristeten Anleihen 99 gem. Art. 52 Abs. 1 lit. h) CRR-VO lediglich zu, sofern das Kündigungsrecht nur nach Ermessen des Emittenten ausgeübt werden kann, das Emissionsdatum der Instrumente gem. Art. 52 lit. i) CRR-VO in Verbindung mit Art. 77 CRR-VO mindestens fünf Jahre zurückliegt und die zuständige Aufsichtsbehörde der Kündigung zugestimmt hat. Dabei richtet sich die Frage nach der Erteilung einer solchen Zustimmung nach den Vorgaben des Art. 78 CRR-VO. CoCo-Bonds, die nicht im Einklang mit diesen Regelungen stehen, können nicht auf das regulatorische Eigenkapital angerechnet werden.

5. *Vollzug der Wandlung*

Darüber hinaus ist auch der Wandlungsmechanismus der CoCo-Bonds erklä- 100 rungsbedürftig. Insoweit ist in der einschlägigen Literatur lediglich von einer „automatischen“ Wandlung in Aktien die Rede,[371] ohne das näher darauf eingegangen wird, wie sich diese Wandlung im Konkreten vollziehen soll.

a) Der Wandlungsmechanismus

Unzweifelhaft ist, dass die Wandlung der CoCo-Bonds in Aktien nicht allein 101 dadurch erfolgt, dass sich die Anleihegläubiger im Rahmen des Begebungsvertrages dazu verpflichtet haben, die Anleihe auf Verlangen der Gesellschaft bzw. bei Erreichen des Wandlungsauslösers zu wandeln.[372] Ein Hinweis darauf, wie

---

370 S. zur Integration Erwägungsgrund 4 sowie Anhang 4, die Entsprechungstabelle der CRR-VO.

371 S. etwa *Zähres*, Deutsche Bank Research v. 15.4.2011 (Fn. 25), S. 1; *Brahmi*, Contingent Convertibles, in: Schütt (Hrsg.), Deutsches Institut für Bankwirtschaft – Schriftenreihe, Band 7 (12/2011), S. 4; *Flannery/Perotti*, CoCo Design (Fn. 53), S. 1; *Calomiris/Herring*, Journal of Applied Corporate Finance Vol. 25 (2013), No. 2, S. 21, 27.

372 *Nodoushani*, ZBB 2011, 143, 147.

sich die Wandlung vollziehen kann, könnte aus dem Wandlungsmechanismus der klassischen Wandelanleihe gewonnen werden. Maßgeblich ist hier, wie die Rechtsnatur des Wandlungsrechts einzuordnen ist. Dabei wurde früher noch vertreten, dass es sich bei diesem entweder um ein bindendes Aufrechnungsangebot der Gesellschaft[373] oder um eine Wahlschuld im Sinne von § 262 BGB mit Gläubigerwahlrecht[374] handelt. Allerdings konnten sich beide Auffassungen letztlich zu Recht nicht durchsetzen. So überzeugt die Einordnung des Wandlungsrechts als eine Aufrechnungsoption des Gläubigers vor allem deswegen nicht, da der Gläubiger nicht seine Einlageschuld mittels Hingabe der Schuldverschreibungen tilgen, sondern die causa seiner (ursprünglichen) Investition dahingehend ändern möchte, dass diese nicht mehr als Forderung, sondern als Beteiligung an der Gesellschaft angesehen wird.[375]

102 Auch die Annahme einer Wahlschuld ist wenig überzeugend, da der Gläubiger einer Wandelanleihe eben nicht wie bei einer Wahlschuld zwischen zwei nebeneinanderstehenden Leistungen wählen muss, von denen nur eine erfüllbar ist,[376] sondern vielmehr die Wahl zwischen zwei nacheinander stehenden Leistungsverpflichtungen hat.[377] Dementsprechend hat sich mittlerweile die Überzeugung durchgesetzt, dass das Wandlungsrecht der klassischen Wandelanleihe im Sinne von § 221 Abs. 1 S. 1 Alt. 1 AktG eine Ersetzungsbefugnis auf Gläubigerseite (facultas alternativa) darstellt.[378]

103 Bei der Ersetzungsbefugnis handelt es sich um ein Gestaltungsrecht,[379] das durch eine einseitige empfangsbedürftige unwiderrufliche Willenserklärung gem. § 130 BGB gegenüber dem Vertragspartner ausgeübt wird und die im

---

373 *Georgakopoulos*, ZHR 120 (1957), 133 f.

374 Düringer/Hachenburg/*Flechtheim*, Anhang zu § 179 HGB S. 247 Anm. 22.

375 *Friel*, Wandelanleihen mit Pflichtwandlung, Diss. Bonn 2000, S. 121 f.; *Wilker*, Umtauschrecht, S. 27.

376 S. etwa *Rozijn*, ZBB 1998, 77, 81; allgemein zur Wahlschuld s. Bamberger/Roth/*Unberath* § 262 BGB Rn. 2 ff.; zur Abgrenzung der Wahlschuld von der Ersetzungsbefugnis s. auch MünchKommBGB/*Krüger*, § 262 Rn. 8 ff.

377 *Friel*, Wandelanleihen mit Pflichtwandlung, Diss. Bonn 2000, S. 122; *Georgakopoulos*, ZHR 120 (1957), 131 Fn. 170; *Wilker*, Umtauschrecht, S. 28 f.

378 OLG Stuttgart, AG 1995, 329, 330; Hüffer/*Koch*, § 221 AktG Rn. 4 f.; Marsch-Barner/Schäfer/*Groß*, HdB börsennotierte AG, § 51 Rn. 27; Hölters/*Haberstock/Greitemann*, § 221 AktG Rn. 11; KölnKomm/*Lutter*, § 221 AktG Rn. 94; K. Schmidt/Lutter/*Merkt*, § 221 AktG Rn. 24; Hüffer/*Koch*, § 221 AktG Rn. 4; MünchKommAktG/*Habersack*, § 221 Rn. 226; *ders*, in: FS Nobbe, 2009, S. 539, 547 f.; *Holland/Goslar*, NZG 2006, 892, 895; *Rozijn*, ZBB 1998, 77, 79.

379 S. etwa GroßKommAktG/*Hirte*, § 221 Rn. 209.

ursprünglichen Schuldverhältnis geschuldete Leistung durch eine andere ersetzt.[380] Ist der Emittent zunächst zur Rückzahlung der Anleihe nebst Zinsen verpflichtet, wandelt sich das Schuldverhältnis durch die Ausübung der Ersetzungsbefugnis in eines, das die Gesellschaft zum Abschluss eines Barzeichnungsvertrages verpflichtet.[381] Die Anleihegläubiger werden dabei jedoch erst mit der Aushändigung der Aktie(n) gem. § 200 AktG[382] zu Aktionären.[383]

CoCo-Bonds hingegen sollen jedoch nicht mit einem Wandlungsrecht ausgestattet werden, sondern mit einer entsprechenden Pflicht, sobald das wandlungsauslösende Ereignis erreicht wird. Fraglich ist daher, wie aus der Ersetzungsbefugnis der Wandelanleihe eine Pflicht zur Wandlung konstruiert werden kann. Hier kann der Wandlungsmechanismus der klassischen Pflichtwandelanleihen herangezogen werden, die in der Regel so ausgestaltet sind, dass der Anleihegläubiger spätestens am Ende der Laufzeit zur Wandlung der Anleihe verpflichtet ist.[384] Nach der herrschenden (modifizierten) Vertragstheorie[385] wird davon ausgegangen, dass die eigentlichen wertpapierrechtlichen Verpflichtungen mit der Übergabe der unterschriebenen Urkunde bei Abschluss eines Begebungsvertrages entstehen. Dabei soll der Begebungsvertrag immer einen verpflichtenden, die verbrieften Rechte begründenden und auch einen verfügenden Teil beinhalten.[386] Wird eine Pflichtwandelanleihe begeben, beinhaltet der Begebungsvertrag nicht nur die Verpflichtung des Emittenten zur Zins- und Rückzahlung, sondern **104**

380 S. etwa KölnKomm/*Lutter*, § 221 AktG Rn. 94; so auch GroßKommAktG/*Hirte*, § 221 Rn. 209, der davon spricht, dass die Ersetzungsbefugnis es dem Gläubiger ermöglicht „*durch einseitige empfangsbedürftige unwiderrufliche Erklärung* […] *die Gläubigerstellung in eine Aktionärstellung umzuwandeln*".

381 *Gleske/Ströbele*, CFL 2012, 49, 54; *Rozijn*, ZBB 1998, 77, 79; *Müller-Eising*, GWR 2010, 591 f.; K. Schmidt/Lutter/*Merkt*, § 221 AktG Rn. 24; KölnKomm/Lutter § 221 Rn. 94, 137; Hüffer/*Koch*, § 221 AktG Rn 5; MünchHdB AG/*Krieger*, § 63 Rn. 25; Marsch-Barner/Schäfer/*Groß*, HdB börsennotierte AG, § 51 Rn. 27.

382 Hierbei wird jedoch davon ausgegangen, dass die CoCo-Bonds mit bedingtem Kapital unterlegt werden, s. hierzu Rn. 248 ff.

383 GroßKommAktG/*Hirte*, § 221 Rn. 209; Henssler/Strohn/*Hermanns*, Gesellschaftsrecht, § 221 AktG Rn. 4; im Ergebnis Marsch-Barner/Schäfer/*Groß*, HdB börsennotierte AG, § 51 Rn. 27.

384 Eingehend zu den verschiedenen rechtlichen Gestaltungsmöglichkeiten der Pflichtwandelanleihe s. *Friel*, Wandelanleihen mit Pflichtwandlung, Diss. Bonn 2000, S. 126 ff.

385 S. etwa BGH, BKR 2013, 334 Rn. 9; MünchKommBGB/*Habersack*, Vorb. § 793 Rn. 24, 27 ff.; Bamberger/Roth/*Gehrlein*, BeckOK BGB, § 793 Rn. 7.

386 *Friel*, Wandelanleihen mit Pflichtwandlung, Diss. Bonn 2000, S. 137 f.

eben auch eine Wandlungspflicht des Ersterwerbers.[387] Dies wird konstruiert, indem ein Vorvertrag mit dem Inhalt angenommen wird, dass der Anleihegläubiger spätestens am Ende der Anleihelaufzeit zum Ausüben seiner Ersetzungsbefugnis und zur Abgabe der zum Abschluss des Zeichnungsvertrages erforderlichen aktienrechtlichen Zeichnungserklärung verpflichtet ist.[388] Dabei ist dieser Vorvertrag Teil des Begebungsvertrages.[389]

105 Damit soll es sich auch in dieser Konstellation beim Wandlungsrecht um eine Ersetzungsbefugnis des Anleihegläubigers handeln, wobei sich der „Wandlungsberechtigte" im Rahmen des Vorvertrages zur Ausübung seines „Wahlrechts" verpflichtet.[390] Die grundsätzliche Bedingungsfeindlichkeit der Gestaltungsrechte steht einem derartigen Vertrag auch nicht entgegen, da sich der Gestaltungsberechtigte zwar dazu verpflichtet, bei Bedingungseintritt von seinem Gestaltungsrecht Gebrauch zu machen, dies dann allerdings unbedingt. Insofern ist die auf schuldrechtlicher Ebene bedingt begründete Pflicht zur Ausübung der Ersetzungsbefugnis von der später auf Verfügungsebene (unbedingt) auszuübenden Gestaltung zu trennen.[391] Auch die Bedingungsfeindlichkeit der Aktienzeichnung gem. §§ 185 Abs. 2, 4, 198 Abs. 2, 4 AktG[392] steht einem solchen Vorvertrag nicht entgegen, da nur die eigentliche Zeichnung bedingungslos zu erfolgen hat und nicht das Angebot des Zeichners auf Abschluss eines Zeichnungsvertrages.[393]

106 Entsprechend §§ 185 Abs. 1 S. 1, 192 Abs. 5, 198 Abs. 1 S. 1 AktG muss dieser Vorvertrag schriftlich ergehen und inhaltlich zumindest dahingehend bestimmt sein, dass die spätere Beteiligung nach Zahl und Gattung der Aktien bestimmbar

---

387 *Friel*, Wandelanleihen mit Pflichtwandlung, Diss. Bonn 2000, S. 138.

388 MünchKommAktG/*Habersack*, § 221 Rn. 52; GroßKommAktG/*Hirte*, § 221 Rn. 210; *Rozijn*, ZBB 1998, 77, 81; offenbar auch *Schlitt/Seiler/Singhof*, AG 2003, 254, 266.

389 *Friel*, Wandelanleihen mit Pflichtwandlung, Diss. Bonn 2000, S. 137 ff.; wohl auch MünchKommAktG/*Habersack*, § 221 Rn. 52.

390 GroßKommAktG/*Hirte*, § 221 Rn. 210; MünchKommAktG/*Habersack*, § 221 Rn. 52; *Kleidt/Schiereck*, BKR 2004, 18 f.; *Rozijn*, ZBB 1998, 77, 81 f.; *Schlitt/Seiler/Singhof*, AG 2003, 254, 266.

391 Ausführlich hierzu für die klassische Pflichtwandelanleihe *Friel*, Wandelanleihen mit Pflichtwandlung, Diss. Bonn 2000, S. 138 ff.

392 Zur Bedingungsfeindlichkeit der Aktienzeichnung s. etwa MünchKommAktG/*Peifer*, § 185 Rn. 44, Spindler/Stilz/*Servatius*, § 185 AktG Rn. 37.

393 Näher hierzu *Friel*, Wandelanleihen mit Pflichtwandlung, Diss. Bonn 2000, S. 139 f.; *Lutter*, in: FS Schilling, 1973, S. 207, 216 f.; ausführlich zum Zeichnungsvorvertrag auch *Blaurock*, in: FS Rittner, 1991, S. 33 ff.

ist sowie der spätere Ausgabebetrag bzw. die Grundlage für seine spätere Errechnung feststeht.[394]

Der Vorvertrag scheint jedoch nur deswegen angenommen zu werden, da weder ein Wandlungsrecht der Gesellschaft noch eine Wandlungspflicht des Gläubigers mit dem Wortlaut des § 221 Abs. 1 S. 1 Alt. 1 AktG, der ausdrücklich von einem Wandlungsrecht des Gläubigers spricht, vereinbar ist.[395] Mit der Zwischenschaltung dieses Vorvertrages soll offenbar ein Konflikt mit dem Normwortlaut des § 221 Abs. 1 AktG vermieden werden. Denn dadurch ergibt sich die Pflicht zur Wandlung nicht direkt aus den Anleihebedingungen der Wandelschuldverschreibung, sondern erst über den Umweg des Vorvertrages, der allerdings Bestandteil des Begebungsvertrags der Anleihe sein soll.[396] Bereits dies vermag jedoch nicht zu überzeugen. Denn inwiefern handelt es sich um einen Vorvertrag, wenn er nicht nur zeitlich mit dem Begebungsvertrag zusammenfällt, sondern sich darüber hinaus auch inhaltlich auf diesen bezieht und sogar einen Bestandteil dieses Begebungsvertrages darstellt? Diese künstliche Trennung ist daher zumindest als missglückt einzustufen. **107**

Aber auch wenn eine solche Trennung hingenommen werden würde, so ist die Einordnung des Wandlungsrechts auch im Rahmen der Pflichtwandelanleihe als ein Gestaltungsrecht äußerst befremdlich, da mit der Verpflichtung zur Ausübung der Ersetzungsbefugnis von keiner „Befugnis" mehr die Rede sein kann. Vielmehr handelt es sich um eine „Ersetzungspflicht", so dass auch von einer „Gestaltungspflicht" gesprochen werden muss. Denn wird eine Anleihe so ausgestaltet, dass der „Wandlungsberechtigte" lediglich bei Eintritt eines bestimmten Ereignisses, etwa dem Ende der Anleihelaufzeit, die Wandlung nicht nur herbeiführen kann, sondern vielmehr sogar herbeiführen muss, so wird dem Gestaltungsrecht ein wesentliches Merkmal genommen, nämlich die Entscheidungsmacht des Berechtigten, sich auch gegen eine entsprechende Gestaltung **108**

---

394 Näher hierzu *Friel*, Wandelanleihen mit Pflichtwandlung, Diss. Bonn 2000, S. 140 ff.; ausführlich zum Zeichnungsvorvertrag auch *Blaurock*, in: FS Rittner, 1991, S. 33 ff.

395 So wird nach *Sünner*, CCZ 2012, 107, 110 die Notwendigkeit des Vorvertrages durch die Aktienrechtsnovelle 2012 (mittlerweile Aktienrechtsnovelle 2014, s. zu dieser Rn. 257 ff.) entfallen, da der Wortlaut des § 221 Abs. 1 AktG dahingehend geändert wird, dass ein Wandlungsrecht der Gesellschaft ausdrücklich von der Norm erfasst wird.

396 *Friel*, Wandelanleihen mit Pflichtwandlung, Diss. Bonn 2000, S. 137 ff.; wohl auch MünchKommAktG/*Habersack*, § 221 Rn. 52.

entscheiden zu können.[397] Nichts anderes kann daher gelten, wenn dem Anleihegläubiger neben dieser Wandlungspflicht, etwa am Ende der Anleihelaufzeit, tatsächlich auch noch ein Wandlungsrecht, welches er zu jeder Zeit vor Eintritt der Wandlungspflicht ausüben kann, gewährt wird.[398] Auch die künstliche Trennung zwischen der Begründung des Gestaltungsrechts im Begebungsvertrag und der Verpflichtung der Ausübung des Gestaltungsrechts im Vorvertrag vermag das Gestaltungsrecht des Wandlungsberechtigten nicht zu retten.[399] Denn insofern räumen selbst die Befürworter dieser Ansicht ein, dass ein Gestaltungsrecht dem Berechtigten „*die Rechtsmacht* [... gewährt], *die Gestaltung des Rechtsverhältnisses allein nach seinem Willen herbei*[zu]*führen*".[400] Ob dem Berechtigten diese Macht nun direkt durch den Begebungsvertrag oder durch einen anderen Vertrag, der im unmittelbaren Zusammenhang zu diesem steht, genommen wird, kann für die Einordnung als Gestaltungsrecht nicht so entscheidend sein wie die Frage, ob der Berechtigte in der Lage ist, alleine nach seinem Willen die von ihm gewünschte Rechtsfolge zu setzen. Da sich der Anleihegläubiger einer Pflichtwandelanleihe jedoch der Wandlung nicht mehr entziehen kann, erfolgt diese unabhängig von seinem Willen und stellt damit kein Gestaltungsrecht mehr dar.[401] An der Anwendbarkeit des § 221 Abs. 1 S. 1 Alt. 1 AktG ändert diese Erkenntnis allerdings nichts, da dem Aktiengesetz keine Hinweise darauf zu entnehmen sind, dass das Wandlungsrecht zwingend als Ersetzungsbefugnis ausgestaltet werden muss. Vielmehr kann auch die Rechtsnatur des Wandlungsrechts

---

397 S. etwa *Rozijn*, ZBB 1998, 77, 81.

398 Selbst *Friel*, Wandelanleihen mit Pflichtwandlung, Diss. Bonn 2000, S. 129, 155 erkennt diese Unstimmigkeit und sagt zunächst, dass durch die Pflicht zur Wandlung keine „reine Ersetzungsbefugnis" mehr vorliegt (S. 129) und verneint wenig später sogar gänzlich das Vorliegen einer solchen, wobei er weiterhin von einem Gestaltungsrecht des Wandlungsrechts ausgeht (S. 155), dieses aber nicht weiter definiert.

399 So aber offenbar GroßKommAktG/*Hirte*, § 221 Rn. 210; *Rozijn*, ZBB 1998, 77, 81; *Friel*, Wandelanleihen mit Pflichtwandlung, Diss. Bonn 2000, S. 155 die alle weiterhin von einem Gestaltungsrecht ausgehen; wohl auch *Schlitt/Seiler/Singhof*, AG 2003, 254, 266.

400 *Friel*, Wandelanleihen mit Pflichtwandlung, Diss. Bonn 2000, S. 122, 155 der zwar daraus folgt, dass letztlich keine Ersetzungsbefugnis mehr vorliegt, aber dennoch am Vorliegen eines Gestaltungsrechts festhalten will.

401 Dies erkennt *Rozijn*, ZBB 1998, 77, 81 zwar, allerdings geht er aufgrund der Vorschaltung eines Vorvertrages inkonsequenterweise weiterhin davon aus, dass auch das „Wandlungsrecht" des Anleihegläubigers einer Pflichtwandelanleihe ein Gestaltungsrecht darstellt.

im Rahmen der Vertragsfreiheit beliebig ausgestaltet werden.[402] Bei der Pflichtwandelanleihe ist die Norm allerdings aufgrund ihres Wortlautes analog anzuwenden.[403]

Dies gilt erst Recht für CoCo-Bonds. Denn hier soll die Wandlung gerade unabhängig vom Willen beider Beteiligten erfolgen, sofern und sobald der Trigger erreicht wird. Im Rahmen des Begebungsvertrages verpflichten sich die Parteien letztlich zur Aktienzeichnung, zur Herausgabe der Schuldverschreibungen und zur Änderung der *causa* der ursprünglichen Investition dahingehend, dass diese nicht mehr als Forderung, sondern als Beteiligung an der Gesellschaft angesehen werden soll, sobald ein objektiv in den Anleihebedingungen festgelegtes Ereignis eintritt. Das dieser Vertrag in Bezug auf die Wandlung keine berechtigten, sondern nur verpflichtete Parteien kennt, steht der Rechtswirksamkeit einer solchen Vereinbarung aufgrund der Vertragsfreiheit nicht entgegen. Letztlich ist § 221 Abs. 1 S. 1 Alt. 1 AktG damit auch auf CoCo-Bonds jedenfalls analog anwendbar.[404] **109**

Art. 54 Abs. 5 lit. c) CRR-VO verlangt zudem, dass die Wandlung unverzüglich oder spätestens innerhalb eines Monats vollzogen wird. Aufgrund dieses kurzen Zeitfensters verpflichtet Art. 54 Abs. 6, 7 CRR-VO die Emittenten der CoCo-Bonds konsequenterweise auch dazu, sicherzustellen, dass das genehmigte Grundkapital jederzeit ausreicht, um sämtliche umwandelbaren Instrumente des zusätzlichen Kernkapitals bei Eintreten eines Wandlungsereignisses in Aktien wandeln zu können. Daher müssen grundsätzlich zum Zeitpunkt der Anleiheemission alle erforderlichen Bewilligungen zur Aktienausgabe vorliegen und alle verfahrenstechnischen Hindernisse aufgrund der Satzung des Emittenten oder anderer satzungsmäßiger oder vertraglicher Regelungen beseitigt werden, sofern die Anleihe auf das regulatorische Eigenkapital angerechnet werden soll. Aktienrechtlich kann die Bereitstellung des die Aktienausgabe sichernden Kapitals allerdings auch nach Begebung der Wandelanleihe erfolgen.[405] Trotz des Wortlauts Art. 54 Abs. 6 S. 2 CRR-VO, nachdem zum „*Zeitpunkt der Ausgabe derartiger Wandelinstrumente des zusätzlichen Kernkapitals* [alle] *erforderlichen Bewilligungen vorliegen*" müssen, kann davon ausgegangen werden, dass die Norm auch dann gewahrt ist, wenn die Sicherung der Aktienausgabe für den **110**

---

402 *Wehrhahn*, Finanzierungsinstrumente mit Aktienerwerbsrechten, Diss. Hannover 2003, S. 115.

403 Zu den Analogievoraussetzungen s. Rn. 214 ff.

404 Zu den Analogievoraussetzungen s. Rn. 214 ff.

405 So auch Spindler/Stilz/*Seiler*, § 221 AktG Rn. 84; aA allerdings GroßKommAktG/*Wiedemann*, § 187 Rn. 8 f.

Wandlungszeitpunkt erst nach der Anleiheemission erfolgt. Ab dem Zeitpunkt, in dem die Aktienausgabe gesichert ist, können CoCo-Bonds, die auch die übrigen Voraussetzungen der Art. 52, 54 CRR-VO erfüllen, auf das regulatorische Eigenkapital angerechnet werden. Insofern sollte hier der Schutzgedanke der Norm, der die spätere Aktienausgabe sichern will, Vorzug gegenüber dem zu eng geratenen Wortlaut erhalten.

b) Die umzuwandelnde Menge

111 Unklar ist zudem, ob im Falle der Erreichung des Triggers eine vollständige Wandlung aller emittierten CoCo-Bonds erfolgen soll[406] oder lediglich eine flexible Menge, die gerade dazu ausreicht, um den Krisenfall zu verhindern.[407] Im letzteren Fall wäre die Menge der zu wandelnden Anleihen immer situationsbedingt festzustellen.[408] In diesem Zusammenhang stellt jedenfalls Art. 54 Abs. 4 CRR-VO klar, dass eine Teilumwandlung nichts an der Anerkennung der bedingten Pflichtwandelanleihe zum zusätzlichen Kernkapital ändert, sofern durch die Umwandlung die Mindestquote von 5,125 % des harten Kernkapitals erreicht wird. Sollte eine solche Teilwandlung tatsächlich in den Anleihebedingungen vorgesehen sein, so müssten diese zusätzlich hierzu noch festlegen, welche Anleihen im Wandlungsfall in Aktien umzuwandeln sind. Denkbar wäre hier neben der zufälligen Auswahl[409] der zu wandelnden CoCo-Bonds eine anteilige Verteilung dieser auf alle CoCo-Bondinhaber oder die Aufspaltung von CoCo-Bonds in gewisse „Risikogruppen", die sich in einer festgelegten Reihenfolge wandeln würden.[410]

112 Unabhängig von der Frage nach der aktienrechtlichen Zulässigkeit einzelner Auswahlmethoden für die Teilwandlung, ist eine solche Ausgestaltung bereits aufgrund der mit den CoCo-Bonds angestrebten Verhaltenssteuerung nicht wünschenswert. Denn um eine Verhaltenssteuerung sicherzustellen, müssen die Emittenten den Verwässerungseffekt der CoCo-Bondwandlung fürchten, was

---

406 So etwa *Calomiris/Herring*, Journal of Applied Corporate Finance Vol. 25 (2013), No. 2, S. 21, 32.

407 *Flannery*, No Pain, No Gain? (Fn. 27), S. 7, 8 f.; *ders.*, Stabilizing Large Financial Institutions (Fn. 44), S. 10.

408 S. zum Ganzen auch *Mackinger*, CoCo-Bonds, S. 49 ff.

409 Für eine solche *Flannery*, Stabilizing Large Financial Institutions (Fn. 44), S. 20, damit auch der Anreiz einer Marktmanipulation durch Leerverkäufe genommen wird.

410 Letzteres favorisierend *Flannery*, No Pain, No Gain? (Fn. 27), S. 7 f.

nur mit der Wandlung aller CoCo-Bonds bei Erreichen des Triggers möglich ist.[411]

6. *Investitionsverbot*

Um eine weitere Verflechtung der Banken untereinander zu vermeiden, die bei CoCo-Bonds insbesondere dann problematisch sein kann, wenn die Wandlung den Verlust nicht absorbiert und die neuen Aktionäre in einen Abwärtssog gezogen werden, sollte es allen Banken und optimaler Weise auch anderen systemrelevanten Unternehmen untersagt werden, in CoCo-Bonds zu investieren. Insoweit geht Art. 52 Abs. 1 lit. b) und c) CRR-VO zwar in die richtige Richtung, indem er vorschreibt, dass Kapitalinstrumente nur dann auf das zusätzliche Kernkapital angerechnet werden können, wenn sie weder vom Institut oder seinen Tochterunternehmen oder einem Unternehmen, an dem das Institut eine Beteiligung in Form von 20 % der Stimmrechte oder des Kapitals hält, gekauft wurden, oder aber wenn der Kauf der Instrumente direkt oder indirekt durch das Institut finanziert wurde. Allerdings geht die Norm noch nicht weit genug. Zu empfehlen ist ein Investitionsverbot für alle Banken, ihre Tochterunternehmen, Unternehmen mit Bankenbeteiligung sowie auch für außerhalb des Bankensektors systemrelevante Unternehmen. 113

II. Fazit

Bei der Ausgestaltung von CoCo-Bonds sollte insbesondere ihr verhaltenssteuerndes Potential berücksichtigt werden, um der fehlerhaften Anreizstruktur aufgrund des Moral Hazard-Problems, welches durch die Finanzmarktkrise eklatant verdeutlicht wurde, entgegenzuwirken. Gerade dieses Potential bleibt jedoch de lege lata bedauerlicherweise unberücksichtigt. Vielmehr konzentriert sich die gegenwärtige Rechtslage nach dem sog. CRD-IV Paket[412] vor allem auf die Verlustabsorption der CoCo-Bonds. Zwar versucht die CRD IV-Richtlinie[413] 114

---

411 So auch *Calomiris/Herring*, Journal of Applied Corporate Finance Vol. 25 (2013), No. 2, S. 21, 32.

412 Bestehend aus der Verordnung (EU) Nr. 575/2013 über die Aufsichtsanforderungen an Kreditinstitute und Wertpapierfirmen, ABl. (EU) Nr. L 321 v. 30.11.2013, S. 6 ff. und der Richtlinie 2013/36/EU über den Zugang zur Tätigkeit von Kreditinstituten und die Beaufsichtigung von Kreditinstituten und Wertpapierfirmen, ABl. (EU) Nr. L 176 v. 27.6.3013, S. 338 ff., s. hierzu auch Rn. 201 ff.

413 Richtlinie 2013/36/EU über den Zugang zur Tätigkeit von Kreditinstituten und die Beaufsichtigung von Kreditinstituten und Wertpapierfirmen, ABl. (EU) Nr. L 176 v. 27.6.3013, S. 338 ff.

das verhaltenssteuernde Element der CoCo-Bonds zu berücksichtigen, indem sie etwas zögerlich („*falls möglich*") in Art. 94 Abs. 1 lit. l (ii) in Verbindung mit Art. 92 Abs. 2 vorschlägt, dass wandelbare oder herabschreibbare Instrumente Teile der variablen Vorstandsvergütung sein sollen. Allerdings ist unklar, inwiefern dies einen über die bereits gesetzten Anreize bestehender variabler Vergütungsinstrumente hinausgehenden Effekt erzielen soll.[414] Insofern scheint die Verhaltenssteuerung des Vorstands über seine Vergütung bereits ausgeschöpft zu sein. CoCo-Bonds, wie sie in dieser Arbeit vorgeschlagen werden, haben demgegenüber einen anderen Anknüpfungspunkt. Anstatt den Vorstand mit der Maximierung seiner Vergütung zu locken, stellen sie ihm im Wandlungsfall die Gefahr der Abberufung in Aussicht und setzen damit einen anderen Anreiz. Denn würde es zu einer Wandlung kommen, so würden sowohl die Altaktionäre, deren Anteile nun stark verwässert wurden, als auch die Neuaktionäre, aus deren Sicht sich die Inkompetenz des Vorstands auf die nicht verhinderte Wandlung zurückführen lässt, stark daran interessiert sein, den Vorstand abzusetzen.[415]

115 Auch ist die Anknüpfung des Wandlungsauslösers allein an Bilanzwerte zu überdenken. Denn sollen CoCo-Bonds einen Beitrag zur Sicherung der Existenzfähigkeit des Emittenten leisten, so ist es wichtig, dass sie neben den abgeschlossenen Geschäften und den bereits verwirklichten Verlusten auch künftige Markterwartungen berücksichtigen. Nur so kann verhindert werden, dass eine Wandlung erst zu einem Zeitpunkt erfolgt, an dem der Emittent nicht mehr gerettet werden kann. Dieser präventive Effekt wird jedoch nur erzielt, wenn sich die Wandlung der CoCo-Bonds zumindest auch an einem marktwertbasierten Trigger orientiert. Wie gezeigt, können bilanzwertorientierte und marktwertorientierte Trigger auch kombiniert werden.[416] Auch der Baseler Ausschuss betont, dass zusätzliche Anforderungen zum bilanzwertorientierten Trigger, wie etwa die Einführung eines marktbasierten Auslösers, nicht ausgeschlossen werden sollten.[417] Im Interesse der gewünschten Anreizsetzung sollten die Trigger dabei aber hoch angesetzt werden. Ob die Institute einen solchen CoCo-Bond von sich aus emittieren würden, obwohl die Anerkennung dieses Instruments zum regulatorischen Eigenkapital de lege lata bereits bei für sie angenehmeren

---

414 Zu den Anreizen der variablen Vergütungen s. MünchKommAktG/*Spindler* § 87 Rn. 9 ff. sowie *Raapke*, Die Regulierung der Vergütung von Organmitgliedern und Angestellten im Aktien- und Kapitalmarktrecht, Diss. Göttingen 2012, S. 12 ff.

415 Ausführlich hierzu bereits Rn. 46.

416 S. Rn. 68.

417 *BCBS*, Global systemrelevante Banken: Bewertungsmethodik und Anforderungen (Fn. 34), S. 30, Anhang 3.

Bedingungen gesichert ist, ist als unwahrscheinlich einzustufen. Daher wäre es wünschenswert, wenn der (europäische) Normgeber und die EBA die aufgestellten Regelungen noch einmal überdenken würden.[418]

Insgesamt bleibt festzuhalten, dass CoCo-Bonds als vielversprechendes Finanzprodukt letztlich nur dann zur gewünschten Stabilisierung der Finanzmärkte beitragen können, wenn die Rechtswissenschaften und die Wirtschaftswissenschaften interdisziplinär an einer optimalen Ausgestaltung arbeiten.[419] Vorzugswürdig scheint nach Auswertung der bisherigen Beiträge ein hoher marktwertbasierter Trigger zu sein, der an einen mehrtägigen Durchschnittswert des Aktienkurses anknüpft. Zusätzlich hierzu kann als alternativer Wandlungsauslöser ein bilanzwertorientierter Trigger festgelegt werden, der allerdings höher sein sollte als die in Art. 54 Abs. 1 lit. a) i) CRR-VO vorgesehenen 5,125 %. Im Wandlungsfall sollten sodann alle CoCo-Bonds gewandelt werden und zwar in Aktien mit einem Nennwert, der den Anleihenennwert übersteigt, so dass die Gesellschafter eine spürbare Verwässerung ihrer Anteile hinnehmen müssen. 116

Eine hierüber hinausgehende Präzisierung, insbesondere die Angabe einer konkreten Triggerhöhe und die Festlegung des für den Wandlungsauslöser relevanten Intervalls, bleibt allerdings der wirtschaftswissenschaftlichen Auswertung der Praxistauglichkeit bereits begebener CoCo-Bonds vorbehalten, deren Darstellung das Thema des folgenden Abschnitts sein soll. Ohne diese empirische Nagelprobe wäre eine apriorische Festlegung in dieser Hinsicht der Gefahr von Beliebigkeit ausgesetzt.[420] 117

C. Vergleich der am Markt vorhandenen CoCo-Bonds

Nachfolgend soll eine knappe Darstellung dreier ausgewählter CoCo-Bonds, der der *Credit Suisse Group*, der *Barclays PLC* und der *Deutschen Bank AG* erfolgen,[421] um einen (groben) Überblick über die Ausgestaltung solcher 118

418 Näher zu diesem Gedanken Rn. 294 ff.

419 So wohl auch *Möslein*, ZBB 2013, 1, 7, nach dem das Verständnis von der ökonomischen Bewertung jeder Diskussion um die Regulierung von Finanzprodukten voranzustellen ist; ein interdisziplinäres Zusammenwirken wurde im Übrigen auch an anderer Stelle schon als wünschenswert erachtet und praktiziert, s. *Theisen*, ZGR 2013, 1 ff., 16 ff.; für weitere Forschungsarbeiten über die Ausgestaltungs- und Einsatzmöglichkeiten auch von CoCo-Bonds *Rudolph*, in: Groß/Pfingsten (Hrsg.), Finanzmarktkrisen, ZfbF Sonderheft 67/2013, S. 97, 119.

420 S. hierzu auch Rn. 72.

421 Diese Institute wurden vor allem auch deswegen ausgesucht, da sie der FSB neben 25 weiteren Instituten als systemrelevante Großbanken eingestuft hat, s. *FSB*, Policy

Anleihen in der Praxis zu erhalten. Dabei sei ausdrücklich darauf hingewiesen, dass diese Auflistung keinesfalls vollständig ist. Derzeit gibt es europaweit etwa 20 CoCo-Bondemittenten.[422] Da neben den regulatorischen Rahmenbedingungen in der CRR-VO mittlerweile auch die steuerrechtliche Anrechenbarkeit durch die zuständigen nationalen Behörden weitestgehend geklärt wurden,[423] kann davon ausgegangen werden, dass die CoCo-Bond-Emittenten weiter zunehmen werden. So plant in Deutschland neben der *Deutschen Bank AG*, die bereits im Mai 2014 CoCo-Bonds ausgegeben hat,[424] auch die *Aareal Bank AG* eine CoCo-Bond-Emission, während die *Commerzbank AG* eine solche derzeit noch prüft.[425]

I. „Buffer Capital Note" (Credit Suisse Group)

119 Im Februar 2011 platzierte die *Credit Suisse Group (Guernsey) I Limited* erfolgreich sog. *Buffer Capital Notes* (*BCNs*) mit einem Gesamtvolumen von zwei Milliarden US-Dollar, einer 30-jährigen Laufzeit und einem (anfänglichem) Kupon von 7,875 %, der von der *Credit Suisse Group AG* (nachfolgend *CSG*) garantiert wurde.[426] Am 24.8.2016 soll die Bank jedoch erstmals die Möglichkeit zur Rückzahlung der Anleihe erhalten. Nimmt sie diese nicht wahr, so ist die Kuponhöhe erstmals an diesem Tag und dann alle fünf Jahre anhand einer in den Anleihebedingungen näher beschriebenen Methode neu zu bestimmen.[427] Sobald ein „*Contengency Event*" oder ein „*Viability Event*" eintritt, sollen sich die BCNs

---

Measures to Address Systemically Important Financial Institutions v. 4.11.2011, S. 4, abrufbar unter: http://www.financialstabilityboard.org/publications/r_111104bb.pdf (zuletzt abgerufen am 3.7.2014).

422 *Hellingrath/Sauerschell*, „An Contingent Convertible Bonds kommen Investoren künftig nicht vorbei", in: Börsen-Zeitung v. 4.6.2014, abrufbar unter: https://www.boersen-zeitung.de/index.php?li=1&artid=2014105800&titel=An-Contingent-Convertible-Bonds-kommen-Investoren-kuenftig-nicht-vorbei (zuletzt abgerufen am 3.7.2014).

423 Näher hierzu für Deutschland in Rn. 127.

424 Hierzu Rn. 127 ff.

425 *Bender*, „CoCo-Bonds: Deutsche Bank polstert Kapital mit Freshfields um Milliardensumme auf", in: juve.de v. 30.4.2014, abrufbar unter: http://www.juve.de/nachrichten/deals/2014/04/coco-bonds-deutsche-bank-polstert-kapital-mit-freshfields-um-milliardensumme-auf (zuletzt abgerufen am 3.7.2014).

426 S. *Credit Suisse*, Prospectus BCNs, abrufbar unter: https://www.credit-suisse.com/investors/doc/buffer_capital_notes_information_memorandum.pdf (zuletzt abgerufen am 3.7.2014).

427 *Credit Suisse*, Prospectus BCNs (Fn. 426), S. 1, 7, zur "Mid Market Swap Rate" s. S. 105 f.

in Aktien wandeln und im Namen der BCN-Inhaber, denen ausdrücklich kein Wandlungsrecht zusteht, innerhalb von 20 Werktagen an eine Wertpapiersammelbank[428] überreicht werden.[429] Dabei definieren die Anleihebedingungen das Contengency Event als die Benachrichtigung der Investoren durch die CSG darüber, dass ihre harte Kernkapitalquote 7 % unterschritten hat. Ein solches Event liege jedoch nicht vor, wenn die CSG Maßnahmen zur Anhebung der harten Kernkapitalquote eingeleitet hat und die zuständige Aufsichtsbehörde[430] mit der CSG darin übereinstimmt, dass die eingeleiteten Maßnahmen alsbald die harte Kernkapitalquote über den Trigger von 7 % drücken werden oder wenn die Unterschreitung dieser Quote an einem der nach Basel III vorgesehenen Stichtage zur Verschärfung der Eigenkapitalanforderungen[431] erfolgt.[432] Demgegenüber meint das „*Viability Event*“ eine Ermessensentscheidung der zuständigen Aufsichtsbehörde basierend auf der wirtschaftliche Situation der CSG,[433] wodurch die Anleihe alternativ auf einen bilanzwertorientierten und auf einen regulatorischen Trigger abstellt. Kommt es zur Wandlung, so sind alle BCNs zu wandeln und nicht nur ein Teil.[434]

Das Wandlungsverhältnis ist eine Mischung aus einem fixen und einem fle- **120**
xiblen Wandlungsverhältnis zum Nennwert der BCNs. Es ergibt sich aus der Division des Nennwerts des jeweiligen BCNs durch den Wandlungspreis. Der Wandlungspreis ist dabei zwar nach unten hin auf den Preis der Aktien bei ihrer Emission, 0,04 CHF zum bereinigten Wechselkurs in US-Dollar umgerechnet, begrenzt, soll aber grundsätzlich der jeweils größere Wert des (a) Referenzwertes der Aktie am fünften Züricher Geschäftstag vor dem wandlungsauslösenden Ereignis, (b) Mindestpreises der Aktie am fünften Züricher Geschäftstag vor diesem Ereignis oder aber (c) der bereits genannte Aktienwert bei der ursprünglichen Aktienemission sein.[435] Damit erfolgt die Wandlung grundsätzlich

---

428 Die Anleihe spricht hier von einer “*Settlement Shares Depository*“ und definiert diesen Begriff auf S. 101 als ein unabhängiges sowie seriöses Finanzinstitut, als eine Treuhandgesellschaft oder ein ähnliches Unternehmen, das von dem Emittenten bestellt wird, um die in den Anleihebedingungen genannten Aufgaben wahrzunehmen, wozu insbesondere das Halten der Aktien der BCN-Investoren in einem Treuhandkonto gehört, s. *Credit Suisse*, Prospectus BCNs (Fn. 426).

429 *Credit Suisse*, Prospectus BCNs (Fn. 426), S. 1, 8, 67 f., 80 ff.

430 Die *Eidgenössische Finanzmarktaufsicht* der Schweiz (*FINMA*).

431 Zur zeitlichen Umsetzung von Basel III s. Rn. 192.

432 *Credit Suisse*, Prospectus BCNs (Fn. 426), S. 1, 8, 67 f.

433 *Credit Suisse*, Prospectus BCNs (Fn. 426), S. 1, 9, 68.

434 *Credit Suisse*, Prospectus BCNs (Fn. 426), S. 1, 69.

435 Näher dazu *Credit Suisse*, Prospectus BCNs (Fn. 426), S. 1, 9, 70 ff.

zum Vorteil der Investoren, da diese Aktien zum unmittelbar vor dem Wandlungsereignis festgestellten Kurs zum Anleihewert erhalten. Zur Sicherheit der Aktionäre ist allerdings eine Mindestgrenze des Aktienpreises festgelegt worden.

121 Eine weitere Sicherung der Aktionäre ist die im *Contengency Event* im Ermessen des Emittenten stehende Möglichkeit der Einschaltung eines Agenten, der den CSG-Aktionären die zu wandelnden Aktien mindestens zum Wandlungspreis anbietet, wodurch die Gesellschafter Möglichkeit haben, ihrer Anteilsverwässerung zu entgehen. In einem solchen Fall wären die BCN-Inhaber in bar zu entschädigen.[436]

122 Zudem gewähren die Anleihebedingungen ihrem Emittenten im Falle einer für ihn nachteiligen Veränderung der steuerlichen Behandlung oder der regulatorischen Anrechenbarkeit dieser Anleihe auf das Eigenkapital alternativ ein Kündigungsrecht, eine Ersetzungsbefugnis oder das Recht, die Anleihebedingungen entsprechend der neuen steuerlichen oder regulatorischen Vorgaben anzupassen.[437] Dabei ist diese Anleihe bereits bei ihrer Emission aufgrund ihrer Laufzeit nicht auf das zusätzliche Kernkapital anrechenbar, da Art. 27 S. 1 lit. b) der Schweizer Eigenmittelverordnung (ERV) hierfür die unbefristete Ausgabe des Kapitalinstruments verlangt. Jedoch kann sie entweder auf das Ergänzungskapital angerechnet oder zur Erfüllung der zusätzlichen Eigenkapitalanforderungen für systemrelevante Banken nach Art. 124 ff. ERV verwendet werden, da hier Art. 30 Abs. 1 lit. b) ERV, auf den auch Art. § 127 Abs. 3 ERV verweist, eine Ursprungslaufzeit des Finanzinstruments von mindestens fünf Jahren verlangt und damit eine Befristung dieser Instrumente zulässt.[438]

123 Mittlerweile hat die Credit Suisse Group auch weitere BCNs[439] emittiert, die sich bei einer Unterschreitung von 7 % der harten Kernkapitalquote in Aktien wandeln. Zusätzlich hierzu hat die Bank zur Erfüllung der nationalen Anforderungen an das Eigenkapital auch CoCo-Bonds mit einem niedrigen Trigger ausgegeben.[440] Diese sog. *Low-Trigger Capital Notes* wurden im Jahr

---

436 *Credit Suisse*, Prospectus BCNs (Fn. 426), S. 1, 10.

437 *Credit Suisse*, Prospectus BCNs (Fn. 426), S. 8, 86, 87, 96, 102.

438 Zu den nationalen Vorgaben der Schweiz s. Rn. 284 ff.

439 Die Prospekte der im März 2012 zu einem Nennwert von 750 Millionen CHF und im Juli 2012 zu einem Nennwert von 1.75 Milliarden US-Dollar begebenen BCNs sind abrufbar unter: https://www.credit-suisse.com/investors/de/bondholders/buffer_capital_notes.jsp (zuletzt abgerufen am 3.7.2014).

440 S. zu den nationalen Vorgaben der Schweiz Rn. 284 ff.

2013 begeben[441] und sehen im Gegensatz zu den BCNs bei Unterschreitung einer harten Kernkapitalquote von 5 % bzw. 5,125 % jedoch keine Wandlung, sondern eine dauerhafte Herabschreibung der CoCo-Bonds bis Null vor, womit den Anlegern ein Totalverlust ihrer Anlage droht.

II. CoCo-Bond der Barclays PLC

Im Dezember 2013 emittierte die *Barclays PLC* unbefristet laufende CoCo- **124**
Bonds zu einem Nennwert von insgesamt einer Milliarde Euro.[442] Diese Anleihe wird anfänglich fest mit 8 % verzinst, wobei der Zinssatz erstmals am 15.12.2020 und dann zu jedem fünften Jahrestag entsprechend der Vorgaben in den Anleihebedingungen angepasst werden kann.[443] An diesen sog. *Reset Dates* behält sich der Emittent zudem auch die Kündigung dieser Wertpapiere vor, wobei die zuständige Aufsichtsbehörde[444] dieser Kündigung vorher zustimmen muss. Unabhängig von diesen Reset Dates ermächtigen die Anleihebedingungen die Barclays PLC zudem dazu, die Anleihe (jederzeit) nach entsprechender Ermessensausübung zurückzuzahlen, sofern ihre regulatorische Anrechenbarkeit oder ihre steuerliche Berücksichtigung sich im Vergleich zu ihrem Ausgabetag aus Sicht der Bank nachteilig geändert hat.[445]

Bei Unterschreitung einer harten Kernkapitalquote von 7 % sollen sich die **125**
CoCo-Bonds in Aktien zu einem festen Kurs von 1,99 Euro wandeln und den CoCo-Bondgläubigern in Höhe ihres Anleihenennwertes zugeteilt werden.[446] Damit entscheidet sich die Barclays PLC für eine Fixed Share Conversion zum Nennwert der CoCo-Bonds.[447] Hierdurch sollen die CoCo-Bond-Gläubiger ausweislich des Prospektes das Risiko eines fluktuierenden Aktienpreises tragen.

---

441 Die Prospekte dieser Anleihen, die zu einem Nennwert von 2.5 Milliarden US-Dollar, 290 Million CHF, 1.25 Milliarden Euro und zu 2.25 Milliarden US-Dollar begeben wurden, sind abrufbar unter: https://www.credit-suisse.com/investors/de/bondholders/low_trigger_capital_notes.jsp (zuletzt abgerufen am 3.7.2014).

442 Bereits im November emittierte sie außerdem einen in den Anleihebedingungen der Emission aus dem Dezember ähnelnden CoCo-Bond in der US-Dollar Tranche mit einem Nennwert von insgesamt 2 Milliarden US-Dollar; beide Prospekte abrufbar unter: http://www.barclays.com/prospectuses-and-documentation/capital-securities-documentation/tier1-securities.html (zuletzt abgerufen am 3.7.2014).

443 *Barclays*, Euro-CoCo-Prospectus (Fn. 442), S. 5 f., 48.

444 In England die sog. *Prudential Regulation Authority* (*PRA*).

445 *Barclays*, Euro-CoCo-Prospectus (Fn. 442), S. 5 f., 10 ff., 55 ff.

446 *Barclays*, Euro-CoCo-Prospectus (Fn. 442), S. 13, 31 f., 34.

447 Allgemein zur fixed dollar-conversion s. Rn. 76 ff.

Insbesondere weist der Prospekt darauf hin, dass der Kurs von 1,99 Euro auch dann maßgeblich ist, wenn der tatsächliche Aktienwert weit unter diesem liegt („*singnificantly lower*").[448] Dabei gilt es außerdem zu beachten, dass die Verlustgefahr der CoCo-Bond-Gläubiger bereits aufgrund der unterschiedlichen Währungen der Anleiheemission und des Wandlungskurses besteht, sofern sich der Wechselkurs aus Sicht der Gläubiger ungünstig entwickeln sollte. Denn die Barclays PLC emittiert den CoCo-Bond in Pfund-Sterling, bestimmt allerdings einen festen Wandlungskurs in Höhe von 1,99 Euro. Kommt es tatsächlich zu einem wechselkursbedingten Verlust der Anleihegläubiger, so führt dies entsprechend der Anleihebedingungen zu keiner Entschädigungspflicht des Emittenten.[449] Außerdem wird ein Wandlungsrecht des Gläubigers im Anleiheprospekt ausdrücklich ausgeschlossen.[450]

126 Einen weiteren Aktionärsschutz sehen die Anleihebedingungen dadurch vor, dass sie der Barclays PLC das Recht einräumen, im Wandlungsfall die auszugebenden Aktien ihren bisherigen Aktionären anzubieten und, sofern diese die Aktien erwerben, die CoCo-Bondinhaber in Bar aus dem Aktienerlös zu entschädigen.[451] Kommt es zur Wandlung, soll diese also zulasten der CoCo-Bond-Gläubiger gehen, wobei die Aktionäre auch in einem solchen Fall ihrer Anteilsverwässerung durch den Erwerb der zu liefernden Aktien entgehen können.

III. CoCo-Bond der Deutschen Bank AG

127 Am 10.4.2014 erklärte das Bundesfinanzministerium in seiner Stellungnahme zur steuerlichen Behandlung von Instrumenten des zusätzlichen Kernkapitals nach Art. 51 ff. CRR-VO in der Form der dem Ministerium vorgelegten Musterbedingungen[452] gegenüber dem Bundesverband deutscher Banken e.V., dass

---

448 *Barclays*, Euro-CoCo-Prospectus (Fn. 442), S. 31 f.

449 *Barclays*, Euro-CoCo-Prospectus (Fn. 442), S. 32.

450 *Barclays*, Euro-CoCo-Prospectus (Fn. 442), S. 14.

451 *Barclays*, Euro-CoCo-Prospectus (Fn. 442), S. 16, 32 f., 65 ff.

452 Typ A dieser Musterbedingungen bezieht sich auf CoCo-Bonds in ihrer Herabschreibungsvariante und Typ B auf CoCo-Bonds in der Wandlungsvariante. Dabei entsprechen die in den Anleihebedingungen getroffenen Regelungen und für die Stellungnahme des Bundesfinanzministeriums entscheidenden Vorgaben denen der im Rahmen dieser Arbeit bei Rn. 56, 90, 98, 111 erläuterten Bestimmungen der CRR-VO. Die Musterbedingungen sowie die Stellungnahme des Bundesfinanzministeriums sind abrufbar unter: http://bankenverband.de/themen/fachinformationen/bankenaufsicht/#musterbedingungen-fuer-instrumente-des-zusaetzlichen-kernkapitals (zuletzt abgerufen am 3.7.2014).

CoCo-Bonds steuerrechtlich berücksichtigt werden können. Der Nennbetrag dieser Anleihen ist bei der Gewinnermittlung des Emittenten nach § 4 Abs. 1 oder § 5 EStG als Verbindlichkeit zu passivieren.[453] Darüber hinaus sind Zinszahlungen auf diese Finanzinstrumente nach § 4 Abs. 4 EStG als Betriebsausgaben zu qualifizieren.[454] Auch hat die auszuzahlende Stelle bei diesen Instrumenten keinen Kapitalertragsteuereinbehalt vorzunehmen.[455] Letztlich bedeutet dies, dass Zinsen auf CoCo-Bonds, die den Vorgaben der CRR-VO[456] entsprechend auf das zusätzliche Kernkapital anrechenbar sind, als Betriebsausgaben von der Steuer abgesetzt werden können und dass bei Zahlungen an ausländische Investoren keine Kapitalertragssteuer fällig wird. Damit ist nun auch in Deutschland neben dem regulatorischen ebenfalls der steuerrechtliche Rahmen geklärt, so dass ein Emissionsvolumen von zehn Milliarden Euro allein für deutsche Banken jetzt als *„durchaus realistisch"* eingestuft wird.[457]

Als erste deutsche Bank hat die Deutsche Bank AG im Mai 2014 zusätzliches Kernkapital in Form von herabschreibaren Wertpapieren mit unbefristeter Laufzeit im Wert von 3,5 Milliarden begeben. Dabei wurden drei Tranchen platziert, **128**

- 1,75 Milliarden Euro-Tranche mit einem Kupon von 6 % (*€NC8 Notes*)
- 1,25 Milliarden US-Dollar-Tranche mit einem Kupon von 6,25 % (*$NC6 Notes*)
- 650 Millionen Pfund Sterling-Tranche mit einem Kupon von 7,125 %.[458] (*£NC Notes*)

Die als Inhaberschuldverschreibung ausgegebenen Wertpapiere wurden gem. § 1 Abs. 1 ihrer jeweiligen Anleihebedingungen in einer Stückelung von 100.000 Euro, 200.000 US-Dollar bzw. 100.000 Pfund-Sterling begeben und haben nach § 5 Abs. 1 der jeweiligen Anleihebedingungen keinen Endfälligkeitstag. Eine vorzeitige Rückzahlung kommt nach § 5 Abs. 2 bis 7 der jeweiligen Anleihebedingungen nur **129**

---

453 Bundesfinanzministerium, Stellungnahme v. 10.4.2014 (Fn. 452), S. 2 Nr. 1.

454 Bundesfinanzministerium, Stellungnahme v. 10.4.2014 (Fn. 452), S. 2 Nr. 2.

455 Bundesfinanzministerium, Stellungnahme v. 10.4.2014 (Fn. 452), S. 2 Nr. 6.

456 Zu diesen Rn. 56, 90, 98, 111.

457 *Hellingrath/Sauerschell*, „An Contingent Convertible Bonds kommen Investoren künftig nicht vorbei", in: Börsen-Zeitung v. 4.6.2014 (Fn. 422).

458 Deutsche Bank AG, Presse-Information v. 20.5.2014, „Deutsche Bank schließt Emission von zusätzlichem Tier 1-Kernkapital erfolgreich ab", abrufbar unter: https://www.deutsche-bank.de/ir/de/content/at1_emission_april_2014.htm (zuletzt abgerufen am 3.7.2014). Auf dieser Seite sind auch die Prospekte, in denen die Anleihebedingungen aufgeführt sind, abrufbar.

bei Kündigung der Anleihe durch die Bank nach vorheriger Zustimmung der zuständigen Aufsichtsbehörde in Betracht. Kündigen kann die Bank dabei entweder jederzeit aus regulatorischen bzw. steuerlichen Gründen, d.h. falls sich nach ihrer Ansicht die Anrechenbarkeit oder die steuerliche Behandlung im Vergleich zum Verzinsungsbeginn für sie nachteilhaft geändert haben, oder nach Ausübung eines freien Ermessens am „vorzeitigen Rückzahlungstag", d.h. erstmals am 30.4.2022 und dann jeden fünften Jahrestag dieses ersten „vorzeitigen Rückzahlungstags". Demgegenüber steht dem Gläubiger dieser Anleihen gem. § 5 Abs. 7 der jeweiligen Anleihebedingungen ausdrücklich kein Kündigungsrecht zu.

130 Bei Erreichen eines Auslöseereignisses, das in § 5 Abs. 8 lit. a) S. 2 der jeweiligen Anleihebedingungen als die Unterschreitung einer harten Kernkapitalquote von 5,125 % definiert wird, sind der Rückzahlbetrag und der Nennbetrag jeder Schuldverschreibung gem. § 5 Abs. 8 lit. a) S. 1, 4 der jeweiligen Anleihebedingungen mindestens bis zur Deckung der regulatorisch vorgesehenen Mindestquote des harten Kernkapitals bzw. maximal der Summe der im Zeitpunkt des Eintritts des Auslöseereignisses ausstehenden Kapitalbeträge dieser Instrumente herabzuschreiben. Damit verzichtet die Deutsche Bank AG zugunsten ihrer Aktionäre auf die Wandlungsvariante der CoCo-Bonds.

131 Kommt es zur Herabsetzung des CoCo-Bonds, so liegt es gem. § 5 Abs. 8 lit. b) der jeweiligen Anleihebedingungen im Ermessen der Deutschen Bank AG, in jedem der Reduzierung nachfolgenden Geschäftsjahre den Nennbetrag sowie den Rückzahlungsbetrag bis zur vollständigen Höhe des ursprünglichen Nennbetrags wieder hochzuschreiben, soweit dieser nicht zuvor zurückgezahlt oder angekauft und entwertet wurde. Voraussetzung ist allerdings, dass hierfür ein ausreichender Jahresüberschuss zur Verfügung steht und der Bank dadurch kein Jahresfehlbetrag entsteht. Dabei betonen die Anleihebedingungen jedoch, dass die Vornahme der Hochschreibung ausschließlich im Ermessen der Bank liegt und diese auch dann davon absehen kann, wenn die Voraussetzungen der Hochschreibungen nach den Anleihebedingungen vorliegen. Letztlich bedeutet dies, dass die CoCo-Bond-Gläubiger nach den Anleihebedingungen auch dann keinen Anspruch auf Hochschreibung ihrer herabgeschriebenen Schuldtitel haben, wenn die Quote des harten Kernkapitals weit über 5,125 % liegt und die Bank in den letzten Geschäftsjahren starke Gewinne verzeichnen konnte.

132 Insgesamt hat die positive Resonanz auf diese Hybridanleihe selbst die Erwartung der Deutschen Bank AG übertroffen. So fragten internationale Investoren die in Euro-, Dollar und Pfund-Tranchen aufgeteilten Titel mit 25 Milliarden Euro nach. Daher platzierte die Bank mit 3,5 Milliarden Euro auch mehr als das Doppelte des ursprünglich anvisierten Volumens von 1,5 Milliarden Euro,

womit sie schon jetzt das von ihrem Finanzvorstand bis Ende 2015 angepeilte Emissionsvolumen von fünf Milliarden Euro zu 70 % realisiert hat.[459] Nach Ansicht der Präsidentin der deutschen Finanzaufsicht BaFin, *Elke König*, sind die von der Deutschen Bank AG ausgegebenen Schuldtitel jedoch nicht für Privatanleger geeignet und sollten (richtigerweise) auch nicht von anderen Banken gehalten werden. Im letzten Fall sollte sogar über einen Kapitalabzug nachgedacht werden. Ähnliche Bedenken äußert sie auch in Bezug auf Versicherer als Investoren.[460] Insgesamt „*begrüße* [sie] *es* [jedoch] *sehr, dass die Institute CoCos nutzen, um ihre Eigenkapitalausstattung zu verbessern*".[461]

IV. Schlussfolgerungen

Die ausgewählten CoCo-Bonds knüpfen alle an einen buchwertorientierten **133**
Trigger an, was nicht zuletzt auf die aufsichtsrechtlichen Vorgaben zur Anrechnung derartiger Anleihen auf das Eigenkapital zurückzuführen ist. Auch andere als die genannten Institute haben sich wohl aus diesem Grund für eine entsprechende Anknüpfung ihrer CoCo-Bonds entschieden.[462] Bemerkenswert ist, dass sich die Banken mit 7 % teilweise für den im Rahmen des Baseler Regelwerks genannten höheren Trigger entschieden haben[463] und nicht für den in Art. 54 Abs. 1 lit. a) CRR-VO genannten niedrigeren Trigger von 5,125 %.[464] Dennoch sind sie allerdings so ausgestaltet, dass der Wandlungsfall eher zulasten der Gläubiger und nicht der Aktionäre geht[465] oder aber, dass die Gesellschafter die auszugebenen Aktien erwerben können. Folglich haben die Gesellschafter nicht zwingend die Verwässerung ihrer Anteile zu befürchten. Dies ist bedauerlich,

---

459 *Frühauf*, „Neue Anleihen der Deutschen Bank", in: FAZ v. 22.5.2014, abrufbar unter: http://www.faz.net/aktuell/finanzen/anleihen-zinsen/emissionskalender-neue-anleihe-der-deutschen-bank-12951243.html (zuletzt abgerufen am 3.7.2014).

460 *Frühauf*, „Neue Anleihen der Deutschen Bank", in: FAZ v. 22.5.2014 (Fn. 459).

461 *König*, Rede zur Jahrespressekonferenz der BaFin 2014, abrufbar unter: http://www.bafin.de/SharedDocs/Reden/DE/re_140520_jahrespressekonferenz_p.html (zuletzt abgerufen am 3.7.2014).

462 S. etwa *Pennacci/Vermaelen/Wolff*, The Case of COERCs (Fn. 169), S. 7 ff, die neben den CoCo-Bonds der Credit Suisse auch die der *Lloyds Bank* und der *Rabobank* untersuchen.

463 *BCBS*, Global systemrelevante Banken: Bewertungsmethodik und Anforderungen (Fn. 34), Anhang 3, S. 30.

464 Jedenfalls bei der Credit Suisse liegt dies auch an den nationalen Regelungen in der Schweiz, s. Rn. 284 ff.

465 Mit Ausnahme der BCNs, die den Gesellschaftern im Contengency Event jedoch ein Bezugsrecht auf die zu liefernden Aktien einräumen.

da derart ausgestaltete Anleihen zwar zur Verlustabsorption beitragen können, dabei allerdings das Potential der Verhaltenssteuerung unberücksichtigt lassen. Gerade die Herabschreibungsvariante der CoCo-Bonds, die zu einer negativen Anreizsetzung führt, ist dabei besonders kritisch zu betrachten.[466]

134 Den Instituten selbst kann allerdings kein Vorwurf gemacht werden. Denn diese geben die Anleihen aus, um ihre Eigenkapitalvorgaben auf einen kostengünstigeren Weg zu erfüllen bzw. um steuerrechtliche Vorteile zu erzielen. Dies wird besonders dadurch deutlich, dass die Anleihebedingungen der CoCo-Bonds ein jederzeit ausübbares Kündigungsrecht vorsehen, sofern sich die regulatorischen oder steuerrechtlichen Rahmenbedingungen aus Sicht der Emittenten im Vergleich zum Ausgabetag der CoCo-Bonds negativ geändert haben. Die Deutsche Bank AG nimmt sogar als Zweck der Anleihe in § 12 ihrer Anleihebedingungen ausdrücklich die Erfüllung der regulatorischen Eigenkapitalvorgaben für das zusätzliche Kernkapital auf unbestimmte Zeit auf. Dass die Banken ein eigenes Interesse an der Ausgabe marktwertbasierter und die Anteile der Gesellschafter im Wandlungsfall verwässernder CoCo-Bonds haben, ist de lege lata eher unwahrscheinlich. Immerhin erhalten sie die gewünschten Vorteile bereits mit einer für sie weitaus weniger strengen CoCo-Bond-Ausgestaltung.[467]

135 Hinzu scheint auch die Angst vor einer Marktmanipulation[468] und davor, dass CoCo-Bonds, die eine Wandlung zugunsten der Anleihegläubiger vorsehen, sog. „Death Spiral Convertibles"[469] gleichen, zu kommen.[470] Bei den Death Spiral Convertibles handelte es sich um Anleihen oder um Vorzugsaktien, die ihrem Inhaber das Recht geben, sie zu einem festgelegten Zeitpunkt in Stammaktien umzuwandeln und zwar weiter unter dem Marktwert dieser Stammaktien.[471] Auf dem Markt konnten in diesem Zusammenhang Ausgestaltungen beobachtet werden, die den Inhabern das Recht gewährten, Stammaktien im Rahmen der Wandlung zu einem Preis zu erwerben, der zwischen 8,5 % und 39 % des innerhalb der letzten 15 bis 60 Tagen ermittelten Durchschnittswerts lag.[472] In einer Studie über diese

466 Zu dieser Kritik Rn. 48.

467 Daher für eine Änderung der entsprechenden Regelungen plädierend Rn. 294 ff.

468 Hierzu Rn. 62 ff.

469 S. zu diesen die Studie von *Hillion/Vermaelen*, Death Spiral Convertibles, Working Paper 5/2001, abrufbar unter: http://papers.ssrn.com/sol3/papers.cfm?abstract_id=273488 (zuletzt abgerufen am 3.7.2014).

470 Näher hierzu *Pennacci/Vermaelen/Wolff*, The Case of COERCs (Fn. 169), S. 11 f.

471 *Flannery*, No Pain, No Gain? (Fn. 27), S. 21.

472 *Hillion/Vermaelen*, Death Spiral Convertibles (Fn. 469), S. 2; *Flannery*, No Pain, No Gain? (Fn. 27), S. 21.

Death Spiral Convertibles wurde in diesem Kontext festgestellt, dass etwa 85 % der Unternehmen, die diese Wertpapiere emittiert hatten, im Folgejahr ungewöhnlich hohe, teilweise sogar existenzgefährdende Verluste hinnehmen mussten. Der Grund hierfür lag vor allem darin, dass diese Death Spiral Convertibles Investoren dazu verlockten, durch Leerverkäufe erhebliche Gewinne zu erzielen.[473]

Diese Wertpapiere können allerdings nicht mit CoCo-Bonds verglichen werden. Insbesondere haben die Anleihegläubiger der CoCo-Bonds kein Recht, sondern eine Pflicht zur Wandlung, sofern das wandlungsauslösende Ereignis erreicht wird. Konnten die Gesellschafter bzw. die Gesellschaft die Wandlung der Death Spirals damit nicht mehr verhindern, sofern die Anleihegläubiger von ihrem Wandlungsrecht Gebrauch gemacht haben, so haben die Aktionäre bei einer CoCo-Bondemission, die für den Wandlungsauslöser ausschließlich an die harte Kernkapitalquote oder an Marktwert des Unternehmens knüpft, die Möglichkeit, notfalls mittels einer ordentlichen Kapitalerhöhung die Wandlung der CoCo-Bonds zu verhindern. Zudem ist der Aktienkurs eines systemrelevanten Instituts – insbesondere über einen längeren Zeitraum hinweg – derart schwer zu manipulieren, dass eine manipulationsbedingte Wandlung nahezu ausgeschlossen werden kann.[474] Dennoch sollte ein Leerverkaufsverbot für CoCo-Bond-Inhaber in Bezug auf Aktien des CoCo-Bondemittenten als weitere Sicherheitsmaßnahme eingeführt werden.[475] **136**

Festzuhalten bleibt, dass die ausgegebenen CoCo-Bonds nicht zwingend zur Marktstabilität beitragen können, da sie zwar verlustabsorbierend, aber in ihrer Wandlungsvariante keine positiven und in der Herabschreibungsvariante sogar einen negativen Anreiz setzen. Damit kann allerdings der fehlerhaften Anreizstruktur, die im Rahmen der Finanzmarktkrise zu beobachten war,[476] nicht mit den CoCo-Bonds entgegengewirkt werden. Gerade wenn CoCo-Bonds auch der Krisenprävention und nicht ausschließlich der Verlustabsorption dienen sollen, ist dieses Potential der CoCo-Bonds jedoch voll auszuschöpfen. Um das Interesse der Institute an eine entsprechende Ausgestaltung zu stärken, ist allerdings eine Änderung der rechtlichen Rahmenbedingungen für CoCo-Bonds notwendig.[477] **137**

---

473 *Hillion/Vermaelen*, Death Spiral Convertibles, (Fn. 469), S. 7 f.

474 S. *Calomiris/Herring*, Journal of Applied Corporate Finance Vol. 25 (2013), No. 2, S. 21, 26 f.; s. auch Rn. 86.

475 Zum Leerverkaufsverbot s. auch Rn. 65 mwN.

476 S. Rn. 37 ff.

477 S. hierzu Rn. 294 ff.

4. Teil CoCo-Bonds im rechtlichen Kontext

Die Ursachen der Finanzmarktkrise haben sowohl das Wirtschaftssystem als auch die traditionellen Denkansätze in der Ökonomie und in der Rechtswissenschaft erschüttert, so dass es der Korrektur durch Neujustierung der Regulierungen bedarf.[478] Auf die Überbewertung der Aussagekraft eines Ratings[479] kann im Rahmen dieser Arbeit jedoch nicht weiter eingegangen werden. Hier soll der kurze Hinweis genügen, dass die EU eine Verordnung über Rating-Agenturen (Rating-VO)[480] erlassen und damit erstmals einen Regulierungsrahmen für diese Agenturen eingeführt hat.[481] Dabei ist es insbesondere zu begrüßen, dass zur Vermeidung von Interessenskonflikten und zur Stärkung der Unabhängigkeit der Bewertungen die Rating-Agenturen Unternehmen, an denen sie selbst oder mittelbar beteiligt bzw. interessiert sind oder für die sie Beratungsleistungen erbracht haben, nicht mehr bewerten dürfen.[482] Verstöße gegen die Rating-VO sind bußgeldbewehrt.[483] Für die Registrierung und Beaufsichtigung ist die Europäische Wertpapier- und Marktaufsichtsbehörde (ESMA) zuständig.[484] **138**

478 *Spindler*, AG 2010, 601; so war die Finanzmarktkrise auch Gegenstand des 68. DJT, 2010, s. hierzu *Hellwig*, Gutachten E; *Höfling* Gutachten F und *Zimmer* Gutachten G.

479 S. hierzu auch Rn. 19.

480 Verordnung (EG) Nr. 1060/2009 des Europäischen Parlaments und des Rates vom 16.9.2009 über Rating-Agenturen, ABl. EU Nr. L 302 v. 17.11.2009; s. zur Rating-VO auch *Haar*, ZBB 2010, 185, 188 ff.; *dies.*, DB 2013, 2489; *Möllers*, NZG 2010, 285, 286 ff.; *Becker*, DB 2010, 943 ff.; *Arntz*, ZBB 2013, 318 ff.; *U. H. Scheider*, in: FS Hellwig, 2010, S. 329 ff.; allgemein zu der Regulierung von Rating-Agenturen *Wundenberg*, in: Veil (Hrsg.), Europäisches Kapitalmarktrecht, § 15 Rn. 11 ff.; s. auch *Kumpan*, in: FS Hopt, 2010, Band 2, S. 2157 ff.

481 *Blaurock*, JZ 2012, 226, 231.

482 Art. 6 Abs. 1, 2 Rating-VO; s. auch *Spindler*, AG 2010, 601, 609; näher zu den Reformen bei Rating-Agenturen auch *Zimmer*, Gutachten G, 68. DJT, 2010, S. G 70 ff. sowie *ders.*, in: FS Hopt, Band 2, 2010, 2689 ff.; *Blaurock*, JZ 2012, 226, 232 sieht dies als einen Schritt in die richtige Richtung, jedoch erkennt er auch eine gewisse Rechtsunsicherheit, da unklar ist, wo die Trennlinie zwischen einer unzulässigen Beratungsleistung der Rating-Agentur und einer zulässigen „Nebendienstleistung" gezogen werden kann.

483 Art. 36 ff. Rating-VO.

484 Art. 15 Abs. 1 S. 1, 21 Abs. 1 Rating-VO.

139 Auch auf die notwendige und sich im Gang befindende Regulierung von sog. Schattenbanken, Unternehmen, die ähnliche Funktionen wie Banken erfüllen, ohne dabei Kontrollen bzw. einer entsprechenden Kontrolldichte zu unterliegen, wie z. B. liquiditäts- und/oder fristentransformierende Zweckgesellschaften,[485] soll im Rahmen dieser Arbeit nicht weiter eingegangen werden.[486] Dies gilt auch für Entwicklungen auf dem Versicherungssektor.[487]

140 Die nachfolgenden Ausführungen sollen sich zunächst vielmehr auf die Darstellung der rechtlichen Rahmenbedingungen von CoCo-Bonds und damit auf Normen beschränken, die im Zusammenhang mit dieser Anleiheform stehen bzw. eine Auswirkung auf ihre Ausgestaltung haben könnten. Im Anschluss daran sollen die rechtlichen Anforderungen an die Emission von CoCo-Bonds untersucht werden. Dieses Finanzinstrument ist zwar nicht nur für den Bankensektor interessant, so dass es auch für andere, außerhalb dieses Sektors tätige Unternehmen in Betracht kommt, dennoch liegt auch der praktische Fokus auf CoCo-Bonds emittierenden Banken.

A. Normierte Vorgaben

141 Als Folge der Krise reagierten die nationalen Gesetzgeber sowie der europäische Normgeber mit einer Regulierungslawine. Denn waren die Aufsichtsbehörden vor Ausbruch der Krise schlichtweg überfordert,[488] so ist ihre beschränkte Handlungsmöglichkeit nach der Krise vor allem darauf zurückzuführen, dass

485 *Fischer*, Kreditwesen 2012, 485.

486 S. hierzu aber *Fischer*, Kreditwesen 2012, 485 f.; *Rehahn*, Regulierung von „Schattenbanken", in: Tietje/Kraft/Lehmann (Hrsg.), Beiträge zum Transnationalen Wirtschaftsrecht, Heft 125; zur Frage der Legalität der eigenmittelschonenden Fristentransformation von Zweckgesellschaften vor Ausbruch der Finanzmarktkrise s. *Florstedt*, ZBB 2013, 81 ff., nach dem die Krise letztlich keine Krise der Eigenmittelvorschriften war, sondern eine der *„Rechtsbehauptung"*.

487 Für die durch das sog. Solvency II erfolgten Neuerungen im Versicherungssektor s. aber *Meybom*, ZfV 2013, 479 ff.; *Schüller/Mitzner*, ZHR 175 (2011), 338 ff.; *Dreher/Lange*, VersR 2011, 825 ff.; *Wandt/Sehrbock*, in: FS Schneider, 2011, S. 1395 ff.

488 Insbesondere die Äußerung in Bezug auf die Zulassung von Finanzprodukten eines hochrangigen Vertreters der *Banque de France* bei einer Pariser Konferenz im Oktober 2008 verdeutlicht diese Überforderung: *„Wir hatten uns eigentlich vorgenommen, ein Finanzprodukt nur dann zu genehmigen, wenn es wenigstens einer von uns wirklich verstand. Diesen Grundsatz konnten wir aber nicht durchhalten, denn wir mussten stets befürchten, dass es dann von den Briten oder den Deutschen genehmigt werden würde. Also haben wir die Augen zugedrückt und die Genehmigung erteilt."*, *„nahezu wörtliches Gedächtniszitat"* von *Sinn*, Kasino Kapitalismus, S. 216.

das traditionelle Insolvenzrecht keine Eingriffe in die Eigentümerstrukturen, insbesondere keine Debt-Equity-Swaps,[489] erlaubte.[490] In diesem Teil der Arbeit soll daher untersucht werden, welche Maßnahmen die Normgeber gegenwärtig vorsehen, um dieser Lähmung des Insolvenzrechts Herr zu werden.

I. Die (geplante) europäische Bankenunion

Da die Aufwendung öffentlicher Mittel im Rahmen der Finanzmarktkrise in vielen Ländern zu einem enormen Anstieg der Staatsverschuldung führte, haben es sich die Regierungen weltweit zum Ziel gesetzt, Vorkehrungen zur Stabilisierung des Finanzmarkts zu treffen, bei denen ein effektives, vor allem aber glaubhaftes Abwicklungssystem für systemrelevante Institute nicht fehlen darf.[491] Daher wurde der Rat für Finanzmarktstabilität (Financial Stability Board, FSB) durch den G20-Gipfel in Toronto im Juni 2010 damit betraut, konkrete Handlungsempfehlungen zu erarbeiten, um die fehlende Marktdisziplin bei systemrelevanten Instituten wiederherzustellen und insbesondere ein geordnetes Abwicklungsverfahren zu entwickeln, das die bis dahin am Markt wahrgenommene „Staatsgarantie" beseitigt.[492] Bereits im Oktober 2010 wies der FSB darauf hin, dass im Interesse der Finanzmarktstabilität global systemrelevante Finanzinstitute eine Verlustabsorption über die vom Baseler Ausschuss gesetzten Minimumstandards[493] aufweisen sollten, die u. a. auch mit „Contingent Capital" erfüllt werden können.[494] Da eine Bankeninsolvenz trotz aller Bemühungen allerdings nie gänzlich ausgeschlossen werden kann,[495] hat der FSB im November 2011 auch die „*Key Attributes* 142

489 Zum mittlerweile eingeführten Debt-Equity-Swap als Restrukturierungsmaßnahme außerhalb eines Insolvenzverfahrens in Deutschland s. *Friedl*, BB 2012, 1102 ff.; Friedl/Hartwig-Jacob/*Friedl*, SchVG, § 19 Rn. 69 ff.; *Simon*, Das neue Schuldverschreibungsgesetz, Diss. Köln 2011, S. 82 ff.

490 *Spindler*, AG 2010, 601, 603.

491 *Dohrn*, WM 2012, 2033.

492 Erklärung der G20 beim Gipfeltreffen in Toronto v. 26./27.6.2010, S. 7 Ziff. 21, Anhang 2, S. 5 Ziff. 16 ff., abrufbar unter: http://www.bundesregierung.de/Content/DE/StatischeSeiten/Breg/G8G20/Anlagen/G20-Gipfel-Toronto-erklaerung-de.html (zuletzt abgerufen am 3.7.2014).

493 S. zu den vom Baseler Ausschuss gesetzten Minimumstandards Rn. 190 ff.

494 *FSB*, Reducing the Moral Hazard posed by systemically important financial institutions – Recommendations v. 20.10.2010, S. 3, abrufbar unter: www.financialstabilityboard.org/publications/r_101111a.pdf (zuletzt abgerufen am 3.7.2014).

495 *FSB*, Effective resolution of systemically important financial institutions v. 19.7.2011, S. 11 ff., abrufbar unter: www.financialstabilityboard.org/publications/r_110719.pdf (zuletzt abgerufen am 3.7.2014).

of Effective Resolution Regimes for Financial Institutions" veröffentlicht,[496] die im Wesentlichen Empfehlungen für die Planung und Durchführung eines geordneten Abwicklungsverfahrens enthalten.

143 Diese Empfehlungen berücksichtigend und die Arbeit des FSB weiter beobachtend arbeitete die Europäische Kommission Normvorschläge zur geordneten Abwicklung von Kreditinstituten aus.[497] Dabei betonte sie, dass die gewünschte Finanzmarktstabilität sowie die gegebenenfalls notwendige Abwicklung nur im Rahmen einer europäischen Bankenunion effektiv umgesetzt werden könne.[498] Eine solche setze sich aus drei Elementen zusammen: einer Bankenaufsicht, einem Rekapitalisierungs- und Abwicklungsmechanismus von Banken im Krisenfall und einer Einlagesicherung.[499] Gemeinsamer Nenner dieser Elemente ist dabei die zentrale und damit einheitliche Steuerung, so dass zunächst ein einheitliches materielles Regelwerk für die zu implementierende Bankenunion zu errichten ist, ein sog. „*Single Rulebook*".[500] Dementsprechend hat die Europäische Kommission das auf den Bankensektor anwendbare materielle Recht weiter harmonisiert und die bisherigen Eigenkapitalrichtlinien[501] durch das sog. CRD-IV-Paket[502] abgelöst. Zudem hat sie sowohl einen Richtlinienvorschlag zur

---

496 *FSB*, Key Attributes of Effective Resolution Regimes of Financial Institutions v. 4.11.2011, abrufbar unter: http://www.financialstabilityboard.org/list/fsb_publications/tid_177/index.htm (zuletzt abgerufen am 3.7.2014).

497 Europäische Kommission, Vorschlag für eine Richtlinie zur Sanierung und Abwicklung von Kreditinstituten v. 12.12.2012, COM(2012) 280 final/3; s. auch *Dohrn*, WM 2012, 2033.

498 Europäische Kommission, Fahrplan für eine Bankenunion, COM(2012) 510 final, S. 2, 9.; eine kritische Würdigung der (geplanten) europäischen Bankenunion zu finden bei *Peters*, WM 2014, 396 ff.

499 *Peters*, WM 2014, 396; Europäische Kommission, Fahrplan für eine Bankenunion, COM(2012) 510 final, S. 2.

500 *Peters*, WM 2014, 396; Europäische Kommission, Fahrplan für eine Bankenunion, COM(2012) 510 final, S. 3 ff.

501 Richtlinien 2006/48/EG und 2006/49/EG.

502 Bestehend aus der Richtlinie 2013/36/EU des Europäischen Parlaments und des Rates v. 26.6.2013 über den Zugang zur Tätigkeit von Kreditinstituten und die Beaufsichtigung von Kreditinstituten, ABl. EU Nr. 176 v. 27.6.2013, S. 338 ff. sowie der Verordnung (EU) Nr. 57582013 des Europäischen Parlaments und des Rates v. 26.6.2013 über die Aufsichtsanforderungen an Kreditinstitute, ABl. EU Nr. L 321 v. 30.11.2013, S. 6 ff.; zum CRD-IV-Paket s. Rn. 201 ff.

Sanierung und Abwicklung von Kreditinstituten[503] sowie einen entsprechenden Verordnungsvorschlag[504] ausgearbeitet und ferner auch die Modifizierung der Einlagesicherungsrichtlinie 94/19/EG vorgeschlagen[505, 506].

Im Zusammenhang mit den CoCo-Bonds sind neben dem CRD-IV-Paket[507] vor allem gewisse Befugnisse und Abwicklungsinstrumente aus der Abwicklungsrichtlinie[508] (Bank Recovery and Resolution Directive, nachfolgend BRRD) und der Abwicklungsverordnung[509] (nachfolgend AbwicklungsVO-E) von Bedeutung. Beide Normvorschläge zur Abwicklung von Kreditinstituten haben zwar denselben Regelungszweck, unterscheiden sich jedoch in Bezug auf ihren Normanwender und beziehen sich auch auf unterschiedliche Rechtssubjekte. So fallen in den Anwendungsbereich der BRRD-Richtlinie Unternehmen und Institute im Sinne von Art. 1 Abs. 1 lit. b) bis d) BRRD und damit in der Union niedergelassene Finanzinstitute im Sinne von Art. 2 Abs. 1 Nr. 4 BRRD, 4 Abs. 1 Nr. 26 CRR-VO, Finanzholdinggesellschaften im Sinne von Art. 2 Abs. 1 Nr. 9 bis 11 BRRD, 4 Abs. 1 Nr. 20 bis 22 CRR-VO sowie Mutterfinanzholdinggesellschaften im Sinne von Art. 2 Abs. 1 Nr. 12 bis 14 BRRD, 4 Abs. 1 Nr. 30 bis 33 CRR-VO. Von der Richtlinie bzw. den hierin aufgeführten Abwicklungsinstrumenten werden Institute gem. Art. 1 Abs. 1 lit. a) BRRD nicht erfasst.[510] Nach Art. 2 Abs. 1 Nr. 23, 2, 3 BRRD fallen unter den Begriff des Instituts im Sinne 144

503 Europäische Kommission, Vorschlag für eine Richtlinie zur Sanierung und Abwicklung von Kreditinstituten und Wertpapierfirmen v. 12.12.2012, COM(2012) 280 final/3.

504 Europäische Kommission, Vorschlag für eine Verordnung zur Festlegung einheitlicher Vorschriften und eines einheitlichen Verfahrens für die Abwicklung von Kreditinstituten und bestimmten Wertpapierfirmen v. 10.7.2013, COM(2013) 520 final.

505 Europäische Kommission, Vorschlag für eine Richtlinie zur Änderung der Richtlinie 94/19/EG über Einlagesicherungssysteme im Hinblick, KOM(2008) 661 endgültig v. 15.10.2008.

506 Ausführlicher zu den ersten Schritten zur europäischen Bankenunion *Peters*, WM 2014, 396 ff.

507 Zu diesem Paket s. Rn. 201 ff.

508 Richtlinie 2014/59/EU des Europäischen Parlaments und des Rates v. 15.5.2014 zur Festlegung eines Rahmens für die Sanierung und Abwicklung von Kreditinstituten und Wertpapierfirmen, ABl. (EU) Nr. L 173 v. 12.6.2014, S. 190 ff.

509 Verordnungsentwurf zur Festlegung einheitlicher Vorschriften und eines einheitlichen Verfahrens für die Abwicklung von Kreditinstituten und bestimmten Wertpapierfirmen, 2013/0253 (COD) v. 11.2.2014.

510 Dies ergibt sich im Umkehrschluss daraus, dass sowohl die Abwicklungsinstrumente als auch die Befugnisse nach Art. 59 Abs. 2, 63 Abs. 1 BRRD ausschließlich auf

von Art. 1 Abs. 1 lit. a) BRRD für die Zwecke der Richtlinie Kreditinstitute im Sinne von Art. 4 Abs. 1 Nr. 1 CRR-VO[511] sowie Wertpapierfirmen im Sinne von Art. 4 Abs. 1 Nr. 1 CRR-VO, die den in Art. 28 Abs. 2 CRD IV[512] festgelegten Anforderungen bezüglich des Anfangskapitals unterliegen. Eben diese Institute sollen jedoch gem. Art. 2 AbwicklungsVO-E neben den weiteren hier aufgeführten Unternehmen der Abwicklungsverordnung unterliegen.

145 Im Übrigen soll die AbwicklungsVO gem. Art. 5, 82 Abs. 2a AbwicklungsVO-E im Einklang mit der BRRD-Richtlinie stehen, so dass die im Rahmen der Verordnung zuständigen Behörden ihre Befugnisse im Einklang mit den Anforderungen dieser Richtlinie und den aufgrund dieser Richtlinie ergangenen delegierten Rechtsakten auszuüben haben.[513]

146 Die Verordnung soll im Interesse einer maximalen Harmonisierung der Abwicklung einen einheitlichen europäischen Abwicklungsmechanismus (Single Resolution Mechanism, SRM) schaffen, der neben einer zuständigen europäischen Abwicklungsbehörde auch einen europäischen Bankenabwicklungsfonds[514] beinhaltet.[515] Letzterer soll gem. Art. 65 Abs. 1 AbwicklungsVO-E[516] in Verbindung mit Art. 93 Abs. 1 BRRD-E[517] (Art. 102 Abs. 1 S. 1 BRRD n.F.) eine

---

Art. 1 Abs. 1 lit. b) bis d) BRRD bezugnehmen und eben nicht auch auf Art. 1 Abs. 1 lit. a).

511 Mit Ausnahme der Unternehmen im Sinne von Art. 2 Nr. 5 der Richtlinie 2013/36/EU (CRD-IV).

512 Richtlinie 2013/36/EU.

513 S. Erwägungsgründe 7b, 13, 36 AbwicklungsVO-E.

514 Näher zum Abwicklungsfonds Art. 64 ff. AbwicklungsVO-E. Dieser Fonds soll gem. Art. 85 in Verbindung mit 88 Abs. 2 AbwicklungsVO-E ab den 1.1.2015 den Abwicklungsfinanzierungsmechanismus der teilnehmenden Mitgliedstaaten gem. Titel VII der BRRD ersetzen. Haben die teilnehmenden Mitgliedstaaten bereits nationale Abwicklungsfinanzierungsmechanismen eingerichtet, können sie gem. Art. 66 Abs. 2b AbwicklungsVO-E zudem vorsehen, dass diese Mechanismen ihre verfügbaren Finanzmittel, die sie in der Vergangenheit durch Ex-ante-Beiträge der Institute beschaffen haben, einsetzen, um den Instituten einen Ausgleich für die Ex-ante-Beiträge zu gewähren, die sie u.U. an den Fonds abzuführen haben; für die Einrichtung nationaler Fonds nach der BRRD-Richtlinie s. Art. 99 ff. BRRD.

515 S. Erwägungsgründe 2 ff., 11 sowie Art. 1 AbwicklungsVO-E.

516 Die noch auf Art. 93 Abs. 1 BRRD-E in der Fassung des Vorschlags der Europäischen Kommission für eine Richtlinie zur Sanierung und Abwicklung von Kreditinstituten v. 12.12.2012, COM(2012) 280 final/3 verweist.

517 Verweise auf die BRRD-E beziehen sich auf den Vorschlag der Europäischen Kommission für eine Richtlinie zur Sanierung und Abwicklung von Kreditinstituten v. 12.12.2012, COM(2012) 280 final/3.

Zielausstattung von mindestens 1 % der gedeckten Einlagen aller in den Mitgliedstaaten zugelassenen Institute aufbauen. Auf Basis der Spareinlagedaten aus dem Jahr 2011 hat dieser Fonds damit eine Zielgröße von rund 55 Mrd. Euro.[518] Im Vergleich zu der durch die Europäische Kommission für den Finanzsektor (allein) im Jahr 2008 genehmigten Beihilfesumme in Höhe von 3.457 Mrd. Euro[519] stellt die Stärke des Abwicklungsfonds damit bestenfalls den berühmten Tropfen auf den heißen Stein dar und sollte drastisch erhöht werden. Angesichts dieser Zahlen vermag auch die gem. Art. 67 Abs. 1 S. 1 AbwicklungsVO-E eingeräumte Möglichkeit zur Erhebung außerordentlicher Ex-post-Beiträge zur Deckung der Verluste, Kosten und sonstigen Aufwendungen, die zwar im Zusammenhang mit der Inanspruchnahme des Fonds stehen, jedoch die verfügbaren Finanzmittel des Fonds übersteigen würden, an diesen Befund nichts zu ändern.

1. *Das neu zu installierende Abwicklungsverfahren*

a) Überblick

Um den Aufsichtsbehörden ein wirksames Instrumentarium an die Hand zu geben, das zeitgleich die Finanzmarktstabilität erhält und das Risiko der Belastung der Steuerzahler für Insolvenzverluste minimiert, schlug die Europäische Kommission im Jahr 2012 eine Richtlinie zur Festlegung eines Rahmens für die Sanierung und Abwicklung von Kreditinstituten vor.[520] Zwar sollten auch Banken grundsätzlich nach den üblichen Insolvenzverfahren abgewickelt werden, jedoch hat die Finanzmarktkrise gezeigt, dass die Institute derart stark miteinander verflochten sind, dass eine in Schwierigkeiten geratene Bank das gesamte Finanzsystem und mit ihm die Realwirtschaft in eine Krise stürzen kann. Da das **147**

518 So *Rexer*, „Pläne der EU-Kommission zur Bankenabwicklung – Auf Konfrontationskurs mit Schäuble“, in: Süddeutsche Zeitung v. 10.7.2013, abrufbar unter: http://www.sueddeutsche.de/wirtschaft/plaene-der-eu-kommission-zur-bankenabwicklung-auf-kollisionskurs-mit-schaeuble-1.1717874 (zuletzt abgerufen am 3.7.2014).

519 Europäische Kommission, Anzeiger für staatliche Beihilfen, KOM(2011) 848 v.1.12.2011, S. 9.

520 Europäische Kommission, Vorschlag für eine Richtlinie zur Sanierung und Abwicklung von Kreditinstituten v. 12.12.2012, COM(2012) 280 final/3, Erwägungsgrund 44 f., Art. 37 Nr. 2; *Wulfken*, Kreditwesen 2012, 1054, 1055 f. weist darauf hin, dass dieser Richtlinienvorschlag zwar dem deutschen Restrukturierungsgesetz nachgebildet sei, die Abwicklungsinstrumente der Richtlinie, insbesondere das hier relevante „Bail-in“, dem deutschen Recht allerdings unbekannt sind; ein kurzer Überblick zum Gesetzgebungsverfahren bei *Brandi/Gieseler*, Kreditwesen 2013, 894.

übliche Insolvenzverfahren nicht in der Lage ist, Störungen der Finanzmarktstabilität zu vermeiden, essenzielle Dienstleistungen zu erhalten und die Einleger zu schützen, wurde es im Rahmen der Krise vielfach als unangemessen bewertet, so dass öffentliche Gelder regelmäßig zur Rettung der Institute eingesetzt werden mussten.[521] Dies soll sich mit den in der Abwicklungsrichtlinie vorgesehenen Abwicklungsinstrumenten als Alternative zum regulären Insolvenzverfahren ändern. Diese soll einen wirksamen Rechtsrahmen schaffen, in dem Bankenausfälle auf geordnete Weise ohne Ansteckungsgefahr für andere Institute abgewickelt werden können. Auch soll mit ihr sichergestellt werden, dass Verluste zunächst von den Anteilseignern und erst danach von den Gläubigern getragen werden.[522] Die Richtlinie nennt in Art. 31 Abs. 2 BRRD als Abwicklungsziele die Sicherung der Kontinuität kritischer Funktionen, die Vermeidung erheblicher negativer Auswirkungen auf die Finanzmarktstabilität, den Schutz öffentlicher Mittel durch die geringere Inanspruchnahme außerordentlicher finanzieller Unterstützung aus diesen, den Einleger- sowie Anlegerschutz sowie den Schutz der Gelder und Vermögenswerte der Kunden.

148 Um die genannten Ziele zu erreichen, sollen die Behörden die Möglichkeit erhalten, in kritischen Phasen „rechtzeitig“ und „rasch“ eingreifen zu können, um den Fortbestand der Finanz- und Wirtschaftsfunktionen des kriselnden Instituts zu sichern.[523] Dabei haben die Behörden jedoch darauf zu achten, dass die Verluste so auf die Anteilsinhaber und Gläubiger der Institute aufgeteilt werden, dass das Ergebnis des Abwicklungsverfahrens mit dem eines regulären Insolvenzverfahrens vergleichbar ist.[524] Daher soll das Abwicklungsverfahren zum Schutz bestehender Eigentumsrechte erst dann eingeleitet werden können, wenn die betroffene Bank *„sehr kurz“*[525] vor der Insolvenz steht, was wiederrum dann

---

521 Europäische Kommission, Vorschlag für eine Richtlinie zur Sanierung und Abwicklung von Kreditinstituten v. 12.12.2012, COM(2012) 280 final/3, S. 4 f., 9.

522 Erwägungsgrund 5 sowie Art. 34 Abs. 1 BRRD.

523 Erwägungsgrund 5 BRRD.

524 Europäische Kommission, Vorschlag für eine Richtlinie zur Sanierung und Abwicklung von Kreditinstituten v. 12.12.2012, COM(2012) 280 final/3, S. 6.

525 So noch Europäische Kommission, Vorschlag für eine Richtlinie zur Sanierung und Abwicklung von Kreditinstituten v. 12.12.2012, COM(2012) 280 final/3, S. 6, 9. Bei Erwägungsgrund 41 BRRD heißt es mittlerweile nur noch *„bevor ein Finanzinstitut bilanzmäßig insolvent wird und das gesamte Eigenkapital aufgezehrt ist“*. Das aufgrund dieser Umformulierung sich inhaltlich etwas anderes ergibt, ist aber eher unwahrscheinlich, weil Art. 32 Abs. 4 BRRD, der die Ausfallwahrscheinlichkeit eines Instituts regelt, inhaltlich im Wesentlichen noch mit Art. 27 Abs. 2 BRRD-E in der Fassung des Kommissionsvorschlags v. 12.12.2012 übereinstimmt.

der Fall ist, wenn ihr Ausfall nach Ansicht der Abwicklungsbehörde unmittelbar bevorsteht.[526] Sollte es im Rahmen dieses Verfahrens zu einer wirtschaftlichen Schlechterstellung der Gesellschafter oder der Gläubiger kommen, so haben die Mitgliedstaaten gem. Art. 34 Abs. 1 lit. g), 73 bis 75 BRRD[527] sicherzustellen, dass diese eine entsprechende Entschädigung erhalten, die etwa aus dem einzurichtenden Abwicklungsfonds[528] stammen könnte.[529]

Wann ein Institut als ausfallend oder wahrscheinlich ausfallend angesehen werden kann, orientiert sich an den Leitlinien des Art. 32 Abs. 4 BRRD.[530] Danach ist dies der Fall, wenn (a) ein Institut die Eigenkapitalanforderungen dauerhaft in einer den Entzug der Banklizenz rechtfertigenden Weise unterschreitet bzw. objektive Anhaltspunkte dafür vorliegen, dass dies in naher Zukunft der Fall sein wird, (b) die Vermögenswerte des Instituts die Höhe seiner Verbindlichkeiten unterschreiten bzw. objektive Anhaltspunkte für eine entsprechende zukünftige Entwicklung vorliegen, (c) das Institut seine Verbindlichkeiten bei **149**

526 Europäische Kommission, Vorschlag für eine Richtlinie zur Sanierung und Abwicklung von Kreditinstituten v. 12.12.2012, COM(2012) 280 final/3, S. 6, 9.

527 Zwar spricht Art. 34 Abs. 1 lit. g) BRRD nur vom „Gläubiger", allerdings ergibt sich aus Art. 73, 75 BRRD, dass auch die Anteilseigner, die in letzteren Normen ausdrücklich als mögliche Entschädigungsgläubiger genannt werden, von Art. 34 Abs. 1 lit. g) BRRD erfasst sein müssen. Zudem besteht auch kein sachlicher Grund für eine Schlechterstellung der Gesellschafter außerhalb des Insolvenzverfahrens, so dass es sich bei ihrer fehlenden Nennung in Art. 34 Abs. 1 lit. g) BRRD um ein redaktionelles Versehen zu handeln scheint.

528 Der in Deutschland aufgrund des Restrukturierungsgesetzes bestehende Rettungsfonds wird wohl zu dem von der Kommission im Entwurf der BRRD-Richtlinie geforderten nationalen bzw. für den von dem Entwurf der AbwicklungsVO vorgesehen europäischen Finanzierungsmechanismus umfunktioniert, so in Bezug auf den Rettungsfonds des BRRD-Richtlinienentwurfs *Chattopadhyay*, WM 2013, 405, 414; für den europäischen Abwicklungsfonds stützt sich diese Einschätzung auf Erwägungsgrund Nr. 62 sowie Art. 66 Nr. 2b AbwicklungsVO-E.

529 Europäische Kommission, Vorschlag für eine Richtlinie zur Sanierung und Abwicklung von Kreditinstituten v. 12.12.2012, COM(2012) 280 final/3, S. 13.

530 Wobei sich die in Art. 32 BRRD genannten Voraussetzungen auf die Abwicklungsvoraussetzungen eines Instituts nach Art. 1 Abs. 1 lit. a) BRRD beziehen, auf die die Abwicklungsinstrumente des BRRD keine direkte Anwendung finden (s. Rn. 144). Die Abwicklungsvoraussetzungen für die Institute und Unternehmen im Sinne von Art. 1 Abs. 1 lit. b) bis d) BRRD sind mit einigen Besonderheiten in Art. 33 BRRD geregelt, verweisen aber im Wesentlichen auf Art. 32 BRRD. Auf eine Darstellung dieser Besonderheiten wird mangels ihrer Relevanz für die vorliegende Arbeit verzichtet.

Fälligkeiten nicht begleichen kann oder wahrscheinlich nicht begleichen können wird oder (d) es eine außerordentliche finanzielle Unterstützung aus öffentlichen Mitteln benötigt – sofern im letzten Fall nicht die Ausnahmen des Art. 32 Abs. 4 lit. d) HS 2 BRRD einschlägig sind.[531]

150 Erst wenn kumulativ (a) festgestellt wird, dass das Institut ausfällt oder wahrscheinlich ausfallen wird, (b) bei Berücksichtigung zeitlicher Zwänge und anderer relevanter Umstände nach vernünftigem Ermessen keine Aussicht darauf besteht, dass der Ausfall des Instituts innerhalb eines angemessenen Zeitrahmens durch alternative Maßnahmen der Privatwirtschaft oder der Aufsichtsbehörden abgewendet werden kann und (c) die Maßnahme im öffentlichen Interesse erforderlich ist, sollen die Behörden Abwicklungsmaßnahmen einleiten können, was gem. Art. 32 Abs. 1 BRRD von den Mitgliedstaaten sicherzustellen ist. Dabei kann gem. Art. 32 Abs. 5 BRRD dann von einem öffentlichen Interesse ausgegangen werden, wenn die Maßnahme für die Erreichung eines oder mehrerer in Art. 31 BRRD genannten Abwicklungsziele[532] notwendig ist und zudem die Verhältnismäßigkeit mit Blick auf diese Ziele gewahrt ist und wenn dies bei einer Liquidation des Instituts im Wege eines regulären Insolvenzverfahrens nicht im selben Umfang der Fall wäre.

151 Durch die Option der Abwicklung eines Kreditinstituts will die EU vor allem auch die am Markt wahrgenommene Staatsgarantie für Kreditinstitute wegfallen lassen. Zu diesem Zweck erhalten die Abwicklungsbehörden etwa im Rahmen des *Bail-in*-Instruments die Befugnis, Verbindlichkeiten nicht besicherter Gläubiger herabzuschreiben oder in Teile des harten Kernkapitals umzuwandeln,[533] so dass sie das mit ihrer Anlage verbundene Risiko sorgfältiger bewerten.[534] Ob die Eindämmung dieser Staatsgarantie dem europäischen Normgeber tatsächlich gelungen ist, erscheint eher fraglich. Jedenfalls hat er sich bzw. den Mitgliedstaaten durch die Änderung des ursprünglichen Kommissionsentwurfs im Rahmen der ersten Lesung ein großes Schlupfloch offen gelassen, um notleidende Institute doch noch finanziell mit öffentlichen Mitteln unterstützen zu können.[535] Denn staatliche Garantien und die Zuführung von Eigenkapital oder der Kauf von Kapitalinstrumenten aus öffentlichen Mitteln soll gem. Art. 32 Abs. 4 lit. d) HS 2 BRRD nicht zwangsläufig zur Erfüllung der Abwicklungsvoraussetzungen

---

531 Zu diesen Ausnahmen s. Rn. 151, 177.

532 Zu den Abwicklungszielen s. Rn. 147.

533 Näher zum Bail-in-Instrument Rn. 159 ff.

534 Europäische Kommission, Vorschlag für eine Richtlinie zur Sanierung und Abwicklung von Kreditinstituten v. 12.12.2012, COM(2012) 280 final/3, S. 6.

535 Näher hierzu Rn. 151, 177.

führen, so dass die Behörde nach Art. 32 Abs. 1 lit. a) BRRD auch keine Abwicklungsmaßnahmen und damit das Gros des ihr zur Verfügung gestellten Instrumentariums nicht nutzen kann. Selbst Befugnisse, die unabhängig von einer Abwicklungssituation sind, insbesondere die Befugnis zur Herabschreibung und Umwandlung relevanter Kapitalinstrumente nach Art. 59 Abs. 2 BRRD,[536] würden wohl aufgrund des hinter ihnen stehenden politischen Drucks nicht ausgeübt und es würde abgewartet werden, ob nicht doch der Staat einspringen wird. Damit müssen staatliche Finanzmaßnahmen entgegen des Erwägungsgrunds Nr. 8 BRRD, offenbar doch nicht *„als letztes Mittel"* angewendet werden. Dies sollte dazu ausreichen, um die Hoffnung der Institute und ihrer Gläubiger auf eine Rettung im Ernstfall zu erhalten. Ob trotz der Inaussichtstellung möglicher finanzieller Stabilisierungsmaßnahmen der Glaube an einer Staatsgarantie für Bankinstitute damit beseitigt werden kann, bleibt daher abzuwarten.

Nach Art. 130 Abs. 1 S. 1, 2 BRRD haben die Mitgliedstaaten die erforderlichen Rechts- und Verwaltungsvorschriften zur Umsetzung dieser Richtlinie bis zum 31.12.2014 zu erlassen und zu veröffentlichen. Ab dem 1.1.2015 müssen die Mitgliedstaaten die Vorschriften anwenden. Etwas anderes gilt gem. Art. 130 Abs. 1 S. 3 BRRD nur für die Vorschriften des Titels IV Kapitel IV Abschnitt 5 und damit für die Vorschriften zum Bail-in-Instrument, die *„spätestens"* ab dem 1.1.2016 von den Mitgliedstaaten umgesetzt werden sollten bzw. von ihnen anzuwenden sind.[537] Die Richtlinie selbst tritt gem. Art. 131 BRRD am zwanzigsten Tag nach ihrer Veröffentlichung im Amtsblatt der Europäischen Union in Kraft. **152**

Ähnlich verhält es sich mit der AbwicklungsVO. Nach Art. 88 Abs. 1 AbwicklungsVO–E tritt auch diese am zwanzigsten Tag nach ihrer Veröffentlichung im Amtsblatt der Europäischen Union in Kraft. Während die Abwicklungsinstrumente gem. Art. 88 Abs. 2 AbwicklungsVO-E grundsätzlich ab dem 1.1.2015 zur Anwendung kommen sollen, soll dies für das Bail-in-Instrument nach Art. 88 Abs. 3 AbwicklungsVO-E erst ab dem 1.1.2016 gelten. **153**

b) Die Abwicklungsrichtlinie – BRRD

Als sog. Abwicklungsinstrumente benennt Art. 37 Abs. 3 BRRD die Unternehmensveräußerung, das Einrichten eines Brückeninstituts, die Ausgliederung **154**

536 Zu Art. 59 Abs. 2 BRRD s. Rn. 166 ff.

537 Zwar sollte gem. Art. 115 BRRD-E in der Fassung des Kommissionsentwurfs v. 12.12.2012 die Richtlinie auch bis zum 31.12.2014 umgesetzt und ab dem 1.1.2015 angewendet werden, allerdings räumte die Europäische Kommission den Mitgliedstaaten in Bezug auf die Umsetzung der Bail-in-Regelungen eine längere Umsetzungsfrist bis zum 31.12.2017 ein.

von Vermögenswerten sowie das sog. Bail-in-Instrument. Daneben bekommt die Abwicklungsbehörde gem. Art. 59 Abs. 2 BRRD auch die Befugnis relevante Kapitalinstrumente herabzuschreiben oder umzuwandeln. Bevor die Abwicklungsmaßnahmen eingesetzt oder die Befugnis zur Herabschreibung oder Umwandlung von relevanten Kapitalinstrumenten nach Art. 59 Abs. 2 BRRD ausgeübt werden kann, haben die Abwicklungsbehörden jedoch gem. Art. 36 Abs. 1 S. 1 BRRD grundsätzlich sicherzustellen, dass eine faire, vorsichtige und realistische Bewertung der Vermögenswerte und Verbindlichkeiten durch eine von staatlichen Stellen, einschließlich der Abwicklungsbehörde, und dem Institut unabhängige Person vorgenommen wird. Das Ziel dieser Bewertung nach Art. 36 Abs. 1 BRRD ist die Wertermittlung der genannten Vermögenspositionen.[538] Damit soll der Behörde die fundierte Feststellung ermöglicht werden, ob die Voraussetzungen für eine Abwicklung oder für die Herabschreibung oder Umwandlung von relevanten Kapitalinstrumenten vorliegen und, wenn ja, wie die Maßnahme ausgeübt werden sollte, um angemessen und weiterführend zu sein.

155 Wird die Befugnis nach Art. 59 Abs. 2 BRRD ausgeübt, dann soll die gem. Art. 36 Abs. 1 S. 1 BRRD durchzuführende Bewertung auch zu einer fundierten Entscheidung über den Umfang der Löschung oder der Verwässerung von Anteilen oder anderen Eigentumstiteln und über den Umfang der Herabschreibung oder Umwandlung der relevanten Kapitalinstrumente führen. Ähnliches gilt für den Fall, dass die Behörde das Bail-in-Instrument anwendet. Auch hier soll die Bewertung eine fundierte Entscheidung über den Umfang der Herabschreibung oder Umwandlung der berücksichtigungsfähigen Verbindlichkeiten ermöglichen.[539]

---

538 Die Europäische Kommission, Vorschlag für eine Richtlinie zur Sanierung und Abwicklung von Kreditinstituten v. 12.12.2012, COM(2012) 280 final/3, S. 13, 4.4.9 spricht an dieser Stelle auch vom „Marktwert"-Grundsatz; s. auch Erwägungsgrund 33 BRRD-E in der ursprünglichen Kommissionsfassung v. 12.12.2012: „*Die Bewertung von Vermögenswerten und Verbindlichkeiten eines ausfallenden Instituts sollte auf der Grundlage ihres Marktwerts zum Zeitpunkt des Rückgriffs auf die Abwicklungsinstrumente und in dem Maße erfolgen, wie die Märkte ordnungsgemäß funktionieren*".

539 Diese und weitere Zwecke nennt die BRRD ausdrücklich in Art. 36 Abs. 4. Nach Art. 36 Abs. 13 BRRD ist die Bewertung sogar integraler Bestandteil der Entscheidung über die Anwendung eines Abwicklungsinstruments oder die Ausübung einer Abwicklungsbefugnis bzw. der Entscheidung über die Ausübung der Befugnis zur Herabschreibung oder Umwandlung von Kapitalinstrumenten.

Da für die vorliegende Arbeit lediglich das in Art. 43 ff. BRRD vorgesehene Bail-In-Instrumente sowie die Befugnis zur Herabschreibung und Umwandlung von relevanten Kapitalinstrumenten nach Art. 59 Abs. 2 BRRD von Bedeutung sind, beschränken sich die folgenden Ausführungen auf die Darstellung dieser Instrumente bzw. dieser Befugnisse. **156**

Das Bail-in-Instrument und die in Art. 59 Abs. 2 BRRD aufgeführte Befugnis unterscheiden sich sowohl in Bezug auf ihre Anwendungssituation als auch auf ihren Anwendungsgegenstand. So ist das Bail-in-Instrument gem. Art. 37 Abs. 3 lit. d) BRRD ein Abwicklungsinstrument und als solches nur dann anwendbar, wenn die Abwicklungsvoraussetzungen nach Art. 32 Abs. 1 BRRD vorliegen.[540] Hingegen ist die Befugnis zur Herabsetzung und Umwandlung von relevanten Kapitalinstrumenten nach Art. 59 Abs. 2 BRRD gem. Art. 59 Abs. 1 BRRD sowohl in Zusammenhang mit einer Abwicklungsmaßnahme als auch ohne eine solche anwendbar. Insoweit ist dieses Instrument unabhängig von einer Abwicklungssituation, so dass der sachliche Anwendungsbereich des Art. 59 Abs. 2 BRRD in diesem Punkt weiter ist, als der des Bail-in-Instruments. Allerdings kann und muss die Behörde gem. Art. 59 Abs. 3 BRRD von dieser Befugnis nur in Situationen Gebrauch machen, in denen es letztlich um die Sicherung der Existenzfähigkeit des jeweiligen Instituts geht. **157**

Im Hinblick auf den Anwendungsgegenstand geht das Bail-in-Instrument allerdings weiter als die Befugnis nach Art. 59 Abs. 2 BRRD. Während letztere sich nur auf „relevante Kapitalinstrumente“ bezieht, worunter nach der Begriffsbestimmung des Art. 2 Abs. 1 Nr. 74 BRRD lediglich Elemente des zusätzlichen Kernkapitals sowie des Ergänzungskapitals zählen, erstreckt sich die Befugnis zur Herabschreibung und Umwandlung im Rahmen des Bail-in-Instruments gem. Art. 44 Abs. 1 BRRD grundsätzlich auf alle Verbindlichkeiten eines Instituts, die nicht gem. Art. 44 Abs. 2 oder 3 BRRD von seinem Anwendungsbereich ausgeschlossen worden sind.[541] **158**

aa) Das Bail-in-Instrument

Für das Bail-in-Instrument haben die Mitgliedstaaten gem. Art. 43 Abs. 1 BRRD sicherzustellen, dass die Abwicklungsbehörden über die in Art. 63 Abs. 1 BRRD genannten Abwicklungsbefugnisse verfügen. Art. 43 Abs. 2 BRRD fordert von den Mitgliedstaaten zudem sicherzustellen, dass das Bail-in-Instrument im **159**

540 Weiter zum Anwendungsbereich des Bail-in-Instruments s. Rn. 157.

541 Näher zum Anwendungsbereich des Bail-in-Instruments Rn. 157.

Einklang mit den in Art. 34 BRRD genannten Abwicklungsgrundsätzen für die in Art. 31 BRRD festgelegten Abwicklungsziele ausschließlich

(a) zur Rekapitalisierung eines die Voraussetzungen für eine Abwicklung erfüllenden Instituts in einem Umfang, der ausreichend ist, um es wieder in die Lage zu versetzen, den Zulassungsbedingungen zu genügen und die Tätigkeit auszuüben, für die es zugelassen ist, *oder*
(b) zur Umwandlung in Eigenkapital – oder Herabsetzung des Nennwerts – der Forderungen oder Schuldtitel die auf (i) ein Brückeninstitut mit dem Ziel, Kapital für das Brückeninstitut bereitzustellen, oder (ii) auf ein im Rahmen des Instruments der Unternehmensveräußerung oder des Instruments der Ausgliederung von Vermögenswerten übertragenen wurden, angewendet wird.

160 Sofern die Abwicklungsbehörde das Bail-in-Instrument für den in Art. 43 Abs. 2 lit. a) BRRD genannten Zweck einsetzt, soll zudem gem. 43 Abs. 3 BRRD von den Mitgliedstaaten gewährleistet werden, dass das Instrument nur zur Anwendung kommt, wenn die begründete Aussicht besteht, dass seine Anwendung zusammen mit anderen einschlägigen Maßnahmen über die Verwirklichung wesentlicher Abwicklungsziele hinaus auch zur Wiederherstellung der finanziellen Solidität und der langfristigen Existenzfähigkeit des jeweiligen Instituts dient.[542] Zudem muss gem. Art. 43 Abs. 4 BRRD darauf geachtet werden, dass die Abwicklungsbehörden das Bail-in-Instrument unter Beachtung der jeweiligen Rechtsform auf alle Institute anwenden, wobei sie, falls nötig, auch die Rechtsform des jeweiligen Instituts ändern können.

161 Darüber hinaus sollen die Mitgliedstaaten gem. Art. 44 Abs. 1 BRRD auch dafür sorgen, dass das Bail-in-Instrument auf alle Verbindlichkeiten des Instituts anzuwenden ist, sofern sie nicht nach Art. 44 Abs. 2 oder 3 BRRD vom Anwendungsbereich des Instruments ausgeschlossen sind. Nach Art. 44 Abs. 2 BRRD sind u. a. gedeckte Einlagen, besicherte Verbindlichkeiten, Verbindlichkeiten aus der Verwaltung von Kundenvermögen und Kundengeldern oder aus gewissen Treuhandverhältnissen sowie grundsätzlich auch Obligationen gegenüber Instituten mit einer Ursprungslaufzeit von weniger als sieben Tagen nicht bail-in-fähig. Über die in Abs. 2 vom Bail-in ausgeschlossenen Verbindlichkeiten hinaus kann die Abwicklungsbehörde nach Art. 44 Abs. 3 BRRD in Ausnahmefällen

542 S. auch Europäische Kommission, Vorschlag für eine Richtlinie zur Sanierung und Abwicklung von Kreditinstituten v. 12.12.2012, COM(2012) 280 final/3, Erwägungsgrund 46.

auch weitere Verbindlichkeiten ganz oder teilweise aus dem Anwendungsbereich des Bail-in-Instruments nehmen, sofern die in Art. 44 Abs. 3, 9, 12 BRRD genannten Voraussetzungen erfüllt sind.

Damit die Anwendung des Bail-in-Instruments nicht aufgrund mangelnder Eigenmittel und Bail-in-fähiger Verbindlichkeiten scheitert, verlangt Art. 45 Abs. 1 S. 1 BRRD von den Mitgliedstaaten zudem die Einführung entsprechender *Mindestanforderungen*, die als prozentualer betraglicher Anteil an Eigenmitteln und berücksichtigungsfähigen Verbindlichkeiten an der Summe der gesamten Verbindlichkeiten und Eigenmitteln des Instituts berechnet werden sollen.[543] **162**

Kommt es zur Anwendung des Bail-in-Instruments nach Art. 43 Abs. 2 BRRD oder zur Herabschreibung oder Umwandlung von relevanten Kapitalinstrumenten gem. Art. 59 BRRD, soll gem. Art. 47 Abs. 1 BRRD darauf geachtet werden, dass die Abwicklungsbehörden die bestehenden Anteile oder andere Eigentumstitel löschen oder auf am Bail-in beteiligte Gläubiger übertragen können. **163**

In Bezug auf die Forderungsrangfolge im Rahmen der Anwendung des Bail-in-Instruments sieht Art. 48 BRRD eine das nationale Insolvenzrecht ergänzende bzw. auch ersetzende Rangfolge vor.[544] Danach sollten grundsätzlich Forderungen der Anteilsinhaber vor den Forderungen nachrangiger Gläubiger ausgeschöpft werden, bevor die Abwicklungsbehörden bei vorrangigen Forderungen Verluste durchsetzen. **164**

Um dieses Instrument effektiv einsetzen zu können, beauftragt Art. 53 Abs. 1, 2 BRRD die Mitgliedstaaten dazu, die Wirksamkeit der Behördenentscheidungen im Rahmen des Bail-in-Instruments und die unmittelbare Bindung dieser Entscheidung für das in Abwicklung befindliche Institut sowie für die betroffenen Gläubiger und Anteilseigner sicherzustellen. Dabei sollen die Mitgliedstaaten die Abwicklungsbehörden auch dazu ermächtigen, alle für die Wahrnehmung ihrer in diesem Zusammenhang genannten Befugnisse notwendigen Verwaltungs- und Verfahrensschritte (selbst) durchzuführen, oder ihre Durchführung zu verlangen. **165**

543 Art. 45 Abs. 2 BRRD beauftragt die EBA zur Ausarbeitung technischer Regulierungsstandards, die sie in Entwurfsform der Europäischen Kommission vorzulegen hat.

544 So *Chattopadhyay*, WM 2013, 405, 412 noch in Bezug auf Art. 43 BRRD-E in der Fassung des ursprünglichen Kommissionsverschlags v. 12.12.2012.

bb) Die Befugnis zur Herabschreibung und Umwandlung nach Art. 59 Abs. 2 BRRD

166 Art. 47 Abs. 1 sowie Art. 53 Abs. 1, 2 BRRD gelten in Teilen auch für die Befugnis der Behörde zur Herabsetzung sowie Umwandlung relevanter Kapitalinstrumente gem. Art. 59 Abs. 2 BRRD, so dass die Behörde auch in diesem Zusammenhang Gesellschaftsanteile oder andere Eigentumstitel löschen oder übertragen können soll. Dabei sind insbesondere auch hier die Wirksamkeit sowie die unmittelbare Bindung der Behördenentscheidung für die beteiligten Parteien von den Mitgliedstaaten sicherzustellen.

167 Nach Art. 59 Abs. 1 BRRD kann die durch Art. 59 Abs. 2 BRRD eingeräumte Befugnis sowohl unabhängig von einer Abwicklungsmaßnahme, gem. der Begriffsbestimmung des Art. 2 Abs. 1 Nr. 101 BRRD etwa als Krisenpräventionsmaßnahme, oder aber auch zusammen mit einer solchen ausgeübt werden, sofern im letzteren Fall die Voraussetzungen der Art. 32 und 33 BRRD erfüllt sind. Die Behörde muss gem. Art. 59 Abs. 3 BRRD jedenfalls dann von dieser Befugnis Gebrauch machen, wenn festgestellt wurde, dass die Voraussetzungen für eine Abwicklung nach den Art. 32, 33 BRRD erfüllt wurden, jedoch noch keine Abwicklungsmaßnahme eingeleitet wurde oder aber das betroffene Institut ohne die Ausübung der Befugnis zur Herabschreibung und Umwandlung der relevanten Kapitalinstrumente nicht weiter existenzfähig ist. Wann dies der Fall ist, richtet sich nach Art. 59 Abs. 4 BRRD, der sich wiederum an Art. 32 Abs. 1 lit. a) und lit. b), Abs. 4 BRRD orientiert. Einzig das Merkmal des öffentlichen Interesses nach Art. 32 Abs. 1 lit. c) in Verbindung mit Abs. 5 BRRD bleibt unberücksichtigt, was letztlich konsequent ist, da sich das öffentliche Interesse gem. Art. 32 Abs. 5 BRRD an die Erreichung der Abwicklungsziele nach Art. 31 BRRD richtet und es für die Befugnis nach Art. 59 Abs. 2 BRRD gerade nicht auf das Vorliegen einer Abwicklungssituation ankommt.

168 Wie bei dem Bail-in-Instrument muss die Abwicklungsbehörde auch bei Art. 59 Abs. 2 BRRD vor der Ausübung ihrer Befugnis zur Herabschreibung oder Umwandlung von relevanten Kapitalinstrumenten gem. Art. 59 Abs. 4a BRRD eine Bewertung nach Art. 36 BRRD vornehmen bzw. vornehmen lassen und gem. Art. 60 Abs. 1 BRRD eine Forderungsrangfolge beachten, die im Einklang mit der Rangfolge im Rahmen eines regulären Insolvenzverfahrens steht. Zudem soll die Abwicklungsbehörde neben der dauerhaften Löschung des Forderungsnennwerts gem. Art. 60 Abs. 2 BRRD nach Art. 60 Abs. 3 BRRD auch die Institute dazu verpflichten können, im Rahmen der Umwandlung der relevanten Kapitalinstrumente an ihre Inhaber Instrumente des harten Kernkapitals auszugeben. In diesem Zusammenhang ermächtigt Art. 60 Abs. 4 BRRD die

Abwicklungsbehörde auch dazu, von den Instituten zu verlangen, dass sie jederzeit über die erforderliche Genehmigung zur Ausgabe der relevanten Anzahl an Instrumenten des harten Kernkapitals verfügen.

c) Der Entwurf einer Abwicklungsverordnung

Neben der Abwicklungsrichtlinie plant die Europäische Union auch die Einführung einer AbwicklungsVO.[545] Die Verordnung soll dem (möglicherweise) bestehenden Anreiz nationaler Behörden, ihre Institute im Vorfeld eines Abwicklungsprozesses mit öffentlichen Finanzmitteln zu retten, was zu einer Wettbewerbsverzerrung führen würde, Rechnung tragen.[546] Während mit der BRRD-Richtlinie ein einheitlicher Rechtsrahmen für die gesamte Europäische Union geschaffen werden soll, soll die AbwicklungsVO darüber hinaus für die teilnehmenden Mitgliedstaaten – gem. Art. 4 AbwicklungsVO-E die Staaten des Euro-Währungsgebiets bzw. Staaten, die nach Art. 7 der Verordnung (EU) Nr. 1024/2013 eine enge Zusammenarbeit mit diesen eingegangen sind – eine Maximalharmonisierung im Rahmen des durch die Richtlinie geschaffenen Systems bezwecken, sofern der Anwendungsbereich der Verordnung gem. Art. 2 AbwicklungsVO-E eröffnet ist. 169

Hierzu schafft die AbwicklungsVO gem. Art. 38 Abs. 1 AbwicklungsVO-E mit dem sog. Ausschuss eine weitere Einrichtung der Europäischen Union mit eigener Rechtspersönlichkeit.[547] Nach Art. 87 AbwicklungsVO-E soll der Ausschuss seine ihm im Rahmen der AbwicklungsVO zugedachten Tätigkeiten ab dem 1.1.2015 aufnehmen. In seiner Rolle kann er gem. Art. 25 Abs. 2 AbwicklungsVO-E insbesondere auch den nationalen Abwicklungsbehörden Weisungen zu allen Aspekten der Umsetzung des Abwicklungskonzeptes erteilen. 170

Im Verhältnis zur BRRD-Richtlinie und zum anwendbaren nationalen Recht bestimmt Art. 5 Abs. 3 AbwicklungsVO-E, dass, vorbehaltlich der Bestimmungen der AbwicklungsVO, die nationalen Abwicklungsbehörden der teilnehmenden Mitgliedstaaten auf der Grundlage der durch die BRRD-Richtlinie harmonisierten einschlägigen nationalen Rechtsvorschriften tätig werden. Nach Art. 5 Abs. 1 AbwicklungsVO-E tritt der Ausschuss für die Zwecke der Anwendung der AbwicklungsVO an die Stelle der zuständigen nationalen Abwicklungsbehörde, 171

545 Hierzu bereits oben Rn. 144 ff.

546 S. Erwägungsgrund 4b AbwicklungsVO-E.

547 Weitere Informationen zum Ausschuss, insbesondere über seine Aufgaben, Zusammensetzung, gerichtliche sowie außergerichtliche Vertretung, Finanzierung, seinen allgemeinen Grundsätzen und seinem Sitz, sind Art. 38 ff. AbwicklungsVO-E zu entnehmen.

wenn er Aufgaben oder Befugnisse wahrnimmt, die nach der BRRD-Richtlinie von den nationalen Abwicklungsbehörden eines Mitgliedstaates vorzunehmen wären. Auch soll der Ausschuss gem. Art. 10 AbwicklungsVO-E in Abstimmung mit den zuständigen Behörden, einschließlich der EZB, die gem. Art. 39 BRRD-E (Art. 45 BRRD n.F.) notwendigen Mindestanforderungen an Eigenmittel und abschreibungsfähigen Verbindlichkeiten festlegen.

172 Das Abwicklungsverfahren regelt die Verordnung in Art. 16 Abwicklungs-VO-E. Dabei richten sich die wesentlichen Merkmale der Abwicklung nach der BRRD-Richtlinie. So bestimmen etwa Art. 16 Abs. 3 und 4 AbwicklungsVO-E, dass sich die Bewertung, ob ein Unternehmen als ausfallend oder als wahrscheinlich ausfallend zu betrachten ist, nach Art. 27 Abs. 2 BRRD-E (Art. 32 Abs. 4 BRRD n.F.) richtet, und dass sich der Ausschuss für die Frage, ob das öffentliche Interesse tangiert ist, an den in Art. 27 Abs. 3 BRRD-E (Art. 32 Abs. 5 BRRD n.F.) festgelegten Kriterien zu orientieren hat.[548] Überhaupt stellt die AbwicklungsVO an mehreren Stellen klar, dass sie mit der BRRD-Richtlinie im Einklang stehen soll.[549] So sieht Art. 19 Abs. 2 AbwicklungsVO-E nicht nur dieselben Abwicklungsinstrumente vor, sondern bestimmt in Art. 17 Abwicklungs-VO-E auch, dass, bevor eine Abwicklungsmaßnahme getroffen wird oder die Befugnisse zur Herabschreibung oder Umwandlung von Kapitalinstrumenten[550] ausgeübt wird, der Ausschuss eine faire und realistische Bewertung[551] der Vermögenswerte und Verbindlichkeiten eines Unternehmens im Sinne von Art. 2 AbwicklungsVO-E nach Art. 30 BRRD-E (Art. 36 BRRD n.F.) vorzunehmen hat. Insgesamt gleicht das Abwicklungsverfahren nach der AbwicklungsVO deutlich dem nach der BRRD-Richtlinie.

173 Dies gilt auch für das für diese Arbeit relevante Bail-in-Instrument. So regelt Art. 24 Abs. 1, 3, 5 AbwicklungsVO-E, dass dieses Instrument für die in Art. 37 BRRD-E (Art. 43 BRRD n.F.) festgelegten Zwecke angewandt werden kann, dass die in Art. 38 Abs. 2 BRRD-E (Art. 44 Abs. 2 BRRD n.F.) aufgeführten Verbindlichkeiten nicht Gegenstand einer Abschreibung bzw. einer Umwandlung sein können und dass darüber hinaus weitere Verbindlichkeiten aus dem Anwendungsbereich dieses Instruments unter außergewöhnlichen Umständen gem. Art. 38 Abs. 2a BRRD-E (Art. 44 Abs. 3 BRRD n.F.) ausgeschlossen werden

548 Für weitere Informationen zum Abwicklungsverfahren s. den ausführlichen Art. 16 AbwicklungsVO-E.

549 S. hierzu bereits Rn. 145.

550 Zu diesen, insbesondere zum Ausübungsverfahren, s. Art. 18 AbwicklungsVO-E.

551 Wobei die Neufassung von einer fairen, vorsichtigen und realistischen Bewertung spricht.

können. Ein Unterschied besteht gem. Art. 24 Abs. 2 AbwicklungsVO-E allerdings dahingehend, dass das Bail-in-Instrument offenbar auch dann zur Anwendung kommen soll, wenn die Bedingungen nach Art. 37 Abs. 3 BRRD-E (Art. 43 Abs. 3 BRRD n.F.) zur Rekapitalisierung eines Unternehmens nicht erfüllt sind.[552]

2. *Bail-in vs. CoCo-Bonds*

Sowohl das dargestellte Bail-in-Instrument als auch CoCo-Bonds können zu einem Debt-Equity-Swap bzw. zur Herabschreibung von Verbindlichkeiten führen, wodurch es zu einer verbesserten Anleihegläubigerhaftung kommt. Dennoch dürfen diese Instrumente nicht gleichgesetzt werden. Zwar verfolgen sie grundsätzlich denselben Zweck, nämlich die Stärkung der Finanzsystemstabilität, allerdings unterscheiden sie sich in mehrfacher Hinsicht. Während CoCo-Bonds in der hier vorgeschlagenen Variante marktbasierte Instrumente sind, beruht das Bail-in-Instrument auf eine Entscheidung der Abwicklungsbehörde.[553] Ziel des Bail-in-Instruments ist es dabei, die Bank so zu rekapitalisieren, dass sie restrukturiert und/oder verkauft werden kann. Diese Maßnahme soll daher als letzter Rettungsversuch vor der Insolvenz nur dann in Betracht kommen, wenn alle privatwirtschaftlichen Optionen des Unternehmens ausgeschöpft worden sind.[554] CoCo-Bonds sind derartige privatwirtschaftliche Optionen.[555] 174

Insgesamt ähnelt das Bail-in-Instrument aufgrund des Zeitpunkts seiner Anwendung erst „*sehr kurz*“ vor der Insolvenz[556] erheblich den CoCo-Bonds mit einem niedrigen Trigger. In diesem Zusammenhang wurde bereits darauf hingewiesen, dass für die Finanzmarktstabilität jedoch ein hoher Trigger wünschenswert ist.[557] Im Gegensatz zum Bail-in-Instrument oder den CoCo-Bonds mit einem niedrigen Trigger sollen die hier vorgeschlagenen CoCo-Bonds mit 175

---

552 Näher zum hier nicht relevanten und daher nicht dargestellten Verfahren zur Anwendung des Bail-in-Instruments auf Grundlage der AbwicklungsVO Art. 24 Abs. 5 bis 16 AbwicklungsVO-E.

553 *Zähres*, Deutsche Bank Research v. 15.4.2011 (Fn. 25), S. 3, 16; *Mackinger*, CoCo-Bonds, S. 13.

554 So wie im Übrigen auch die anderen Abwicklungsmaßnahmen, s. Erwägungsgründe 49, 53 und Art. 32 Abs. 1 lit. b) BRRD; s. auch *Zähres*, Deutsche Bank Research v. 15.4.2011 (Fn. 25), S. 16.

555 S. auch Rn. 295.

556 So noch Europäische Kommission, Vorschlag für eine Richtlinie zur Sanierung und Abwicklung von Kreditinstituten v. 12.12.2012, COM(2012) 280 final/3, S. 6, 9; s. aber auch Fn. 525.

557 Zur Höhe des Triggers s. Rn. 69 ff.

einem hohen Trigger als frühe Korrekturmaßnahme und nicht als Notlösung im Rahmen der Liquidation bzw. im Rahmen der Abwicklung eingesetzt werden, sondern bereits im Vorfeld eines solchen Szenarios die Notwendigkeit der Einleitung eines Liquidations- bzw. Abwicklungsverfahrens verhindern. Damit unterscheiden sich die zwei Instrumente bereits von ihrem Zweck her.

176 Darüber hinaus stellt auch die Verantwortlichkeit für die jeweiligen Maßnahmen einen wesentlichen Unterschied dar. Denn während CoCo-Bonds – ganz gleich ob mit hohem oder niedrigem Trigger – selbst dann eine selbstständige ex ante Maßnahme des jeweiligen Instituts darstellen, wenn die Anleihebedingungen an einen regulatorischen Trigger knüpfen, stellt das Bail-in-Instrument immer eine ex post Maßnahme der Abwicklungsbehörde im Rahmen des Abwicklungsverfahrens dar.[558] Dabei gewähren sowohl die Richtlinie als auch die Verordnung den Behörden im Interesse der Systemstabilität einen gewissen (unumgänglichen) Beurteilungsspielraum.[559] So verwenden die Normen unbestimmte Rechtsbegriffe, um diese im Einzelfall zu konkretisieren und der jeweiligen Marktlage gerecht werden zu können. Beispielsweise stellt die Beurteilung der Abwicklungsreife eine Prognoseentscheidung dar, die als Grundvoraussetzung für das Eingreifen der Abwicklungsbehörde der Einschätzung der Behörde unterliegt.[560] Letztlich steht allerdings hinter der Abwicklungsentscheidung, genauso wie bei den CoCo-Bonds mit einem regulatorischen Trigger, immer auch ein politischer Druck,[561] so dass es abzuwarten bleibt, wie die Abwicklungsbehörden im Ernstfall mit ihren neuen Befugnissen und Handlungsinstrumenten umgehen werden.

177 In diesem Zusammenhang ist insbesondere die Änderung des BRRD im Rahmen des Gesetzgebungsverfahrens kritisch zu erwähnen. Waren staatliche Garantien für solvente Finanzinstitute zur Wahrung der Finanzstabilität gem. Art. 27 Abs. 2 lit. d) in der Fassung des ursprünglichen Kommissionsvorschlags zur BRRD-Richtlinie für einen Zeitraum von maximal drei Monaten zulässig, ohne dass ein Abwicklungsverfahren eröffnet werden musste, wurde dies nun durch Art. 32 Abs. 4 lit. d) BRRD n.F. aufgeweicht. Diese neue Regelung ermöglicht jetzt die finanzielle Unterstützung der Banken aus öffentlichen Mitteln zur Abwendung einer schweren Störung der Volkswirtschaft eines Mitgliedstaats und zur Wahrung der Finanzmarktstabilität sowohl in Form einer staatlichen

558 *Zähres*, Deutsche Bank Research v. 15.4.2011 (Fn. 25), S. 17.
559 *Dohrn*, WM 2012, 2033, 2035; *Chattopadhyay*, WM 2013, 405, 409.
560 *Dohrn*, WM 2012, 2033, 2035.
561 S. hierzu im Rahmen der CoCo-Bonds mit einem regulatorischem Trigger Rn. 55 mit entsprechenden Nachweisen.

Garantie für die Liquiditätsfazilitäten und neu emittierten Verbindlichkeiten, als auch in Form einer Zuführung von Eigenkapital oder des Kaufs von Kapitalinstrumenten. Diese Unterstützungsmaßnahmen dürfen nach Art. 32 Abs. 4 lit. d) Abs. 2 S. 2 BRRD nicht der Verlustabsorption dienen und müssen vorbeugend, *vorrübergehend* – womit die genaue Befristung von drei Monaten durch eine vage zeitliche Bestimmung, die weit über drei Monate hinausgehen kann, ersetzt wurde – sowie geeignet sein, den Folgen schwerer Störungen „*abzuhelfen*". Letztlich öffnet diese Aneinanderreihung dehnungsfähiger, unbestimmter Rechtsbegriffe der durch den Steuerzahler finanzierten Rettung der Bankinstitute doch wieder „Tür und Tor". Auch aus diesem Grund ist kaum absehbar, ob die Abwicklungsbehörden im Krisenfall tatsächlich von den ihnen neu zur Verfügung gestellten Befugnissen Gebrauch machen werden oder doch eher aufgrund des politischen Drucks untätig bleiben und – ähnliche wie die Marktteilnehmer – das Eingreifen des Staates abwarten. Bedenklich ist diese Änderung vor allem in Bezug auf die einzudämmende „Staatsgarantie" für Finanzinstitute. Denn sie nährt die Hoffnung darauf, dass die Institute, haben sie erst einmal eine gewisse Größe erreicht, im Zweifel nicht abgewickelt, sondern gerettet werden. Gerade dies verdeutlicht jedoch die Notwendigkeit der Einführung von CoCo-Bonds mit einem hohen Trigger jedenfalls für systemrelevante Institute, da sie durch ihre frühzeitige Wandlung nicht nur zu einer Rekapitalisierung der Banken, sondern vor allem auch zur Beseitigung der für die Institute und ihrer Gläubiger beruhigenden „Staatsgarantie" führen würden.

Dennoch ist die Einführung des Bail-in-Instruments nicht ausschließlich ne- **178**
gativ zu beurteilen. Insbesondere steht dieses Instrument nicht in einem Ausschlussverhältnis zu den CoCo-Bonds, sondern stellt eine sinnvolle Ergänzung zu diesen dar, sofern die Behörde im Krisenfall tatsächlich von ihrer Befugnis Gebrauch macht. Wie gut sich die Instrumente ergänzen, wird bereits an ihren verhaltenssteuernden Aspekten deutlich. So wird davon ausgegangen, dass das Bail-in-Instrument zu einer Verhaltenssteuerung auf Seiten der Investoren führt, die im Wissen einer möglichen Herabschreibung bzw. Umwandlung ihrer Anlage im Rahmen des Abwicklungsverfahrens, bei dem sie insolvenzähnliche Verluste erleiden sollen, das Risiko ihrer Investition genau überdenken werden.[562] Daher ist die Möglichkeit der Herabschreibung beim Bail-in-Instrument – im Gegensatz zu der Herabschreibungsvariante der CoCo-Bonds[563] – auch zu begrüßen. Denn CoCo-Bonds mit einem hohen Trigger werden bereits lange

562 So offenbar Erwägungsgrund 67 BRRD.

563 Zur Kritik an der Herabschreibungsvariante der CoCo-Bonds s. Rn. 48.

bevor es zum Bail-in kommt gewandelt, so dass die Gesellschafter die Verwässerung ihrer Anteile hinnehmen mussten, bevor eine Herabschreibung der Verbindlichkeiten in Frage kommt. Insofern bleibt der Abschreckungseffekt der CoCo-Bonds gewahrt.

179 Hingegen hätten CoCo-Bonds in der hier vorgeschlagenen Ausgestaltungsvariante eine Verhaltenssteuerung auf Seiten des emittierenden Instituts zur Folge.[564] Damit wird durch die Kombination beider Instrumente die Marktdisziplin sowohl auf der Gläubiger- als auch auf der Schuldnerseite gestärkt.

180 Darüber hinaus stellen CoCo-Bonds kein Allheilmittel dar, das die Notwendigkeit einer Insolvenz bzw. einer Abwicklung unter allen Umständen verhindern kann. Sollte ihre Wandlung nicht ausreichen, um die Existenzfähigkeit des betroffenen Instituts zu wahren, so ist es wichtig, dass zumindest die Abwicklung des Instituts möglich ist. Auf der anderen Seite macht die Implementierung eines Abwicklungsverfahrens CoCo-Bonds jedoch nicht obsolet. Insofern weist der Baseler Ausschuss richtigerweise darauf hin, dass selbst bei verbesserten Abwicklungsmöglichkeiten der Ausfall von komplexen, international führenden Banken ein unverhältnismäßig großes Risiko für die Weltwirtschaft darstellt.[565] Auch wenn die Abwicklung solcher Institute grundsätzlich möglich sein muss, muss daher dennoch bereits im Vorfeld versucht werden, die Entstehung der Abwicklungssituation zu verhindern – etwas, wofür sich der Einsatz von CoCo-Bonds mit einem hohen Trigger geradezu anbietet. Ist der Verlust derart hoch, dass die Wandlung der CoCo-Bonds diesen nicht absorbieren kann, so dass das Institut kurz vor der Insolvenz steht, können darüber hinaus die restlichen Bail-in-fähigen Forderungen herabgeschrieben bzw. in Teile des harten Kernkapitals umgewandelt werden. Dabei hat das Bail-In-Instrument gegenüber den CoCo-Bonds mit einem niedrigen Trigger den Vorteil, dass es gem. Art. 44 Abs. 1 BRRD auf alle Verbindlichkeiten eines Instituts angewendet werden kann, sofern diese nicht nach Art. 44 Abs. 2 und 3 BRRD von seinem Anwendungsbereich ausgenommen sind. Aus diesem Grund sollte das Bail-in-Instrument ausschließlich mit CoCo-Bonds verbunden werden, die mit einem hohen Trigger ausgestattet sind. Die jetzige Rechtslage nach der CRR-VO[566] fördert allerdings einen niedrigen (bilanzwertorientierten) Trigger. Ob solche Anleihen beim Vorhandensein eines Bail-in-Instruments tatsächlich sinnvoll sind, muss

564 S. hierzu Rn. 46 f., 114.

565 *BCBS*, Global systemrelevante Banken: Aktualisierte Bewertungsmethodik und Anforderungen (Fn. 7), Ziff. 6.

566 S. hierzu Rn. 68, 71.

bezweifelt werden, da so ausgestaltet beide Instrumente denselben Zweck verfolgen und zu einem ähnlichen Zeitpunkt zur Wandlung bzw. zur Herabschreibung führen würden.

3. *Auswirkungen der Befugnis nach Art. 59 Abs. 2 BRRD auf CoCo-Bonds*

Nach Art. 52 Abs. 1 lit. n), 54 CRR-VO sind CoCo-Bonds unter bestimmten Voraussetzungen auch als Elemente des zusätzlichen Kernkapitals zu qualifizieren. Damit bezieht sich die Befugnis der Behörde zur Herabschreibung und Umwandlung von relevanten Kapitalinstrumenten auch auf CoCo-Bonds.[567] Interessanterweise hat der Normgeber zwar darauf verzichtet, einen regulatorischen Trigger für derartige Anleihen zur Anerkennung als Eigenkapitalinstrument zu verlangen, diesen jedoch quasi durch die Hintertür des Art. 59 Abs. 2 BRRD fest installiert. Für die Praxis bedeutet dies, dass selbst wenn Anleihebedingungen einen einfachen Trigger, der sich etwa entsprechend der Vorgaben des Art. 54 Abs. 1 CRR-VO ausschließlich an Bilanzwerten orientiert, vorsehen, faktisch immer ein dualer Trigger vorliegen wird. Denn die Befugnis der Abwicklungsbehörde nach Art. 59 Abs. 2 BRRD ist insoweit unabhängig von den konkreten Anleihebedingungen, insbesondere von den hier aufgenommen Bestimmungen zum Wandlungsauslöser. **181**

Die Probleme, die mit einem regulatorischen Trigger einhergehen,[568] bestehen allerdings unabhängig davon, ob die Behörde ihre Befugnis zur Herabschreibung oder zur Wandlung des Kapitalinstruments auf eine vertragliche oder eine gesetzliche Grundlage stützen kann. Daher ist auch hier davon auszugehen, dass die Befugnis nach Art. 59 Abs. 2 BRRD aufgrund des hinter einer solchen Entscheidung stehenden politischen Drucks wohl eher nicht ausgeübt wird.[569] **182**

4. *Verhältnis zu den deutschen Restrukturierungsgesetzen*

Die genannten Regulierungen sind dem deutschen Recht nicht völlig unbekannt. Vielmehr knüpft die BRRD-Richtlinie an die Restrukturierungsgesetze an, die in Deutschland bereits 2008 formuliert und umgesetzt wurden und seit 2012 aufgrund der Mindestanforderungen der BaFin an die Sanierungspläne national **183**

567 Zu Art. 59 Abs. 2 BRRD s. Rn. 166 ff.

568 S. zu diesen oben Rn. 55.

569 Zur Kritik an einem regulatorischen CoCo-Bond-Trigger s. Rn. 55.

systemrelevanter Banken (MaSan)[570] praktische Bedeutung erhalten haben.[571] Sowohl die Restrukturierungsgesetze als auch die im Richtlinienentwurf aufgezeigten Abwicklungsinstrumente zielen vor allem darauf ab, wichtige Bankenfunktionen im öffentlichen Interesse aufrecht zu erhalten, während die übrigen Teile der Bank auf Anordnung der Aufsicht restrukturiert oder liquidiert werden können.[572] Die Abwicklungsinstrumente der Richtlinie sind jedoch vielfältiger als die des Restrukturierungsgesetzes. Insbesondere ist dem deutschen Recht ein Bail-in in der von der BRRD-Richtlinie vorgeschlagenen Form unbekannt.[573] Zwar ist hier die Möglichkeit eines Debt-Equity-Swaps mittlerweile in § 5 Abs. 3 Nr. 5 SchVG, § 225a Abs. 2 InsO bzw. § 9 Abs. 1 KredRorG vorgesehen, jedoch kommt es im Rahmen der Wandlung maßgeblich auf den Willen der Gläubiger an.[574] Demgegenüber können die Instrumente der Abwicklungsrichtlinie völlig unabhängig vom Willen der Gesellschafter oder der Gläubiger zur Anwendung kommen.

184 Auch wenn Deutschland als teilnehmender Mitgliedstaat dem Geltungsbereich der AbwicklungsVO unterliegt, ist aufgrund derartiger Abweichungen und des Umstands, dass die AbwicklungsVO immer wieder auf die durch die Richtlinie geschaffenen Befugnisse Bezug nimmt, davon auszugehen, dass das Restrukturierungsgesetz bzw. die betroffenen Einzelgesetze durch die Umsetzung der BRRD-Richtlinie in Teilen geändert und angepasst werden.[575]

---

570 Mittlerweile in der Fassung v. 25.4.2014, BaFin-Rundschreiben 3/2014 (BA) – Mindestanforderungen an die Ausgestaltung von Sanierungsplänen (MaSan).

571 *Rudolph*, in: Groß/Pfingsten (Hrsg.), Finanzmarktkrisen, ZfbF Sonderheft 67/2013, S. 97, 101; näher hierzu auch *Wulfken*, Kreditwesen 2012, 1054, 1055 f., der in diesem Zusammenhang davon spricht, dass die Richtlinie *„in Teilen den deutschen Restrukturierungsgesetz nachgebildet“* ist.

572 *Rudolph*, in: Groß/Pfingsten (Hrsg.), Finanzmarktkrisen, ZfbF Sonderheft 67/2013, S. 97, 101 f.

573 Zu den gemeinsamen sowie unterschiedlichen Abwicklungsinstrumenten des Restrukturierungsgesetzes und des BRRD-E s. *Wulfken*, Kreditwesen 2012, 1054, 1056.

574 Die Zustimmung der Gläubiger zum Debt-Equity-Swap im Rahmen des Reorganisationsplans kann noch nicht einmal nach § 19 Abs. 2 KredReorgG ersetzt werden, s. Boos/Fischer/Schulte-Mattler/*Fridgen*, KWG, § 9 KredReorgG Rn. 3; daher spricht *Chattopadhyay*, WM 2013, 405, 412 in diesem Zusammenhang auch von einem *„Novum“* im deutschen Recht.

575 So auch *Wulfken*, Kreditwesen 2012, 1054, 1055 f.; für weitere Unterschiede zwischen dem Entwurf der BRRD-Richtlinie und dem deutschen Restrukturierungsgesetz s. *Wulfken* aaO; s. auch *Dohrn*, WM 2012, 2033.

II. Die Baseler Regelwerke

Der bei der Bank für Internationalen Zahlungsausgleich (BIZ) angesiedelte Baseler Ausschuss für Bankenaufsicht (Basel Committee on Banking Supervision nachfolgend Baseler Ausschuss bzw. in den Fußnoten BCBS) wurde 1974 als Reaktion auf die international spürbaren Verwerfungen im Zuge der Insolvenz des Kölner Bankhauses *Herstatt* als freiwilliger Zusammenschluss der Zentralbanken und Bankaufsichts-behörden der G10-Staaten gegründet und erarbeitet in dieser Eigenschaft unter anderem Richtlinien und Empfehlungen für die Bankenaufsicht.[576] Trotz der fehlenden rechtlichen Verbindlichkeit seiner Ausarbeitungen bilden die Beschlüsse des Baseler Ausschusses als sog. soft law die Grundlage für Rechtsakte der Europäischen Union zur Bankenaufsicht und damit auch für nationale Regelwerke.[577] Schätzungsweise haben bereits mehr als 100 Länder bei der Gestaltung und Strukturierung der Bankenaufsicht die Empfehlungen des Baseler Ausschusses berücksichtigt, so dass in der Tat einiges für die Annahme spricht, dass die Baseler Regelwerke das globale Finanzsystem prägen.[578] **185**

1. Die Baseler Regelwerke

Von besonderer Bedeutung sind die sog. Basel I-III Regelwerke. Einleitend soll im Folgenden ein grober Überblick über Basel I und II dargeboten werden, bevor intensiv auf Basel III, das die Lehren der im Jahr 2008 ausgebrochenen Finanzmarktkrise aufarbeiten soll, eingegangen wird. **186**

a) Basel I und II

Bereits Basel I sollte durch die differenzierte Berechnung des Mindesteigenkapitals von 8 % die Stabilität der Banken insbesondere in Krisenzeiten sicherstellen. Hierzu wurde vor allem ein Gewichtungsschema zur Berücksichtigung des Risikogrades der aufgenommenen Verbindlichkeiten entwickelt, womit sich das **187**

576 *Burgard/Heimann* in: Dauses (Hrsg.), HdB des EU-Wirtschaftsrechts, 35. EL (Stand: 2/2014), E. IV. Bankrecht Rn. 197; *Hilke*, Risiko und Bankenaufsicht, Diss. Göttingen 2013, S. 39.

577 *Blaurock*, JZ 2012, 226, 227; *Burgard/Heimann* in: Dauses (Hrsg.), HdB des EU-Wirtschaftsrechts, 35. EL (Stand: 2/2014), E. IV. Bankrecht Rn. 197; *Schmitt*, BB 2011, 105 f.; ähnlich *Müller-Graff*, EuR 2012, 18, 19 f.; allgemein zum sog. Soft-Law *Weber-Rey*, ZGR 2010, 543, 554 ff.

578 *Hilke*, Risiko und Bankenaufsicht, Diss. Göttingen 2013, S. 39 mwN.

jeweils eingegangene Risiko auf die Anforderungen zum Mindesteigenkapital durchschlägt.[579]

188 Dieses vom Baseler Ausschuss 1988 veröffentlichte und 1992 in Kraft getretene System wurde auf Drängen der Banken durch die Basel I Novelle 1996[580] geändert und die strikt gefassten Vorgaben des Gewichtungsschemas zur Berücksichtigung des Risikogrades durch bankeninterne Risikomodelle ersetzt.[581] Auch sollten die bislang nur das Ausfallrisiko berücksichtigenden Vorgaben nun anderen Risiken Beachtung schenken, insbesondere dem Marktrisiko.[582] Dementsprechend sollten Banken nicht mehr allein einen Puffer zur Abdeckung der Verlustgefahr aus dem Kreditgeschäft aufbauen, sondern auch zur Deckung von Marktpreisschwankungen der von ihnen gehaltenen Finanzinstrumente.[583] Dabei wurden die in Basel I vorgesehenen Risikoklassen jedoch nicht gänzlich aufgegeben, sondern lediglich den Banken die Möglichkeit eingeräumt, das aufgenommene Risiko selbst einer Risikoklasse zuzuteilen. Hierbei wurden die Risikoklassen derart grob gestaltet, dass selbst unterschiedliche Risiken jedenfalls in Bezug auf die Eigenkapitalunterlegung gleich behandelt werden konnten. Dies hatte zur Folge, dass Kreditinstitute innerhalb einer Risikogruppe aufgrund der Rentabilität der Investition bonitätsschwache Kunden, die einen höheren Zinssatz zu leisten hatten, gegenüber bonitätsstarke Kunden bevorzugten.[584]

189 Um dieser unglücklichen Entwicklung Einhalt zu gebieten, hatten sich Vertreter der Banken und der Regierungen im Juni 2004 auf ein weiteres Baseler Abkommen, das sog. Basel II,[585] geeinigt, das u. a. die Risikoklassen und das Gewichtungsschema, mit dessen Hilfe die Risikopositionen zu berechnen sind, detailliert definiert.[586] Insgesamt beruhte Basel II auf drei Säulen, die zur Stärkung

---

579 Zu Basel I s. bereits oben unter Rn. 29 f.

580 *BCBS*, Änderungen der Eigenkapitalvereinbarung zur Einbeziehung der Marktrisiken v. 1996 (Fn. 137).

581 *Sinn*, Kasino Kapitalismus, S. 194 f.

582 *Hilke*, Risiko und Bankenaufsicht, Diss. Göttingen 2013, S. 40 mwN.

583 *Hilke*, Risiko und Bankenaufsicht, Diss. Göttingen 2013, S. 40; *Rudolph*, ZHR 175 (2011), 284, 289.

584 *Sinn*, Kasino Kapitalismus, S. 195.

585 *BCBS*, Internationale Konvergenz der Eigenkapitalmessung und der Eigenkapitalanforderungen v. 6/2004 (nachfolgend Basel II), abrufbar unter: http://www.bis.org/publ/bcbs107ger.pdf (zuletzt abgerufen am 3.7.2014).

586 *Sinn*, Kasino Kapitalismus, S. 195; wobei im Juli 2009 eine Reihe wesentlicher Reformen an der Rahmenvereinbarung Basel II vorgenommen wurden, s. hierzu überblickmäßig *BCBS*, Basel III: Ein globaler Regulierungsrahmen für widerstandsfähige Banken (Fn. 23), Ziff. 12.

der Marktdisziplin beitragen sollten:[587] Zum einen wurden Regelungen für die Ermittlung der Eigenkapitalanforderungen formuliert und der bankaufsichtsrechtliche Eigenkapitalbegriff festgelegt (Säule I). Zum anderen wurde das bankaufsichtsrechtliche Überprüfungsverfahren geregelt (Säule II) und schließlich wurden unter dem Schlagwort der Marktdisziplin Offenlegungsanforderungen festgelegt (Säule III). Im Wesentlichen folgte die EU diesen Empfehlungen des Baseler Ausschusses und setze sie durch die Richtlinie 2006/48/EG um.

b) Überarbeitung der Eigenkapitaldefinition nach Basel III

Die verheerenden Auswirkungen der Finanzmarktkrise deckten allerdings wei- **190**
teren Handlungsbedarf auf,[588] so dass international an einem neuen Regelungsstandard gearbeitet werden musste. Daher kamen die wichtigsten Industrie- und Schwellenländer, die sog. G20, im September 2009 auf dem *Pittsburgh Summit*[589] zusammen und einigten sich auf ein weitreichendes Maßnahmenpaket zur Wiederherstellung des Vertrauens in die Märkte und zur Begrenzung der Tragweite künftiger Krisen, das später im Juni 2010 auf dem G20 Treffen in Toronto[590] weiter konkretisiert und schließlich am 12.11.2010 auf dem Gipfel in Seoul[591] angenommen wurde.[592] Nachdem die G20 in Seoul positiv über den Reformvorschlag des Baseler Ausschusses entschieden hatten, der die auf den G20 Treffen identifizierten Schwachstellen aufgegriffen hatte und beseitigen wollte, hat der Baseler Ausschuss im Dezember 2010 sowohl einen globalen Regulierungsrahmen für widerstandsfähigere Banken und Banksysteme[593] als auch eine internationale Rahmenvereinbarung über die Messung, Standards und Überwachung des Liquiditätsrisikos[594] veröffentlicht. Mit diesem sog. Basel III-Regelwerk will der Baseler Ausschuss die

587 Zu diesen s. *BCBS*, Basel II (Fn. 585), Ziff. 19, 40 ff., 719 ff., 808 ff.

588 S. zu den Erkenntnissen der Finanzmarktkrise s. Rn. 22 ff.

589 S. Erklärung der G20 beim Gipfeltreffen in Pittsburgh v. 24./25.9.2009, abrufbar unter: http://www.bundesregierung.de/Content/DE/StatischeSeiten/Breg/G8G20/Anlagen/G20-erklaerung-pittsburgh-2009-de.html (zuletzt abgerufen am 3.7.2014).

590 Erklärung der G20 beim Gipfeltreffen in Toronto v. 26./27.6.2010 (Fn. 492).

591 Erklärung der G20 beim Gipfeltreffen in Seoul v. 11./12.11.2010, abrufbar unter: http://www.bundesregierung.de/Content/DE/StatischeSeiten/Breg/G8G20/Anlagen/G20-seoul-gipfelerklaerung-de.html (zuletzt abgerufen am 3.7.2014).

592 *Schulte-Mattler/Manns*, WM 2011, 2069.

593 *BCBS*, Basel III: Ein globaler Regulierungsrahmen für widerstandsfähige Banken (Fn. 23).

594 *BCBS*, Basel III: Internationale Rahmenvereinbarung über Messung, Standards und Überwachung in Bezug auf das Liquiditätsrisiko, abrufbar unter: http://www.bis.org/publ/bcbs188_de.pdf (zuletzt abgerufen am 3.7.2014).

Widerstandsfähigkeit des Bankensektors stärken und empfiehlt dabei insbesondere strengere globale Regeln für die Eigenkapital- und Liquiditätsausstattung der Banken.[595] Dieses Ziel soll durch strengere Definition für die Anerkennungsfähigkeit von Kapitalinstrumenten als regulatorisches Eigenkapital, durch die Einführung einer Höchstverschuldungsgrenze (sog. *Leverage Ratio*), die den Aufbau übermäßiger Fremdfinanzierung eindämmen und einen zusätzlichen Schutz vor Modellrisiken und Messfehlern bieten soll,[596] sowie durch die ab 2013 stufenweise Einführung höherer Kernkapitalquoten erreicht werden. Insgesamt modifiziert und ergänzt dieses „Paket" das weiterhin gültige Basel II-Regelwerk.[597]

191 Die neuen Baseler Regelungen unterscheiden dabei als Kategorien des regulatorischen Eigenkapitals zwischen dem Kernkapital (Tier 1 Capital), das sich aus dem harten Kernkapital (Common Equity Tier 1) und dem zusätzlichen Kernkapital (Additional Equity Tier 1) zusammensetzt, und dem Ergänzungskapital (Tier 2 Capital), die zusammen das Gesamtkapital bilden.[598] Während dem Kernkapital die Aufgabe zukommt, die Fortführung des Geschäftsbetriebs sicherzustellen (sog. Going-Concern-Kapital), soll das Ergänzungskapital den Insolvenzfall absichern (sog. Gone-Concern-Kapital).[599] Für die Klassifizierung in die einzelnen Kategoriestufen hat der Baseler Ausschuss zudem genaue Definitionen sowie einen Kriterienkatalog veröffentlicht.[600] Demnach soll das harte

---

595 *BCBS*, Basel III: Ein globaler Regulierungsrahmen für widerstandsfähige Banken (Fn. 23), Ziff. 1, wobei in Ziff. 2 darauf hingewiesen wird, dass mit dem Reformpaket auch eine Verbesserung des Risikomanagements und der Unternehmensführung von Banken sowie eine größere Transparenz einhergehend mit einer vermehrten Offenlegung bezweckt werden. Für einen allgemeinen Überblick zu den Baseler Reformplänen s. *BCBS*, Antwort des Basler Ausschusses für Bankenaufsicht auf die Krise, abrufbar unter: http://www.bis.org/publ/bcbs179_de.pdf (zuletzt abgerufen am 3.7.2014).

596 *BCBS*, Basel III: Ein globaler Regulierungsrahmen für widerstandsfähige Banken (Fn. 23), Ziff. 7.

597 *Hilke*, Risiko und Bankenaufsicht, Diss. Göttingen 2013, S. 42; *Schulte-Mattler/Manns*, WM 2011, 2069; für die möglichen Auswirkungen von Basel III auf den Mittelstand s. etwa *Schmitt*, BB 2011, 105, 107 ff.

598 Erstmals wurde das Gesamtkapital in Kern- und Ergänzungskapital durch Basel I untergliedert. Basel III modifizierte die Basel I Regelungen jedoch durch die quantitative sowie qualitative Anhebung der Kapitalanforderungen, insbesondere des Kernkapitals.

599 *BCBS*, Basel III: Ein globaler Regulierungsrahmen für widerstandsfähige Banken (Fn. 23), Ziff. 49; s. zur Trennung zwischen dem Going-Concern- und dem Gone-Concern-Kapital auch *Schäfer*, ZHR 175 (2011), 319, 335.

600 S. hierzu *BCBS*, Basel III: Ein globaler Regulierungsrahmen für widerstandsfähige Banken (Fn. 23), Ziff. 49 ff.

Kernkapital aus Stammaktienkapital bzw. dem diesem entsprechenden Kapital bei Nichtaktiengesellschaften und das restliche Kernkapital aus nachrangigen Instrumenten bestehen, die mit rein diskretionären, nicht kumulativen Dividenden oder Kupons versehen sind und weder einen Fälligkeitstermin noch einen Anreiz zur Tilgung enthalten.[601] Demgegenüber setzt sich das Ergänzungskapital vor allem aus langfristigen Nachrangverbindlichkeiten zusammen.[602] Sog. Drittrangmittel, die nicht zur Deckung von Marktrisiken verwendet werden dürfen, verlieren ihre Anrechenbarkeit auf das Ergänzungskapital.[603]

Abbildung 1: Überarbeitung der Eigenkapitaldefinition nach Basel III.[604]

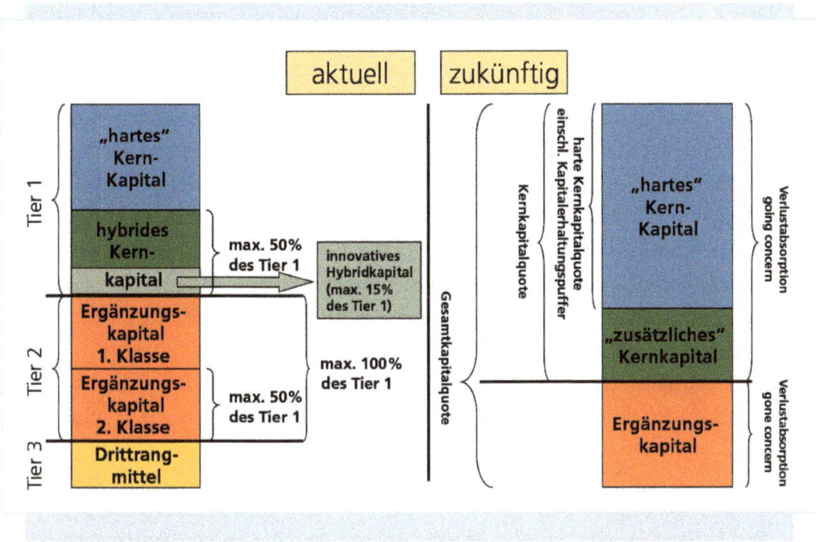

601 *BCBS*, Basel III: Ein globaler Regulierungsrahmen für widerstandsfähige Banken (Fn. 23), Ziff. 9.

602 S. *Deutsche Bundesbank*, Basel III – Leitfaden (Fn. 158), S. 15; wesentlich für die Einordnung als Ergänzungskapital ist die Erfüllung des Kriterienkatalogs in *BCBS*, Basel III: Ein globaler Regulierungsrahmen für widerstandsfähige Banken (Fn. 23), Ziff. 57.

603 *BCBS*, Basel III: Ein globaler Regulierungsrahmen für widerstandsfähige Banken (Fn. 23), Ziff. 9.

604 Quelle: *Deutsche Bundesbank*, Basel III – Leitfaden (Fn. 158), S. 10, dortige Grafik 1: Überarbeitung der Eigenkapitaldefinition, wobei sich der in der Grafik als „aktuell" bezeichnete Zeitraum auf die Eigenkapitalanforderungen vor der Umsetzung des Basel III-Regelwerks bezieht.

c) Erhöhung der Eigenkapitalanforderungen bei zeitgleicher Verringerung der Prozyklizität

192 Ferner hat der Baseler Ausschuss mit dem neuen Baseler Regelwerk die Mindestkapitalquoten von Banken hochgesetzt. Besondere Bedeutung hat dabei das harte Kernkapital als qualitativ höchststehende Komponente des Eigenkapitals erlangt.[605] Seit dem 1.1.2013 sollen Banken jederzeit hartes Kernkapital[606] in Höhe von 3,5 %, zusätzliches Kernkapital[607] in Höhe von 4,5 % und ein Gesamtkapital (Kernkapital plus Ergänzungskapital[608]) in Höhe von 8 % der risikogewichteten Aktiva (RWA) vorhalten. In den folgenden Jahren sollen diese Quoten sodann schrittweise angehoben werden. So soll das harte Kernkapital, das bereits mit dem 1.1.2013 von 2 % auf 3,5 % angehoben wurde, anschließend bis zum 1.1.2015 jährlich um 0,5 % erhöht werden, so dass Banken ab dem 1.1.2015 eine harte Kernkapitalquote von 4,5 % zu erfüllen haben. Parallel hierzu steigt die Quote des zusätzlichen Kernkapitals am 1.1.2014 von 4,5 % auf 5,5 % und am 1.1.2015 dann weiter auf 6 %, währenddessen das Verhältnis des Gesamtkapitals zu den RWA über den gesamten Zeitraum unverändert bei 8 % liegt.[609] Das Ergänzungskapital stellt immer die Differenz zwischen den Mindestanforderungen für das Gesamtkapital und denen für das Kernkapital dar und kann sowohl durch Ergänzungskapital als auch durch höhere Formen des Kapitals unterlegt werden.[610] Hierdurch verringert sich offensichtlich die Bedeutung des Ergänzungskapitals für die Erfüllung der Gesamtkapitalquote.[611]

193 Darüber hinaus nimmt sich der Baseler Ausschuss mit Basel III auch der prozyklischen Wirkung der Eigenkapitalregeln an,[612] um das oben beschriebene

605 *BCBS*, Basel III: Ein globaler Regulierungsrahmen für widerstandsfähige Banken (Fn. 23), Ziff. 48.

606 Zu den Elementen des harten Kernkapitals s. *BCBS*, Basel III: Ein globaler Regulierungsrahmen für widerstandsfähige Banken (Fn. 23), Ziff. 52 ff.

607 Zu den Elementen des zusätzlichen Kernkapitals s. *BCBS*, Basel III: Ein globaler Regulierungsrahmen für widerstandsfähige Banken (Fn. 23), Ziff. 54 ff.

608 Zu den Elementen des Ergänzungskapitals s. *BCBS*, Basel III: Ein globaler Regulierungsrahmen für widerstandsfähige Banken (Fn. 23), Ziff. 57 ff.

609 *BCBS*, Basel III: Ein globaler Regulierungsrahmen für widerstandsfähige Banken (Fn. 23), Ziff. 50 sowie Ziff. 94 lit. a) und b).

610 *BCBS*, Basel III: Ein globaler Regulierungsrahmen für widerstandsfähige Banken (Fn. 23), Ziff. 94 lit. b).

611 So auch *Schlitt/Brandi/Schröder/Gemmel/Ernst*, CFL 2011, 105, 120.

612 *BCBS*, Basel III: Ein globaler Regulierungsrahmen für widerstandsfähige Banken (Fn. 23), Ziff. 7, 13 f., 18 ff.

„Regulierungsparadoxon"[613] zu korrigieren. Als eine der Lehren aus der Krise hält es der Baseler Ausschuss für *„äußerst wichtig* [...], *dass der Bankensektor in Zeiten übermäßig hohen Kapitalwachstums schützende Eigenkapitalpolster aufbaut."*[614] Wie es der Wortlaut dieser Ausführungen vermuten lässt (*„schützende"* und nicht *„schützendes"* Eigenkapitalpolster), verlässt sich der Baseler Ausschuss dabei nicht ausschließlich auf eine einzige Eigenkapitalkomponente. Vielmehr besteht sein Konzept zur Verringerung der Prozyklizität der Eigenkapitalvorschriften aus zwei Elementen: Zum einen sollen die Institute zukünftig ein Kapitalerhaltungspolster (sog. *Capital Conversion Buffer*) vorhalten, das in Krisenzeiten abgeschmolzen werden darf, ohne dass die Aufsichtsbehörden Sanktionen gegen das Institut einleiten können. Lediglich die vollständige oder teilweise Untersagung der Gewinnausschüttungen an die Gesellschafter soll die Behörde in derartigen Fällen anordnen können. Zum anderen sollen die Aufsichtsbehörden die Möglichkeit bekommen, in Zeiten exzessiven Kreditwachstums den Ausbau eines sog. antizyklischen Puffers (sog. *Countercyclical Buffer*) von den einzelnen Instituten verlangen zu können, der aus hartem Kernkapital oder anderen Kapitalbestandteilen bestehen muss.[615] Das Kapitalerhaltungspolster soll dabei über die regulatorische Mindesteigenkapitalquote hinaus 2,5 % der RWA ausmachen,[616] wobei der Baseler Ausschuss ausdrücklich darauf hinweist, dass hartes Kernkapital zunächst auf die Mindesteigenkapitalanforderungen anzurechnen ist, d. h. auf die harte Kernkapitalquote, auf das zusätzliche Kernkapital und auf das Ergänzungskapital. Erst wenn die Anforderungen an diese Kapitalelemente in voller Höhe erfüllt worden sind, kann das verbleibende harte Kernkapital auf das Kapitalerhaltungspolster angerechnet werden.[617] Wird die vorgesehene Quote von 2,5 % Kapitalerhaltungspolster unterschritten, kommt es zur genannten Beschränkung der Kapitalausschüttung, wobei die Beschränkung umso strenger ausfällt, je weiter die Bank von der Mindestquote entfernt ist.[618]

---

613 S. oben Rn. 34.

614 *BCBS*, Basel III: Ein globaler Regulierungsrahmen für widerstandsfähige Banken (Fn. 23), Ziff. 29.

615 *BCBS*, Basel III: Ein globaler Regulierungsrahmen für widerstandsfähige Banken (Fn. 23), Ziff. 122 ff., 136 ff.; s. auch *Rudolph*, ZHR 175 (2011), 284, 317 f.

616 *BCBS*, Basel III: Ein globaler Regulierungsrahmen für widerstandsfähige Banken (Fn. 23), Ziff. 129.

617 *BCBS*, Basel III: Ein globaler Regulierungsrahmen für widerstandsfähige Banken (Fn. 23), Ziff. 47.

618 Für eine detaillierte Auflistung der Beschränkung s. *BCBS*, Basel III: Ein globaler Regulierungsrahmen für widerstandsfähige Banken (Fn. 23), Ziff. 130 f.

Abbildung 2: Höhe der Ausschüttungsbegrenzungen beim Kapitalerhaltungspolster.[619]

Kapitalerhaltungspuffer über die harte Kernkapitalquote hinaus	Ausschüttungssperre (angegeben als Prozentsatz des Ertrags)
≤ 0,625%	100%
> 0,625% und ≤ 1,25%	80%
> 1,25% und ≤ 1,875%	60%
> 1,875% und ≤ 2,5%	40%
> 2,5 %	0%

194 Im Gegensatz zum antizyklischen Kapitalpolster ist das Kapitalerhaltungspolster allerdings nicht „antizyklisch".[620] Die Erfahrungen der Krise haben jedoch gezeigt, dass ein antizyklisches Polster wichtig ist, da Verluste im Bankensektor während eines Abschwungs, dem ein übermäßig hohes Kreditwachstum vorausging, ein derart hohes Volumen einnehmen können, dass sie diesen Sektor destabilisieren. Daher soll in Zeiten übermäßig hohen Kreditwachstums ein entsprechendes, zusätzliches Polster aufgebaut werden. Dieses Polster würde in den „Boomphasen" einerseits zur Bremsung der Kreditvergabe und damit zur Vorbeugung der Bildung von Spekulationsblasen führen und andererseits den Banken in den Abschwungsphasen zusätzliches Kapital zur Verfügung stellen, damit die Kreditvergabespielräume nicht zu sehr eingeschränkt werden.[621] Daher sollen die Aufsichtsbehörden den Aufbau eines antizyklischen Kapitalpolsters anordnen, wenn ein übermäßiges Kreditwachstum vorliegt und die Aufsichtsbehörden dies im jeweiligen nationalen Kontext für nötig halten.[622]

195 In einem derartigen Fall müsste die Aufsichtsbehörde diese Maßnahme bis zu zwölf Monate vorher ankündigen.[623] Es wird vorgeschlagen, dass das antizyklische Kapitalpolster parallel zum Kapitalerhaltungspolster bis 2,5 % der RWA aufgebaut wird. Es wird am 1.1.2016 mit einem Wert von 0,625 % der

---

619 Quelle: *Deutsche Bundesbank*, Basel III – Leitfaden (Fn. 158), S. 12, dortige Grafik 2: Kapitalerhaltungspuffer und Ausschüttungsbeschränkungen.

620 *Deutsche Bundesbank*, Basel III – Leitfaden (Fn. 158), S. 25.

621 *Deutsche Bundesbank*, Basel III – Leitfaden (Fn. 158), S. 25.

622 *Deutsche Bundesbank*, Basel III – Leitfaden (Fn. 158), S. 25.

623 *BCBS*, Basel III: Ein globaler Regulierungsrahmen für widerstandsfähige Banken (Fn. 23), Ziff. 141.

RWA eingeführt und erhöht sich schrittweise bis zum 1.1.2019 auf die besagten 2,5 % der RWA, sofern die nationale Aufsichtsbehörde dies für nötig hält. Dabei sieht der Baseler Ausschuss die genannten Quoten in Bezug auf das Kapitalerhaltungspolster als Mindest- und in Bezug auf das antizyklische Kapitalpolster als Maximalquoten an. Den nationalen Instanzen soll es aber freistehen, auch höhere Anforderungen sowie kürzere Übergangsfristen einzuführen.[624]

Abbildung 3: Anforderungen an das Eigenkapital der Banken nach Basel II und III.[625]

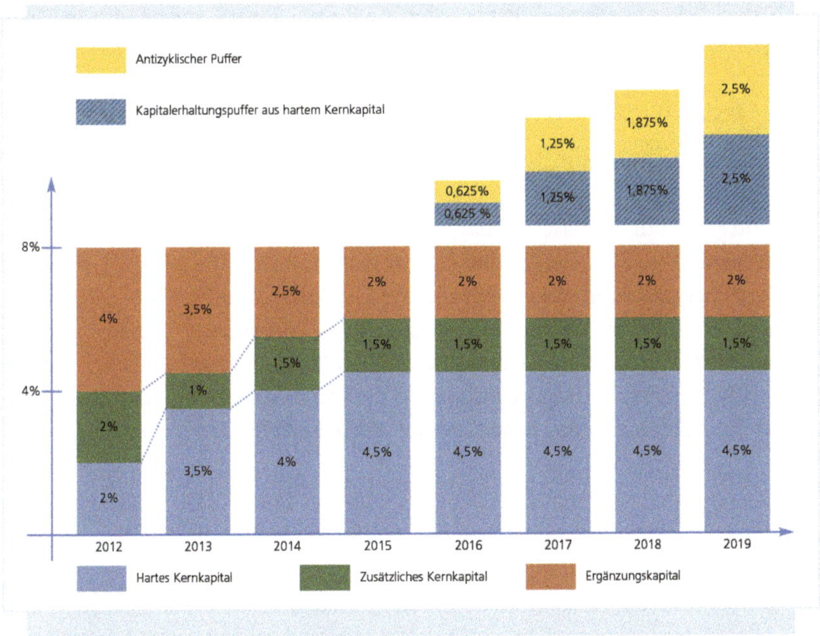

Um darüber hinaus den Gefahren systemrelevanter Banken weiter angemessen Rechnung zu tragen, empfiehlt der Baseler Ausschuss, dass für diese über den dargestellten Mindeststandard hinaus weitere Bestimmungen eingeführt werden, 196

624 *BCBS*, Basel III: Ein globaler Regulierungsrahmen für widerstandsfähige Banken (Fn. 23), Ziff. 133, 150.

625 Quelle: *Deutsche Bundesbank*, Basel III – Leitfaden (Fn. 158), S. 19, dortige Grafik 4: Einführung neuer Mindestanforderungen und Aufbau der Kapitalpuffer.

damit sie über eine „zusätzliche Verlustabsorptionsfähigkeit" verfügen.[626] So sollten etwa global systemrelevante Banken, sog. *G-SIBs*, zur Erfüllung der zusätzlichen Verlustabsorptionsfähigkeit weiteres hartes Kernkapital zwischen 1 und 3,5 % der RWA vorhalten.[627] Dabei betont der Baseler Ausschuss jedoch, dass dies nur Mindestanforderungen sind und die einzelnen Länder auch strengere Anforderungen für Banken in ihrer Rechtsordnung festlegen können.[628] Insgesamt sollte jedoch auch dieser Puffer für systemrelevante Banken parallel zum Kapitalerhaltungspolster sowie zum antizyklischen Kapitalpolster ab dem 1.1.2016 schrittweise eingeführt werden und am 1.1.2019 vollständig in Kraft treten.[629]

2. *CoCo-Bonds und Basel III*

197 Im Januar 2010 erwähnte die Gruppe der Notenbankpräsidenten und Leiter der Aufsichtsbehörden (Group of Governors and Heads of Supervision, GHOS), das Aufsichtsgremium des Baseler Ausschusses, erstmals die Möglichkeit, dass „contingent capital" sowie „convertible capital instruments" eine Rolle im Rahmen der Bankenregulierung spielen könnten.[630] Der kurz darauf im Juni 2010 abgehaltene G20 Gipfel in Toronto unterstützte dieses Vorbringen,[631] so dass sich der Baseler Ausschuss im August desselben Jahres für die Ausgabe solcher Instrumente, die in ihren Vertragsbedingungen die Herabschreibung oder die Wandlung in Eigenkapital in das Ermessen der Aufsichtsbehörden stellen, aussprach.

---

626 *BCBS*, Basel III: Ein globaler Regulierungsrahmen für widerstandsfähige Banken (Fn. 23), Ziff. 32; *ders.*, Global systemrelevante Banken: Aktualisierte Bewertungsmethodik und Anforderungen (Fn. 7), Ziff. 2; *ders.*, Rahmenregelung für den Umgang mit national systemrelevante Banken (Fn. 7), Ziff. 3.

627 *BCBS*, Global systemrelevante Banken: Aktualisierte Bewertungsmethodik und Anforderungen (Fn. 7), Ziff. 46.

628 *BCBS*, Global systemrelevante Banken: Aktualisierte Bewertungsmethodik und Anforderungen (Fn. 7), Ziff. 48.

629 *BCBS*, Global systemrelevante Banken: Aktualisierte Bewertungsmethodik und Anforderungen (Fn. 7), Ziff. 62.

630 *BIZ*, Group of Central Bank Governors and Heads of Supervision reinforces Basel Committee reform package, Press Release v. 11.1.2010, abrufbar unter: www.bis.org/press/p100111.htm (zuletzt abgerufen am 3.7.2014).

631 Erklärung der G20 beim Gipfeltreffen in Toronto v. 26./27.6.2010 (Fn. 492), Anhang 2 Ziff. 13, wobei in der deutschen Fassung von "bedingtem Kapital" die Rede ist.

Nach seiner Ansicht könnte damit die Moral Hazard–Problematik angegangen, und damit die Wahrscheinlichkeit einer neuen Krise reduziert werden.[632]

Im November 2011 erwog der Baseler Ausschuss sodann über geeignete Instrumente, die global systemrelevante Banken (sog. G-SIBs) zur Erfüllung der Anforderungen an die zusätzliche Verlustabsorptionsfähigkeit[633] verwenden könnten, und zog dabei neben dem harten Kernkapital auch „wandelbare Kapitalinstrumente" in Betracht.[634] Aus seiner Sicht bedurften in diesem Zusammenhang entsprechende Instrumente mit einem niedrigen Auslöser, der erst bei akut gefährdetem Fortbestand der emittierenden Bank Verluste absorbiert, keiner größeren Erörterung, so dass er hier nur kurz festgestellt hat, dass diese Instrumente *„nicht zur Erfüllung der Anforderungen für G-SIB geeignet sind"*.[635] Damit kamen in diesem Kontext lediglich *„wandelbare Kapitalinstrumente, deren Ausgestaltung eine Wandlung in hartes Kernkapital vorsieht,* [...] *solange der Fortbestand der Bank noch nicht akut gefährdet ist"*,[636] in Betracht. Für die Beantwortung der Frage, ob derartige CoCo-Bonds mit einem hohen Wandlungsauslöser zur Erfüllung der Vorgaben für die zusätzliche Verlustabsorptionsfähigkeit von G-SIBs verwendet werden könnten, führte der Baseler Ausschuss eine fünf Seiten umfassende Abwägung der Vor- und Nachteile dieses Finanzprodukts durch.[637] Dabei stellte er bereits zu Beginn seiner Analyse fest, dass die Abwägung durch den Umstand erschwert wird, dass es sich bei CoCo-Bonds um ein neues und unerprobtes Instrument mit vielen unterschiedlichen Ausgestaltungsmöglichkeiten handelt.[638] Aus diesem Grund beschränkt der Ausschuss seine Abwägungen auf CoCo-Bonds in der im Anhang 3 desselbigen Dokuments befindlichen Form.[639] **198**

632 *BCBS*, Proposal to ensure the loss absorbency of regulatory capital (Fn. 24), S. 3 f.

633 Für die zusätzlichen Eigenkapitalanforderungen an G-SIBs s. Rn. 196.

634 *BCBS*, Global systemrelevante Banken: Bewertungsmethodik und Anforderungen (Fn. 34), Ziff. 79 ff.

635 *BCBS*, Global systemrelevante Banken: Bewertungsmethodik und Anforderungen (Fn. 34), Ziff. 81.

636 *BCBS*, Global systemrelevante Banken: Bewertungsmethodik und Anforderungen (Fn. 34), Ziff. 82, womit sich auch der Baseler Ausschuss letztlich für CoCo-Bonds mit einem hohen Trigger ausgesprochen hat.

637 *BCBS*, Global systemrelevante Banken: Bewertungsmethodik und Anforderungen (Fn. 34), Ziff. 82–88.

638 *BCBS*, Global systemrelevante Banken: Bewertungsmethodik und Anforderungen (Fn. 34), Ziff. 83, S. 30 Anhang 3.

639 Zu dieser weiter unten Rn. 200.

199 Insgesamt steht der Baseler Ausschuss derartigen CoCo-Bonds jedoch sehr wohlwollend gegenüber und erkennt insbesondere aufgrund ihres Vorsorgecharakters und der Verlustabsorptionsfähigkeit auch gewisse Ähnlichkeiten zwischen ihnen und dem harten Kernkapital an.[640] Außerdem könnten CoCo-Bonds dazu beitragen, dass sowohl die vorhandenen Anreizprobleme gelöst, als auch – je nach Ausgestaltung des Wandlungsverhältnisses[641] – die Aktionärsdisziplin und/oder die Disziplin der Inhaber des bedingten Kapitals und damit letztlich die Marktdisziplin gestärkt wird.[642] Nachteilhaft sei hingegen vor allem die mangelnde Erfahrung mit diesem Finanzinstrument. So kämen die genannten Vorteile nur dann zum Tragen, wenn der Wandlungsmechanismus auch tatsächlich wie beabsichtigt funktionieren würde. Aufgrund des innovativen Charakters von CoCo-Bonds besteht aber gerade in diesem Punkt eine gewisse Unsicherheit,[643] die auch die weiteren Erwägungen des Baseler Ausschusses prägt. So entschied sich der Ausschuss im Endeffekt vor allem aufgrund ihrer Unerprobtheit in der Praxis dafür, dass G-SIBs ausschließlich hartes Kernkapital zur Erfüllung der Anforderungen an die zusätzliche Verlustabsorptionsfähigkeit verwenden sollten.[644] Allerdings ergänzte er in diesem Zusammenhang auch ausdrücklich, dass die Gruppe der Zentralbankpräsidenten und die Leiter der Bankenaufsichtsinstanzen sowie der Baseler Ausschuss selbst weiter den Einsatz von bedingtem Kapital prüfen und dessen Einsatz bereits jetzt schon „*unterstützen*" würden, wenn er der Erfüllung höherer nationaler Anforderungen an die Verlustabsorption diene.[645] Damit zeigt der Baseler Ausschuss, dass er die Vorzüge von CoCo-Bonds durchaus erkannt hat. Es ist allerdings zu bedauern, dass er letztlich nicht so weit ging, diese selbst fest in seinen Reformen einzuplanen und insoweit lediglich vom „*unterstützen*" höherer nationaler Anforderungen spricht.

640 Ausführlicher *BCBS*, Global systemrelevante Banken: Bewertungsmethodik und Anforderungen (Fn. 34), Ziff. 84.

641 S. zum Wandlungsverhältnis Rn. 73 ff.

642 S. hierzu *BCBS*, Global systemrelevante Banken: Bewertungsmethodik und Anforderungen (Fn. 34), Ziff. 85, wo auch weitere Vorteile genannt werden.

643 S. zu den Nachteilen ausführlich *BCBS*, Global systemrelevante Banken: Bewertungsmethodik und Anforderungen (Fn. 34), Ziff. 86.

644 *BCBS*, Global systemrelevante Banken: Bewertungsmethodik und Anforderungen (Fn. 34), Ziff. 87.

645 *BCBS*, Global systemrelevante Banken: Bewertungsmethodik und Anforderungen (Fn. 34), Ziff. 88; diese Aussage findet sich auch im aktuellen Dokument des *BCBS*, Global systemrelevante Banken: Aktualisierte Bewertungsmethodik und Anforderungen (Fn. 7), Ziff. 54 wieder.

Auch wenn der Baseler Ausschuss sich nicht dazu durchringen konnte, CoCo-Bonds fest in seine Reformen einzuplanen, so hat er doch einen Ausgestaltungsvorschlag für diese veröffentlicht.[646] Demnach sollten CoCo-Bonds bei Unterschreitung einer harten Kernkapitalquote von mindestens 7 % zu einer vollständigen Wandlung in hartes Kernkapital oder zu einer Herabschreibung des Instruments führen. Außerdem sollten die Anleihebedingungen eine Obergrenze vorsehen, welche die im Wandlungsfall auszugebenen Aktien begrenzt. In der Wandlungsvariante müsste das emittierende Institut außerdem jederzeit in der Lage sein, die entsprechenden Instrumente des harten Kernkapitals auszugeben, sobald der Trigger erreicht wird. Darüber hinaus sollten zumindest alle Kriterien für die Einordnung der CoCo-Bonds als Ergänzungskapital erfüllt werden, wenn die Instrumente im Rahmen der zusätzlichen Verlustabsorptionsfähigkeit für G-SIBs berücksichtigt werden sollen. 200

Da CoCo-Bonds nach der Nr. 11 des 14-Punkte-Katalog[647] für die Anerkennung von Finanzinstrumenten als zusätzliches Kernkapital grundsätzlich auf dieses angerechnet werden können, stellt der Ausschuss im Rahmen seiner Empfehlung auch klar, dass bedingtes Kapital, das der Erfüllung der Anforderungen an die zusätzliche Verlustabsorptionsfähigkeit für G-SIBs dient, nicht für die Zwecke anderer Eigenkapitalanforderungen der Bank herangezogen werden kann.[648]

3. *Umsetzung von Basel III durch das Capital Requirements Directive IV – Paket*

Die europäische Kommission legte am 20.7.2011 ihren Gesetzgebungsvorschlag, das „Capital Requirements Directive IV"-Paket bestehend aus der CRD IV-Richtlinie[649] (nachfolgend CRD IV) und der „Capital Requirements Regulations"-Verordnung[650] (nachfolgend CRR), zur Umsetzung des Basel 201

646 Zu diesem BCBS, Global systemrelevante Banken: Bewertungsmethodik und Anforderungen (Fn. 34), S. 30 Anhang 3.

647 BCBS, Basel III: Ein globaler Regulierungsrahmen für widerstandsfähige Banken (Fn. 23), Ziff. 55.

648 BCBS, Global systemrelevante Banken: Bewertungsmethodik und Anforderungen (Fn. 34), S. 30 Anhang 3.

649 Mittlerweile verabschiedet in Form der Richtlinie 2013/36/EU über den Zugang zur Tätigkeit von Kreditinstituten und die Beaufsichtigung von Kreditinstituten und Wertpapierfirmen, ABl. (EU) Nr. L 176 v. 27.6.3013, S. 338 ff.

650 Mittlerweile verabschiedet in Form der Verordnung (EU) Nr. 575/2013 über die Aufsichtsanforderungen an Kreditinstitute und Wertpapierfirmen, ABl. (EU) Nr. L 321 v. 30.11.2013, S. 6 ff.

III-Regelwerks in europäisches Recht[651] dem europäischen Normgeber vor.[652] Nachdem der Europäische Rat knapp anderthalb Jahre später am 27.3.2013 diesem kombinierten Richtlinien- und Verordnungsvorschlag zugestimmt hat, wurde das Regelwerk am 17.4.2013 vom Europäischen Parlament angenommen.[653] Dieses Regelungspaket, das sowohl formell als auch materiell einen grundlegenden Umbruch für das EU Bankenaufsichtsrecht bedeutet,[654] trat gem. Art. 521 CRR-VO am 1.1.2014 in Kraft bzw. wurde, in Bezug auf die CRD IV-Richtlinie, entsprechend des Art. 162 Abs. 1 CRD IV bis zum 31.12.2013 in den Mitgliedstaaten umgesetzt.

202 Die CRR-VO verfolgt eine Maximalharmonisierung und ist seit ihrem Inkrafttreten gem. Art. 288 Abs. 2 S. 2 AEUV in jedem Mitgliedstaat der Europäischen Union unmittelbar rechtswirksam,[655] so dass es hier keiner weiteren Umsetzung in nationales Recht bedurfte. Diese Verordnung setzt u. a. die vom Baseler Ausschuss vorgeschlagenen Regelungen zum Eigenkapital, Kontrahentenausfallrisiko und zur Liquidität um.[656]

203 Währenddessen enthält die CRD IV-Richtlinie grundlegende Voraussetzungen für die Ausübung des Bankgeschäfts, der Niederlassungs- und Dienstleistungsfreiheit sowie Grundsätze für die Bankenaufsicht und Regelungen zu den

---

651 Wobei dies nicht das einzige Ziel des Pakets sein soll. Neben der Umsetzung von Basel III soll es einen einheitlichen aufsichtsrechtlichen Rahmen für den gesamten EU-Finanzbinnenmarkt schaffen, s. Erwägungsgründe Nr. 9 ff. CRR-VO.

652 Eingehend zu Basel III und den Entwürfen des CRD IV-Pakets s. *Manns/Schulte-Mattler*, WM 2010, 1577 ff.; kritisch hierzu *Haasis*, Kreditwesen 2011, 877, 879, aus dessen Sicht sowohl Basel III als auch das CRD IV Paket nur auf international tätige Großbanken angewandt werden sollte; für einen Vergleich zwischen Basel III und dem CRD IV-Paket s. *Schuster*, Kreditwesen 2013, 683 ff.

653 Ein Überblick zum sog. CRD IV-Paket bieten auch *Burgard/Heimann* in: Dauses (Hrsg.), HdB des EU-Wirtschaftsrechts, 35. EL (Stand: 2/2014), E. IV. Bankrecht Rn. 151 ff.; *Schuster*, Kreditwesen 2013, 683 ff.

654 *Höpfner*, BaFin-Journal Nr. 1/2014, S. 21; insgesamt stößt das Reformpaket auch auf Kritik, da der hiermit geschaffene Rechtsrahmen mit mehr als 520 Artikeln und über 100 zu erwartenden technischen Regulierungs- und Durchführungsstandards, die zudem auch noch von nationalen Regelungen ergänzt werden, als „*inhaltlich hochkomplex*" angesehen wird, s. *Kirchhartz*, GWR 2013, 395, 398.

655 Kritisch zu dieser *Haasis*, Kreditwesen 2011, 877, da damit den unterschiedlichen Finanzmärkten nicht genug Rechnung getragen werde; ähnlich *Zeitler*, Kreditwesen 2011, 541, 542.

656 Zu den Vorgaben der CRR-VO in Bezug auf CoCo-Bonds bereits oben Rn. 51 ff. unter den einzelnen Ausgestaltungsmerkmalen.

Kapitalpolstern.[657] Letztere wurden in Art. 128 ff. CRD IV aufgenommen und setzen dabei im Wesentlichen die oben beschriebenen Vorgaben des Baseler Ausschusses zu den Kapitalpolstern um.[658]

Im Gegensatz zur CRR-VO zielt die CRD IV-Richtlinie auf eine Minimalharmonisierung und bietet damit den nationalen Normgebern einen gewissen Spielraum, den sie im Rahmen der Richtlinienumsetzung ausüben können. Zudem werden mit diesem Regulierungspaket gem. Art. 163 CRD IV die bislang maßgeblichen Richtlinien 2006/48/EG und 2006/49/EG mit Wirkung zum 1.1.2014 ersetzt.[659] **204**

In Deutschland machte dieses CRD IV-Paket eine umfangreiche Überarbeitung des Kreditwesengesetzes notwendig, was durch das CRD IV-Umsetzungsgesetz auch geschehen ist.[660] Letztlich wurde durch das Paket eine neue Normenhierarchie im deutschen Bankenaufsichtsrecht geschaffen. Denn war die Bankenaufsicht bis zum Inkrafttreten des CRD IV-Pakets weitestgehend im KWG und den ihm nachgeordneten Rechtsverordnungen geregelt, so sind nun mit der CRR-VO und den technischen Regulierungs- und Durchführungsstandards[661] zwei Ebenen unmittelbar geltenden EU-Rechts hinzugekommen, die Vorrang gegenüber dem nationalen Recht haben.[662] So befinden sich etwa die Vorschriften zur angemessenen Eigenkapitalausstattung nicht mehr im KWG, sondern in Art. 25 ff., 92 ff. CRR-VO, mithin auf europäischer Ebene, während **205**

---

657 *Schulte-Mattler/Manns*, WM 2011, 2069 f.; *Höpfner*, BaFin-Journal Nr. 1/2014, S. 21 f.; *Kirchhartz*, GWR 2013, 395.

658 S. zu diesen Rn. 193 ff.

659 Verweise auf die ersetzten Richtlinien sind gem. Art. 163 Abs. 2 CRD IV nach Maßgabe der Entsprechungstabelle in Anhang II der CRD IV-Richtlinie und in Anhang IV der CRR-VO zu lesen.

660 Gesetz zur Umsetzung der Richtlinie 2013/36/EU über den Zugang zur Tätigkeit von Kreditinstituten und die Beaufsichtigung von Kreditinstituten und Wertpapierfirmen, BGBl. 2013 Teil 1 Nr. 53, S. 3395 ff.; einen Überblick in Bezug auf die Änderungen des KWGs im Zuge des CRD IV-Pakets bietet auch *Höpfner*, BaFin-Journal Nr. 1/2014, S. 21, 23 ff; des Weiteren ausführlich hierzu *Kirchhartz*, GWR 2013, 395 ff.

661 Diese werden von der EBA erarbeitet und von der Europäischen Kommission als unmittelbar anwendbare EU-Verordnung gem. Art. 288 Abs. 2 S. 2 AEUV erlassen. Die hierfür erforderlichen Ermächtigungsgrundlagen finden sich in Art. 456 ff. und in Art. 145 ff. CRD IV.

662 *Höpfner*, BaFin-Journal Nr. 1/2014, S. 21 f.; *Kirchhartz*, GWR 2013, 395, 396.

Regelungen zu den ergänzenden Kapitalpolstern sich aufgrund des CRD IV-Umsetzungsgesetzes[663] in § 10, 10c ff. KWG wiederfinden.[664]

4. *CoCo-Bonds und die Baseler Kapitalpolster*

206 Auch wenn die Baseler Kapitalpolster – ähnlich wie CoCo-Bonds – mit dem antizyklischen Kapitalpuffer der prozyklischen Wirkung der Eigenkapitalregelungen entgegenwirken[665] und mit dem Kapitalerhaltungspolster auf eine gewisse Verhaltenssteuerung setzen,[666] sind sie nicht mit CoCo-Bonds zu vergleichen.[667] Insbesondere entfalten sie jeweils eine andere Wirkung und erfüllen daher auch eine andere Funktion. Denn während die Baseler Polster allenfalls zu einem Ausschüttungsverbot führen können und es im Übrigen dem betroffenen Institut überlassen wird, seine Eigenkapitalbasis wieder zu verbessern, stärken CoCo-Bonds durch den Debt-Equity-Swap oder durch die Herabschreibung der Anleihe das Eigenkapital des Emittenten und dienen damit der Verlustabsorption. Demgegenüber beabsichtigt das Ausschüttungsverbot keine Verbesserung der Eigenkapitalbasis, sondern soll der während der Finanzmarktkrise gängigen Praxis, nach der Banken trotz erlittener Verluste zur Demonstration ihrer (vermeintlichen) Finanzstärke auf ihre Rücklagen zurückgegriffen haben, um Dividenden auszuschütten, unterbinden.[668] Zwar stärkt auch die Nichtausschüttung von Dividenden das Eigenkapital, indem Gewinne thesauriert werden und damit zum Eigenkapital hinzuzählen. Die hiermit erreichte Verlustabsorption dürfte aber deutlich unter der der CoCo-Bonds liegen.

---

663 Gesetz zur Umsetzung der Richtlinie 2013/36/EU über den Zugang zur Tätigkeit von Kreditinstituten und die Beaufsichtigung von Kreditinstituten und Wertpapierfirmen, BGBl. 2013 Teil 1 Nr. 53, S. 3395 ff.

664 Einen Überblick in Bezug auf die Änderungen des KWGs im Zuge des CRD IV-Pakets bietet *Höpfner*, BaFin-Journal Nr. 1/2014, S. 21, 23 ff; des Weiteren ausführlich hierzu *Kirchhartz*, GWR 2013, 395 ff.

665 S. Rn. 193 ff.

666 Da es aufgrund des Ausschüttungsverbots (s. Abbildung 2 bei Rn. 193) die Interessen der Aktionäre tangiert und daher entsprechend des Shareholder Value-Ansatzes vom Vorstand im Rahmen seiner Geschäftsführung zu berücksichtigen ist.

667 Ebenfalls skeptisch in Bezug auf eine Vergleichbarkeit, wenn auch mit anderer Begründung *Rudolph*, in: Groß/Pfingsten (Hrsg.), Finanzmarktkrisen, ZfbF Sonderheft 67/2013, S. 97, 100.

668 *Deutsche Bundesbank*, Basel III – Leitfaden (Fn. 158), S. 12.

Insgesamt stellen die genannten Regulierungen einen Schritt in die richtige Richtung dar.[669] Die teilweise hiergegen vorgebrachte Kritik, dass sich letztlich trotz der Verschärfung der Eigenmittelvorschriften in Bezug auf die Gesamtkapitalquote nichts verändert habe,[670] erscheint verfehlt. Denn selbst wenn die gesonderten Vorgaben für (global) systemrelevante Banken außer Acht gelassen werden, so müssen Banken ab dem 1.1.2019 eine Eigenkapitalquote von 13 % Eigenkapital (8 % Gesamtkapital, zzgl. 2,5 % Kapitalerhaltungspolster sowie 2,5 % antizyklischer Kapitalpolster[671]) bereithalten, wovon der überwiegende Teil mit hartem Kernkapital erfüllt werden muss.[672] Hierdurch wurde letztlich sowohl eine qualitative als auch eine (gewisse) quantitative Verbesserung der Eigenmittelvorschriften erzielt. 207

Allerdings sind die neuen Baseler Regelungen nicht gänzlich zufriedenstellend.[673] Besonders kritisch ist dabei die Beibehaltung der Risikokalibrierung, 208

669 So auch *Schulte-Mattler/Manns*, WM 2011, 2069, 2078; *Schuster*, Kreditwesen 2013, 683, 684; demgegenüber wohl eher kritisch, da die Risikokalibrierung der Eigenkapitalregulierung weiter beibehalten wird *Hellwig*, Gutachten E, 68. DJT, 2010, S. E 44 f.

670 *Schulte-Mattler/Manns*, WM 2011, 2069 2072, 2078, die von Fortbestehen der „*magischen 8 %*" sprechen und darauf hinweisen, dass nach ihrer Ansicht nur „*eine deutliche Erhöhung der bilanziellen Eigenkapitalquote – unabhängig von der bankaufsichtlichen Kernkapitalnorm – auf mindestens 13 % bis 2019* […] *zu einer deutlichen Stabilisierung der Finanzmärkte beitragen* [würde]".

671 Vorausgesetzt die nationale Bankenaufsicht verlangt auch die Erfüllung eines antizyklischen Kapitalerhaltungspolsters in Höhe von 2,5 %, was bei systemrelevanten Banken jedoch in aller Regel der Fall sein wird.

672 Auch *Zeitler*, WM 2012, 673 weist darauf hin, dass, entgegen der durch Talkshows und Boulevardpresse genährten Meinung, die Eigenmittelvorgaben sowohl qualitativ als auch quantitativ angestiegen sind.

673 *Schulte-Mattler/Manns*, WM 2011, 2069, 2078: „*Die Kommission hat die Lehren aus der Finanzkrise* […] *noch nicht vollumfänglich gezogen*"; auch *Schuster*, Kreditwesen 2013, 683, 684 sieht noch „*einiges an Verbesserungspotential*"; besonders plakativ stellt dies *Hellwig*, in: ZDF, Frontal21 – Das Magazin, Manuskript zum Beitrag: Wirkungslose Kontrolle – Banken zocken weiter, Sendung v. 8.4.2014, S. 2 dar: „*Die Banken und die Politik sagen zwar, sie haben die Eigenkapital Anforderungen erhöht, aber das ist so, wie wenn ich bei einem Gefahrentransport durch die Alpen die Geschwindigkeitsbegrenzung von 150 auf 140 Stundenkilometer senke. Das Risiko einer Explosion im Gotthardtunnel wird nicht wirklich eliminiert.*"

die den Banken das „Schönen“ ihrer Bilanzen erleichtert.[674] Welches verzerrte Bild die Risikogewichtung über die Eigenkapitalausstattung vermittelt, wird beispielsweise daran deutlich, dass Griechenland als Staat trotz seiner in den letzten Jahren deutlich gewordenen schlechten Bonität, nach Art. 114 Abs. 4 CRR-VO eine Risikogewichtung von 0 % zukommt[675] – eine Risikobewertung, die offensichtlich fernab jeglicher Realität liegt. Angesichts der Finanzmarktkrise, die auch sieben Jahre nach ihrem Ausbruch noch nicht überstanden ist,[676] wäre ein stärkeres Abstellen auf ungewichtete Eigenkapitalquoten wünschenswert. Die durch Basel III vorgeschlagene Verschuldensquote von 3 %, sog. Leverage Ratio,[677] bei der das Eigenkapital in das Verhältnis zu den ungewichteten Aktiva und den außerbilanziellen Geschäften gesetzt wird,[678] reicht dabei als bloßes Korrektiv wohl nicht aus.[679] Denn eine hiermit vergleichbare Regelung hat in den USA den Ausbruch der Finanzmarktkrise und das „Schönen“ der Eigenkapitalquoten auch nicht verhindern können, selbst wenn einzugestehen ist, dass in den USA aufgrund der entsprechenden Regelungen die Eigenkapitalquoten weniger verzerrt wurden und die Banken im Verhältnis zu ihren europäischen Kontrahenten besser kapitalisiert waren.[680]

---

674 So auch *Hellwig*, Gutachten E, 68. DJT, 2010, S. E 44: *„Inzwischen stellt selbst der Baseler Ausschuss für Bankenaufsicht fest, dass das Banksystem mit einer zu geringen Eigenkapitalausstattung in die Krise gegangen ist und dass es ein Problem ist, wenn das Eigenkapital großer Banken bei nur 2 % der Bilanzsumme liegt. Dass die Risikokalibrierung der Eigenkapitalregelungen selbst für den Eigenkapitalmangel verantwortlich ist, wird vom Baseler Ausschuss allerdings nicht bemerkt.“*

675 *Schulte-Mattler/Manns*, WM 2011, 2069 2072, 2078.

676 BIZ, 84. Jahresbericht 2013/14 v. 29.6.2014 (Fn. 21).

677 Die Verschuldensquote ist mittlerweile vor allem durch Art. 429 ff., 451, 499, 511 CRR-VO und in Art. 87 sowie 98 CRD IV geregelt; s. zur Verschuldungsquote auch Erwägungsgründe 92 ff. CRR-VO.

678 S. *Deutsche Bundesbank*, Basel III – Leitfaden (Fn. 160), S. 28, die im Übrigen dieser Verschuldensquote kritisch gegenübersteht, da sie kaum mit dem durch die Risikogewichtung geschaffenen System zu vereinbaren sei.

679 In diesem Sinne wohl auch *Hellwig*, Gutachten E, 68. DJT, 2010, S. E 50, der eine Eigenkapitalanforderung von etwa 20–30 % der ungewichteten Bilanzsumme verlangt; so auch *Schulte-Mattler/Manns*, WM 2011, 2069 2072, 2078, die immerhin noch eine Erhöhung der Eigenkapitalanforderungen auf mindestens 13 % der ungewichteten Bilanzsumme fordern.

680 *Sinn*, Kasino Kapitalismus, S. 196 f., 198.

Vor allem aber reichen die dargestellten Maßnahmen nicht dazu aus, um die fehlerhafte Anreizstruktur zu korrigieren.[681] Insbesondere die Baseler Kapitalposter sind nicht so ausgestaltet, dass sie zu einer Korrektur eines fehlerhaften Anreizes führen. Hierzu eignen sich hingegen CoCo-Bonds mit einem hohen Trigger und einer starken Verwässerungsgefahr.[682] Auch der Baseler Ausschuss hat sich mit der Empfehlung einer Wandlung der CoCo-Bonds bei Unterschreitung einer harten Kernkapitalquote von 7 % für einen eher hohen und ausdrücklich gegen einen niedrigen Trigger ausgesprochen.[683] Es ist zu bedauern, dass die europäische Umsetzung des Baseler Regelwerks, die im Übrigen weitestgehend mit diesem übereinstimmt, gerade hier ohne ersichtlichen Grund mit Art. 54 Abs. 1 CRR-VO an einem niedrigen Trigger knüpft. 209

B. Die Emission von CoCo-Bonds nach deutschem Aktienrecht

Grundsätzlich stehen der Aktiengesellschaft sämtliche Möglichkeiten der Fremdfinanzierung ohne aktienrechtliche Besonderheiten frei zur Verfügung. Von diesem Grundsatz macht das deutsche Aktiengesetz jedoch für Fremdfinanzierungsinstrumente mit Eigenkapitalbezug, wozu auch Wandelanleihen aufgrund ihrer Wandlung in Aktien zählen, eine Ausnahme.[684] Diese aktienrechtliche Begrenzung ist auf das Schutzbedürfnis der Aktionäre zurückzuführen. Dieses Schutzbedürfnis resultiert aus dem Umstand, dass der Inhalt der Wandelanleihe aufgrund der vorgesehenen Wandlungsmöglichkeit letztlich auch die mitgliedschaftliche und vermögensrechtliche Position der Aktionäre berührt. Daher sichert das deutsche Recht mit § 221 AktG die Mitwirkung der Aktionäre bei der Ausgabe entsprechender Anleihen, womit ihr Vermögens- und Stimmrechtsinteresse gewahrt werden soll[685] und begrenzt im Innenverhältnis die Geschäftsführungskompetenz des Vorstandes, der Wandelanleihen nur aufgrund eines Beschlusses der Hauptversammlung ausgeben 210

681 So *Calomiris/Herring*, Journal of Applied Corporate Finance Vol. 25 (2013), No. 2, S. 21, 23 ff.

682 Zur Verhaltenssteuerung der CoCo-Bonds s. Rn. 114 ff.

683 *BCBS*, Global systemrelevante Banken: Bewertungsmethodik und Anforderungen (Fn. 34), Ziff. 81.

684 Marsch-Barner/Schäfer/*Groß*, HdB börsennotierte AG, § 51 Rn. 1; zum Eigenkapitalbezug s. auch Spindler/Stilz/*Seiler*, § 221 AktG Rn. 3; MünchKommAktG/*Habersack*, § 221 Rn. 1 f.

685 Zum Ganzen Marsch-Barner/Schäfer/*Groß*, HdB börsennotierte AG, § 51 Rn. 1; s. auch Hüffer/*Koch*, § 221 AktG Rn. 1; KölnKomm/*Lutter*, § 221 AktG Rn. 37; aus der Rspr. etwa BGHZ 120, 141, 146 ff.; AG 1995, 83.

darf.[686] § 221 Abs. 1 S. 1 Alt. 1 AktG spricht in diesem Zusammenhang von Schuldverschreibungen und verwendet den Begriff im allgemeinen zivilrechtlichen Sinne der §§ 783 ff. BGB, wobei es nicht auf die Unterscheidung zwischen Inhaber- und Namensschuldverschreibungen ankommt.[687] In der Praxis hat es sich durchgesetzt, dass die von § 221 Abs. 1 S. 1 Alt. 1 AktG geregelten Schuldverschreibungen, bei denen den Gläubigern ein Umtauschrecht auf Aktien eingeräumt wird, als Wandelschuldverschreibungen oder Wandelanleihen bezeichnet werden.[688]

I. Anwendbarkeit des § 221 AktG

211 In Deutschland richtet sich die Emission einer Wandelanleihe nach § 221 Ab s. 1 S. 1 Alt. 1, S. 2, Abs. 2 AktG. Danach kann die Hauptversammlung entweder einen Zustimmungsbeschluss über die Ausgabe von Wandelanleihen fassen (§ 221 Abs. 1 S. 1 Alt. 1 AktG) oder den Vorstand zur Ausgabe einer Wandelschuldverschreibung ermächtigen (§ 221 Abs. 2 AktG), wenn die Hauptversammlung dies mit einer Mehrheit von mindestens drei Viertel des bei der Beschlussfassung vertretenen Kapitals beschließt, wobei gem. § 221 Abs. 1 S. 3 AktG die Satzung auch eine andere Kapitalmehrheit und weitere Erfordernisse bestimmen kann. Zum Schutz der Aktionäre wird diesen gem. § 221 Abs. 4 S. 1 AktG zudem ein Bezugsrecht auf die auszugebenen Wandelschuldverschreibungen eingeräumt, wobei dieses Recht nach §§ 221 Abs. 4 S. 2, 186 AktG auch ausgeschlossen werden kann.

1. Die direkte Anwendbarkeit des § 221 Abs. 1 S. 1 Alt. 1 AktG auf CoCo-Bonds

212 Fraglich ist allerdings, ob § 221 Abs. 1 S. 1 Alt. 1 AktG auch auf Pflichtwandelanleihen und auf CoCo-Bonds als besondere Ausgestaltungsform der Pflichtwandelanleihe angewendet werden können. Vom Wortlaut der Norm ausgehend wäre dies jedenfalls zu verneinen, da dieser ausschließlich von einem Umtausch*recht*

---

686 KölnKomm/*Lutter*, § 221 AktG Rn. 114; Marsch-Barner/Schäfer/*Groß*, HdB börsennotierte AG, § 51 Rn. 29; Hüffer/*Koch*, § 221 AktG Rn. 52; *Hüffer*, ZHR 161 (1997), 214, 224 f.

687 Marsch-Barner/Schäfer/*Groß*, HdB börsennotierte AG, § 51 Rn. 22; Hüffer/*Koch*, § 221 AktG Rn. 3; Spindler/Stilz/*Seiler*, § 221 AktG Rn. 2.

688 Hüffer/*Koch*, § 221 AktG Rn. 3; MünchHdB AG/*Krieger*, § 63 Rn. 4; KölnKomm/*Lutter*, § 221 AktG Rn. 2; Marsch-Barner/Schäfer/*Groß*, HdB börsennotierte AG, § 51 Rn. 25.

des Gläubigers spricht, so dass eine Wandlungs*pflicht* nicht erfasst ist.[689] Dennoch wird teilweise die direkte Anwendung der Norm auch auf Pflichtwandelanleihen bejaht.[690] Begründet wird dies vor allem damit, dass nach dem Willen der Parteien der Anleger gleichermaßen zur Wandlung berechtigt wie auch verpflichtet ist. Dies schade der direkten Anwendung des § 221 Abs. 1 S. 1 Alt. 1 AktG nicht, da dem Wortlaut nicht zu entnehmen sei, dass eine Wandelschuldverschreibung ausschließlich ein Umtauschrecht beinhalten darf.[691] Um dem deutlichen Wortlaut des § 221 Abs. 1 S. 1 Alt. 1 AktG Rechnung zu tragen, der ausdrücklich von „*Schuldverschreibungen, bei denen den Gläubigern ein Umtausch*-[recht ...] *auf Aktien eingeräumt wird*" spricht, soll die Pflichtwandelanleihe jedoch nur zulässig sein, wenn dem Anleihegläubiger neben der Pflicht zur Wandlung, die spätestens am Ende der Anleihelaufzeit zu erfolgen hat, auch ein Wandlungsrecht eingeräumt wird, was jederzeit ausgeübt werden kann.[692] Diese Annahme würde dazu führen, dass die aktienrechtliche Zulässigkeit von CoCo-Bonds in der hier vorgeschlagenen Form verneint werden müsste. Denn die Anleihebedingungen dieser bedingten Pflichtwandelanleihe sollen gerade kein Wandlungsrecht der Parteien enthalten. Das Instrument dient der Krisenbewältigung bzw. vor allem auch der Krisenprävention. Ein Wandlungsrecht der Gesellschaft oder der

689 Aufgrund des Wortlauts zieht GroßKommAktG/*Frey*, § 192 Rn. 84 den Schluss, dass Wandelanleihen mit Bezugspflichten nicht durch bedingtes Kapital gesichert werden können. § 192 Abs. 2 Nr. 1 AktG sei hier weder direkt, noch analog anwendbar. Konsequenterweise müsste er mit dieser Argumentation dann auch die Anwendbarkeit des § 221 Abs. 1 S. 1 Alt. 1 AktG auf die Pflichtwandelanleihe verneinen.

690 *Friel*, Wandelanleihen mit Pflichtwandlung, Diss. Bonn 2000, S. 155, 176; *Rozijn*, ZBB 1998, 77, 79; wohl auch Spindler/Stilz/*Seiler*, § 221 AktG Rn. 150 f.; Henssler/Strohn/*Hermanns*, Gesellschaftsrecht, § 221 AktG Rn. 5; *Wehrhahn*, Finanzierungsinstrumente mit Aktienerwerbsrechten, Diss. Hannover 2003, S. 147 f.; MünchKommAktG/*Fuchs*, § 198 Rn. 22 in Verbindung mit Fn. 55; demgegenüber für eine analoge Anwendung der Norm *Schlitt/Brandi/Schröder/Gemmel/Ernst*, CFL 2011, 105, 128; wohl auch MünchKommAktG/*Habersack*, § 221 Rn. 52 und *ders.*, in: FS Nobbe, 2009, S. 539, 550, der jeweils von einer „*entsprechenden*" Anwendung der Norm spricht.

691 *Friel*, Wandelanleihen mit Pflichtwandlung, Diss. Bonn 2000, S. 155; im Ergebnis auch *Rozijn*, ZBB 1998, 77, 79.

692 So *Rozijn*, ZBB 1998, 77, 79; offenbar auch *Friel*, Wandelanleihen mit Pflichtwandlung, Diss. Bonn 2000, S. 155; MünchKommAktG/*Fuchs*, § 198 Rn. 22 in Verbindung mit Fn. 55; Spindler/Stilz/*Seiler*, § 221 AktG Rn. 150 f.; *Schanz*, BKR 2011,410, 414; Habersack/Mülbert/Schlitt/*Schlitt/Hemeling*, Unternehmensfinanzierung am Kapitalmarkt, § 12 Rn. 63, 65; *Schlitt/Seiler/Singhof*, AG 2003, 254, 266 f.

Gläubiger neben der Pflicht zur Wandlung bei Eintritt eines objektiv festgelegten Ereignisses beinhaltet jedoch die Gefahr, dass die CoCo-Bonds bereits vor Eintritt eines „Ernstfalls" aufgrund der Ausübung eines Wandlungsrechts gewandelt wurden, so dass sie in der Krise nicht mehr für die Verlustabsorption zur Verfügung stehen. Daher kommt bei CoCo-Bonds die bei den klassischen Pflichtwandelanleihen vorzufindende Kombination eines „Wandlungsrechts" mit einer Wandlungspflicht nicht in Betracht.

213 Die direkte Anwendbarkeit der Norm überzeugt jedoch genauso wenig wie die Annahme, dass das Wandlungsrecht des § 221 Abs. 1 S. 1 Alt. 1 AktG selbst im Falle einer Pflichtwandelanleihe noch eine Ersetzungsbefugnis und damit ein Gestaltungsrecht darstellt.[693] Denn kommt neben dem Recht zur Wandlung auch eine Pflicht zu einer solchen hinzu, so wird das Wandlungsrecht entwertet. Zwar ist es richtig, dass der Anleihegläubiger vor dem Ereignis der Pflichtwandlung – etwa dem Ende der Anleihelaufzeit – die Wandlung jederzeit aufgrund der Ausübung seines Wandlungsrechts herbeiführen kann, allerdings kann er sich nicht mehr gegen eine Wandlung entscheiden. Damit überlagert die Wandlungspflicht sein Wandlungsrecht, was schwerlich mit dem Wortlaut des § 221 Abs. 1 S. 1 Alt. 1 AktG in Einklang zu bringen ist. Daher scheidet die direkte Anwendbarkeit der Norm auf Pflichtwandelanleihen und damit auch auf CoCo-Bonds aus.

2. *Die analoge Anwendbarkeit des § 221 Abs. 1 S. 1 Alt. 1 AktG auf CoCo-Bonds*

214 Ist § 221 Abs. 1 S. 1 Alt. 1 AktG nicht (direkt) auf die klassische Pflichtwandelanleihe und letztlich auch auf CoCo-Bonds anwendbar, so bedeutet dies noch nicht zwangsläufig die aktienrechtliche Unzulässigkeit dieser Anleiheformen. Vielmehr ist die analoge Anwendung dieser Norm auf die genannten Finanzprodukte in Betracht zu ziehen. Hierfür müssten allerdings die Analogiebedingungen vorliegen, so dass eine planwidrige Regelungslücke bei vergleichbarer Interessenslage gegeben sein muss.[694] Da Wandelanleihen mit Pflichtwandlung nicht im Aktiengesetz geregelt sind, im Unionsrecht lediglich die Anrechenbarkeit auf das regulatorische Eigenkapital und eben nicht auch die gesellschaftsrechtlichen Voraussetzungen der Emission derartiger Anleihen normiert wurden, liegt eine Regelungslücke vor.

---

693 S. hierzu Rn. 104 ff.

694 Allgemein zu den Analogievoraussetzungen s. etwa *Heinrich*, in: Staudinger/Eckpfeiler (2014) B. Rn. 61 ff.

a) Planwidrigkeit der Regelungslücke

215 Dem Willen des historischen Gesetzgebers ist jedenfalls kein Rückschluss auf die Zu- oder Unzulässigkeit der Einbeziehung von Pflichtwandelanleihen in § 221 AktG zu entnehmen, da die Gesetzesmaterialien nicht auf die Möglichkeit einer Wandelanleihe mit Pflichtwandlung eingehen.[695] Zudem legen die Umstände unter denen 1925 über die gesetzliche Einführung der Wandelanleihe beraten wurde – Kapitalmangel bei gleichzeitiger Sorge um eine „Überfremdung" der deutschen Wirtschaft – nahe, dass der historische Gesetzgeber nicht an die Ausgestaltung einer Pflichtwandelanleihe gedacht hat.[696] Da diese die Rechte der Aktionäre nicht weniger, sondern tendenziell stärker belastet, kann auch von der Planwidrigkeit der Regelungslücke ausgegangen werden, womit § 221 Abs. 1 S. 1 Alt. 1 AktG auf die Pflichtwandelanleihe analog anzuwenden wäre.[697] Für CoCo-Bonds als besondere Ausgestaltungsform der Pflichtwandelanleihe sollte entsprechendes gelten.

b) Vergleichbare Interessenslage

216 Eine Analogie setzt auch die Vergleichbarkeit der Interessenslagen voraus. Vom Schutzzweck der Norm aus betrachtet, sollte die Vergleichbarkeit der Interessenslagen zu bejahen sein.[698] Denn § 221 AktG stellt in erster Linie eine Schutzvorschrift zugunsten der Aktionäre vor Eingriffen in die mitgliedschaftliche oder vermögensmäßige Struktur der Gesellschaft dar, die durch den Inhalt des Rechtsgeschäfts, bei der klassischen Wandelanleihe durch den Anspruch

---

695 S. hierzu die amtliche Begründung zu § 174 AktG (1937), abgedruckt bei *Klausing*, Aktiengesetz, 1937, S. 155 und die Begründung zu § 221 AktG (1965) bei *Kropff*, AktG, 1965, S. 316.

696 So *Friel*, Wandelanleihen mit Pflichtwandlung, Diss. Bonn 2000, S. 155 mwN.

697 Ebenfalls für eine analoge Anwendung *Schlitt/Brandi/Schröder/Gemmel/Ernst*, CFL 2011, 105, 128; wohl auch MünchKommAktG/*Habersack*, § 221 Rn. 52 und *ders.*, in: FS Nobbe, 2009, S. 539, 550, der jeweils von einer „*entsprechenden*" Anwendung der Norm spricht; aA (direkte Anwendung) *Friel*, Wandelanleihen mit Pflichtwandlung, Diss. Bonn 2000, S. 153 ff., 176; MünchKommAktG/*Fuchs*, § 198 Rn. 22 in Verbindung mit Fn. 55; wohl auch Spindler/Stilz/*Seiler*, § 221 AktG Rn. 150 f.; Bürgers/Körber/*Stadler* § 221 Rn. 27a; Henssler/Strohn/*Hermanns*, Gesellschaftsrecht, § 221 AktG Rn. 5; *Wehrhahn*, Finanzierungsinstrumente mit Aktienerwerbsrechten, Diss. Hannover 2003, S. 147 f.; GroßKommAktG/*Hirte*, § 221 Rn. 210 f.; *Schlitt/Seiler/Singhof*, AG 2003, 254, 266.

698 So etwa auch Marsch-Barner/Schäfer/*Groß*, HdB börsennotierte AG, § 51 Rn. 7; *Friel*, Wandelanleihen mit Pflichtwandlung, Diss. Bonn 2000, S. 156 f., der allerdings die Pflichtwandelanleihe bereits direkt vom Normwortlaut erfasst sieht.

auf Mitgliedschaft in Folge der Ausübung des Wandlungsrechts, tangiert werden.[699] Der Eingriff in die mitgliedschaftliche oder vermögensmäßige Struktur ist bei der klassischen Pflichtwandelanleihe jedoch nicht nur in gleicher Weise vorhanden, sondern darüber hinaus sogar noch stärker ausgeprägt, da er nicht erst möglicherweise als Folge der Ausübung des Wandlungsrechts der Gläubiger erfolgt, sondern aufgrund der Pflicht zur Wandlung definitiv spätestens am Ende der Anleihelaufzeit. Dies spricht für eine entsprechende Anwendung der Norm.[700]

217 Bei CoCo-Bonds verhält es sich ähnlich. Zwar sehen sie keine zwingende Wandlung am Ende der Laufzeit vor, sondern eine solche Wandlung bei Eintritt eines objektiv festgelegten Ereignisses, allerdings greifen sie dann stark in die Mitgliedschafts- und Vermögensstruktur der Gesellschaft ein.[701] Die Gesellschafter sind bei der Ausgabe von CoCo-Bonds daher nicht weniger schutzbedürftig, womit die Interessenslage auch hier vergleichbar ist. Damit ist im Ergebnis die analoge Anwendung des § 221 AktG auf CoCo-Bonds zu bejahen.[702]

218 Durch die analoge Anwendung des § 221 AktG auf die CoCo-Bonds sind die üblichen Voraussetzungen im Rahmen einer Emission von Wandelanleihen bzw. Pflichtwandelanleihen zu berücksichtigen. Insbesondere können sie als Wertpapiere im Sinne von § 2 Nr. 1 b) WpPG einer Prospektpflicht nach § 1 Abs. 1

---

699 GroßKommAktG/*Hirte*, § 221 Rn. 10; MünchKommAktG/*Habersack*, § 221 Rn. 3; Barner/Schäfer/*Groß*, HdB börsennotierte AG, § 51 Rn. 7.

700 S. etwa *Schlitt/Brandi/Schröder/Gemmel/Ernst*, CFL 2011, 105, 128; MünchKommAktG/*Habersack*, § 221 Rn. 52; *ders.*, in: FS Nobbe, 2009, S. 539, 550; für eine direkte Anwendung der Norm auf Pflichtwandelanleihen jedoch *Friel*, Wandelanleihen mit Pflichtwandlung, Diss. Bonn 2000, S. 155; MünchKommAktG/*Fuchs*, § 198 Rn. 22 in Verbindung mit Fn. 55; wohl auch Spindler/Stilz/*Seiler*, § 221 AktG Rn. 150 f.; Bürgers/Körber/*Stadler* § 221 Rn. 27a; Henssler/Strohn/*Hermanns*, Gesellschaftsrecht, § 221 AktG Rn. 5; Marsch-Barner/Schäfer/*Groß*, HdB börsennotierte AG, § 51 Rn. 7; *Wehrhahn*, Finanzierungsinstrumente mit Aktienerwerbsrechten, Diss. Hannover 2003, S. 147 f.; GroßKommAktG/*Hirte*, § 221 Rn. 210 f.; *Schlitt/Seiler/Singhof*, AG 2003, 254, 266; demgegenüber hält GroßKommAktG/*Frey*, § 192 Rn. 84 die Pflichtwandelanleihe offenbar für unzulässig.

701 Jedenfalls in der hier vorgeschlagenen Ausgestaltungsvariante.

702 So wohl auch ohne Begründung *Habersack*, Stellungnahme zur Aktienrechtsnovelle 2012 (Fn. 364), S. 2; demgegenüber scheinen GroßKommAktG/*Hirte*, § 221 Rn. 210 f. und Marsch-Barner/Schäfer/*Groß*, HdB börsennotierte AG, § 51 Rn. 7, 8c die Vorschrift des § 221 AktG auch auf CoCo-Bonds direkt anwenden zu wollen.

WpPG unterliegen, sofern sie öffentlich angeboten oder zum Handel an einem organisierten Markt zugelassen werden sollen.[703]

II. Inhalt des Hauptversammlungsbeschlusses

Analog § 221 Abs. 1 S. 1 AktG dürfen CoCo-Bonds nur aufgrund eines Beschlusses der Hauptversammlung ausgegeben werden. Dabei sind sowohl der Zustimmungsbeschluss der Hauptversammlung zu einem konkreten Vorhaben als auch der auf höchstens fünf Jahre befristete Ermächtigungsbeschluss analog § 221 Abs. 2 S. 1 AktG, durch den der Vorstand zur Begebung einer solchen Anleihe ermächtigt wird, denkbar,[704] wobei jedenfalls bei der klassischen Wandelanleihe der Ermächtigungsbeschluss die gängige Regel in der Praxis ist.[705] Dabei ist die erforderliche Befristung der Ermächtigung zur Begebung der Wandelanleihe gem. § 221 Abs. 2 S. 1 AktG von der Frage nach der Laufzeit der auszugebenden Anleihe zu unterscheiden. Zu letzterer macht das AktG keinerlei Angaben, so dass die Laufzeit der Anleihe nicht in den Hauptversammlungsbeschluss aufzunehmen ist.[706] **219**

Dem Hauptversammlungsbeschluss muss jedoch unabhängig davon, ob es sich um einen Zustimmungs- oder um einen Ermächtigungsbeschluss handelt, der Gesamtnennbetrag der auszugebenden Anleihe oder zumindest ein Höchstbetrag entnommen werden können.[707] Außerdem ist beim Zustimmungsbeschluss das Bezugsverhältnis und beim Ermächtigungsbeschluss eine Befristung der Ermächtigung festzulegen.[708] Ausreichend ist dabei allerdings die Koppelung des Ausgabebetrages an den Börsenkurs einer Referenzperiode.[709] Im Übrigen fällt die Ausgestaltung der weiteren Anleihebedingungen unter den **220**

---

703 *Nodoushani*, ZBB 2011, 143, 147; allgemein zur Prospektpflicht s. etwa Habersack/Mülbert/Schlitt/*Schlitt/Hemeling*, Unternehmensfinanzierung am Kapitalmarkt, § 12 Rn. 80 ff.

704 Für die herkömmliche Pflichtwandelanleihe *Friel*, Wandelanleihen mit Pflichtwandlung, Diss. Bonn 2000, S. 177 f.; Marsch-Barner/Schäfer/*Groß*, HdB börsennotierte AG, § 51 Rn. 31; GroßKommAktG/*Hirte*, § 221 Rn. 100, 107.

705 Marsch-Barner/Schäfer/*Groß*, HdB börsennotierte AG, § 51 Rn. 31.

706 Marsch-Barner/Schäfer/*Groß*, HdB börsennotierte AG, § 51 Rn. 33; Spindler/Stilz/*Seiler*, § 221 AktG Rn. 59.

707 Spindler/Stilz/*Seiler*, § 221 AktG Rn. 59; MünchKommAktG/*Habersack*, § 221 Rn. 139 f., 155; Hüffer/*Koch*, § 221 AktG Rn. 10.

708 MünchKommAktG/*Habersack*, § 221 Rn. 139 f., 155; MünchHdB AG/*Krieger*, § 63 Rn. 11.

709 MünchKommAktG/*Habersack*, § 221 Rn. 140.

fakultativen Beschlussinhalt und kann daher dem Vorstand überlassen werden.[710] Insbesondere muss die Festlegung einer Wandlungspflicht nicht Inhalt des Beschlusses sein,[711] auch wenn dies in der Praxis regelmäßig der Fall ist.[712] Übertragen auf CoCo-Bonds bedeutet dies, dass das wandlungsauslösende Ereignis grundsätzlich nicht im Hauptversammlungsbeschluss genannt werden muss. Stimmen die Aktionäre der Ausgabe von Wandelanleihen zu, so müssen sie auch mit einer Wandlung der Papiere rechnen. Ihre Rechte werden durch die Beteiligung an der Ausgabe der Anleihe in Kenntnis der Wandlungsfolgen bereits hinreichend gewahrt und durch die Festlegung des konkreten Wandlungsauslösers nicht weiter beeinträchtigt. Aufgrund der mit der Wandlung einhergehenden starken Verwässerung, über die die Hauptversammlung zu beschließen hat, ist allerdings davon auszugehen, dass die Hauptversammlung einen Emissionsbeschluss nur dann fassen wird, wenn ihr die konkreten Umstände der Wandlung bekannt sind. Beabsichtigt der Vorstand die Emission von CoCo-Bonds, ist es ihm daher anzuraten, den Wandlungsauslöser der Hauptversammlung zumindest zu nennen, auch wenn dieser nicht Inhalt des Beschlusses sein muss.

221 Sofern der Beschluss zur Begebung der Wandelanleihe mit einem die Wandelanleihe sichernden bedingten Kapitalerhöhungsbeschluss verbunden wird,[713] was bei CoCo-Bonds zu empfehlen ist,[714] muss der Beschluss über die bedingte Kapitalerhöhung den Erfordernissen des § 193 AktG entsprechen.[715] Dies bedeutet, dass der Erhöhungsbetrag (Nennbetrag des bedingten Kapitals), der

---

710 Hüffer/*Koch*, § 221 AktG Rn.11; MünchKommAktG/*Habersack*, § 221 Rn. 141; MünchHdB AG/*Krieger*, § 63 Rn. 11 weist hier darauf hin, dass detailliertere Regelungen in der Praxis die Regel sind, da die Ausgabe des bedingten Kapitals, mit dem die Wandelanleihen in der Regel unterlegt werden, ohnehin genauere Vorgaben erfordert.

711 So auch MünchKommAktG/*Habersack*, § 221 Rn. 52; Spindler/Stilz/*Seiler*, § 221 AktG Rn. 152; *Friel*, Wandelanleihen mit Pflichtwandlung, Diss. Bonn 2000, S. 178 f.; MünchHdB AG/*Krieger*, § 63 Rn. 25; *Schlitt/Seiler/Singhof*, AG 2003, 254, 267; aA Marsch-Barner/Schäfer/*Busch*, HdB börsennotierte AG, § 44 Rn. 7.

712 Marsch-Barner/Schäfer/*Groß*, HdB börsennotierte AG, § 51 Rn. 8; Spindler/Stilz/*Seiler*, § 221 AktG Rn. 152. Im Übrigen ist es allerdings umstritten, ob weitere Regelungen in den Hauptversammlungsbeschluss aufgenommen werden müssen, s. hierzu etwa Spindler/Stilz/*Seiler*, § 221 AktG Rn. 59 je mwN.

713 Für die Anwendbarkeit der § 192 ff. auf CoCo-Bonds s. Rn. 252.

714 S. hierzu Rn. 248 ff.

715 MünchHdB AG/*Krieger*, § 63 Rn. 11; MünchKommAktG/*Habersack*, § 221 Rn. 155; Habersack/Mülbert/Schlitt/*Schlitt/Hemeling*, Unternehmensfinanzierung am Kapitalmarkt, § 12 Rn. 33.

Nennbetrag der neuen Aktien sowie ihre Art und Gattung Inhalt des Hauptversammlungsbeschlusses sein müssen.[716] Darüber hinaus verlangt § 193 Abs. 2 AktG, dass der Zweck der bedingten Kapitalerhöhung sowie der Kreis der Bezugsberechtigten genannt und der Mindestausgabebetrag oder die Grundlage für die Festlegung des Ausgabebetrages oder des Mindestausgabebetrages der neuen Aktien bestimmt wird. Außerdem ist das Verhältnis offenzulegen, zu dem die Schuldverschreibungen gegen Aktien umzutauschen sind.[717]

Der Beschluss über die bedingte Kapitalerhöhung muss nicht zeitgleich mit dem Beschluss nach § 221 Abs. 1, Abs. 2 S. 1 AktG gefasst werden.[718] Volle Sicherheit bietet das Verfahren zur Ausgabe einer Wandelanleihe allerdings nur dann, wenn vor der Ausgabe der Anleihe ein Beschluss zur bedingten Kapitalerhöhung gefasst und die Erhöhung durch die Registereintragung nach § 195 AktG abgeschlossen wird. Denn die Hauptversammlung ist vor Eintragung des Beschlusses über die bedingte Kapitalerhöhung auch bei Vorliegen eines Beschlusses nach § 221 Abs. 1 Alt. 1 oder Abs. 2 AktG rechtlich nicht verpflichtet, die bedingte Kapitalerhöhung zu beschließen, was bei bereits ausgegebenen Wandelanleihen im Wandlungsfall zur Haftung der Gesellschaft führt.[719] **222**

Der Hauptversammlungsbeschluss zur Ausgabe einer Wandelanleihe ist gem. § 221 Abs. 1 S. 2 AktG mit einer Mehrheit von mindestens drei Viertel des bei der Beschlussfassung vertretenen Grundkapitals zu fassen, wobei die Satzung gem. § 221 Abs. 1 S. 3 AktG auch eine andere, insbesondere geringere Kapitalmehrheit bestimmen kann.[720] Etwas anderes gilt jedoch für den Beschluss über die bedingte Kapitalerhöhung. Zwar kann auch hier die Satzung eine andere Mehrheit vorsehen, nach § 193 Abs. 1 S. 2 AktG allerdings keine, die 75 % des bei der Beschlussfassung vertretenen Grundkapitals unterschreitet. **223**

---

716 Marsch-Barner/Schäfer/*Groß*, HdB börsennotierte AG, § 51 Rn. 35.

717 Marsch-Barner/Schäfer/*Groß*, HdB börsennotierte AG, § 51 Rn. 35; zur bedingten Kapitalerhöhung s. Rn. 248 ff.

718 MünchKommAktG/*Habersack*, § 221 Rn. 218; KölnKomm/*Lutter*, § 221 AktG Rn. 98; GroßKommAktG/*Hirte*, § 221 Rn. 166; Hüffer/*Koch*, § 221 AktG Rn. 60; Spindler/Stilz/*Seiler*, § 221 AktG Rn. 84; aA GroßKommAktG/*Wiedemann* § 187 Rn. 8 f.

719 S. etwa MünchKommAktG/*Habersack*, § 221 Rn. 217 f.; GroßKommAktG/*Hirte*, § 221 Rn. 166; näher zur bedingten Kapitalerhöhung Rn. 248 ff.

720 Marsch-Barner/Schäfer/*Groß*, HdB börsennotierte AG, § 51 Rn. 40; Spindler/Stilz/*Seiler*, § 221 AktG Rn. 54; KölnKomm/*Lutter*, § 221 AktG Rn. 40.

III. Bezugsrechtsausschluss der Aktionäre

224 Kommt es bei Wandelanleihen zur Wandlung, entstehen neue Mitgliedschaftsrechte an der Gesellschaft, womit eine Verwässerungsgefahr für bestehende Aktionärsrechte besteht. Zu ihrem Schutz räumt § 221 Abs. 4 S. 1 AktG ihnen daher ein Bezugsrecht auf die auszugebenen Wandelanleihen ein und erklärt im zweiten Satz § 186 AktG für Beschlüsse der Hauptversammlung über Wandelanleihen für „*sinngemäß*" anwendbar.[721] Bedeutung erhält die Norm insbesondere vor dem Hintergrund, dass die Sicherung von Wandelanleihen über bedingtes Kapital erfolgt,[722] dem der Ausschluss des Bezugsrechts jedoch immanent ist.[723] Insofern stellt das Bezugsrecht der Aktionäre auf Wandelanleihen nach § 221 Abs. 4 S. 1 AktG eine „*Vorverlagerung*" ihres Bezugsrechts auf neue Aktien dar.[724]

225 Nach §§ 221 Abs. 4 S. 2, 186 Abs. 1 S. 1 AktG stehen jedem Aktionär auf sein Verlangen ein seinem Anteil am bisherigen Grundkapital entsprechender Anteil an Wandelanleihen zu.[725] Durch die analoge Anwendung des § 221 AktG auf CoCo-Bonds[726] gilt dieses Bezugsrecht auch für dieses Finanzprodukt. Jedoch steht dieser Verwässerungsschutz der Aktionäre der mit den CoCo-Bonds verfolgten Anreizsetzung zur Verbesserung der Marktdisziplin und damit auch der Finanzmarktstabilität entgegen, da die Verwässerung der Aktionärsanteile gerade das Mittel dieser CoCo-Bonds ist.[727] Daher sollten CoCo-Bonds – jedenfalls in der hier vorgeschlagenen Form – immer unter Ausschluss des Bezugsrechts der Aktionäre ausgegeben werden.

226 Die aktienrechtliche Zulässigkeit eines solchen Bezugsrechtsausschlusses richtet sich nach §§ 221 Abs. 4 S. 2, 186 Abs. 3 bis 5 AktG analog. Dabei gelten für den Ausschluss des Bezugsrechts im Rahmen der Begebung von Wandelanleihen die gleichen formellen und materiellen Voraussetzungen wie auch bei der

---

721 S. etwa Marsch-Barner/Schäfer/*Groß*, HdB börsennotierte AG, § 51 Rn. 47.

722 S. hierzu Rn. 248 ff.

723 Ähnlich MünchKommAktG/*Habersack*, § 221 Rn. 162.

724 GroßKommAktG/*Wiedemann*, § 186 Rn. 157; KölnKomm/*Lutter*, zum Anlegerschutz bei Wandel-anleihen s. Marsch-Barner/Schäfer/*Groß*, HdB börsennotierte AG, § 52.

725 Näher zum Bezugsrecht MünchKommAktG/*Pfeifer*, § 186 Rn. 38 ff.; GroßKommAktG/*Hirte*, § 221 Rn. 142 ff.; Spindler/Stilz/*Seiler*, § 221 AktG Rn. 85 ff.; Spindler/Stilz/*Servatius*, § 186 AktG Rn. 7 ff.

726 Zur Analogie des § 221 AktG auf CoCo-Bonds s. Rn. 214 ff.

727 S. hierzu die Ausführungen im Rahmen des Wandlungsverhältnisses Rn. 73 ff.

ordentlichen Kapitalerhöhung.[728] In formeller Hinsicht bedeutet dies vor allem, dass der Vorstand gem. § 186 Abs. 4 S. 2 AktG der Hauptversammlung einen schriftlichen Bericht über den Grund für den Bezugsrechtsausschluss zugänglich machen muss. Ein ergangener Beschluss muss außerdem dem Dreiviertel-Mehrheitserfordernis des § 186 Abs. 3 S. 2 AktG entsprechen und, jedenfalls im Falle eines Zustimmungsbeschlusses, von der Hauptversammlung selbst und unmittelbar gefasst worden sein.[729] Nur beim Ermächtigungsbeschluss kann der Vorstand auch zum Bezugsrechtsausschluss ermächtigt werden.[730] Außerdem kann der Beschluss, durch den das Bezugsrecht ausgeschlossen wird, gem. § 186 Abs. 4 S. 1, 2 AktG nur gefasst werden, wenn der Ausschluss ausdrücklich und ordnungsgemäß bekanntgemacht worden ist und der Vorstand der Hauptversammlung einen schriftlichen Bericht über den Grund für den Ausschluss des Bezugsrechts zugänglich gemacht hat. Insgesamt ergeben sich formell bei CoCo-Bonds im Rahmen des Bezugsrechtsausschlusses keine Besonderheiten im Vergleich zum Ausschluss bei klassischen Wandelanleihen.

Die soeben genannte Berichtspflicht des Vorstands ist auch der Anknüpfungspunkt der materiellen Voraussetzung des Bezugsrechtsausschlusses. Denn dieser soll der Hauptversammlung eine sachgerechte Entscheidung über den Bezugsrechtsausschluss ermöglichen.[731] Zwar stellt das Gesetz selbst keine materiellen Anforderungen an einen Bezugsrechtsausschluss, allerdings ergeben sich diese aus dem Zweck der Berichtspflicht des Vorstands.[732] Zudem ist zu berücksichtigen, dass der Bezugsrechtsausschluss letztlich einen Eingriff in die durch Art. 14 Abs. 1 S. 1 GG verfassungsrechtlich geschützte Position der Aktionäre darstellt[733] und bereits aus diesem Grund einer eigenständigen und positiven **227**

728 MünchHdB AG/*Krieger*, § 63 Rn. 16; Marsch-Barner/Schäfer/*Groß*, HdB börsennotierte AG, § 51 Rn. 48.

729 Marsch-Barner/Schäfer/*Groß*, HdB börsennotierte AG, § 51 Rn. 48; näher zu den formellen Voraus-setzungen etwa Spindler/Stilz/*Servatius*, § 186 AktG Rn. 23 ff.

730 MünchKommAktG/*Habersack*, § 221 Rn. 171.

731 BGHZ 83, 319, 326; OLG München, ZIP 2009, 718, 721; MünchKommAktG/*Habersack*, § 221 Rn. 176.

732 MünchKommAktG/*Peifer*, § 186 Rn. 71 nennt es eine „*sinnlose Frömmelei*", wenn der Vorstandsbericht die bloße Angabe enthalten würde, dass das Bezugsrecht ausgeschlossen werde.

733 BVerfG, ZIP 1999, 1436, 1439; BVerfG, ZIP 2007, 1261, 1262 Rn. 18; BVerfG, ZIP 2012, 1402, 1404 Rn. 52; *Decher/Voland*, ZIP 2013, 103, 108; allgemein zu den Einwirkungen des Art. 14 GG auf das Aktiengesetz *Mülbert*, in: FS Hopt, Band 1, 2010, S. 1039 ff.

Rechtfertigung bedarf.[734] Daher bedarf ein entsprechender Ausschluss immer einer sachlichen Rechtfertigung, die sich an dem Interesse der Gesellschaft zu orientieren hat.[735] Außerdem muss der Bezugsrechtsausschluss zur Erreichung des im Gesellschaftsinteresse liegenden Zwecks geeignet und erforderlich sein, so dass er nicht durch mildere, gleich geeignete Mittel ebenfalls verwirklicht werden kann und muss in Bezug auf die erzielbaren Vorteile in einem angemessenen Verhältnis zu den Nachteilen der betroffenen Aktionäre stehen.[736]

1. Gesellschaftsinteresse am Bezugsrechtsausschluss der Aktionäre

228 Bei der Frage nach dem Gesellschaftsinteresse an einem Bezugsrechtsausschluss der Aktionäre tritt das individuelle Interesse des einzelnen Aktionärs aufgrund der Treuebindung der Gesellschafter gegenüber ihrer Gesellschaft zurück.[737] Dabei liegt jedes mit dem Bezugsrechtsausschluss angestrebte Ziel, das den in der Satzung festgelegten Unternehmensgegenstand fördert, im Interesse der Gesellschaft.[738] Mit dem Bezugsrechtsausschluss im Rahmen der CoCo-Bonds soll mittels der drohenden Verwässerungsgefahr der Aktionäre ein Anreiz für den Vorstand zur Schaffung eines effektiven Risikomanagementsystems und zum nachhaltigen Wirtschaften begründet werden.[739] Im Endeffekt soll mit dem Bezugsrechtsausschluss damit die Existenzfähigkeit der Gesellschaft gesichert werden. Da die Gesellschaft langfristig nur dann den in der Satzung festgelegten

---

734 BGHZ 71, 40, 43; 83, 319, 320 f.; MünchKommAktG/*Peifer*, § 186 Rn. 71 mwN.

735 GroßKommAktG/*Wiedemann*, § 186 Rn. 134 ff.; Bürgers/Körber/*Marsch-Barner* § 186 Rn. 28 f.; Grigoleit/*Rieder/Holzmann* § 186 Rn. 52; KölnKomm/*Lutter*, § 186 AktG Rn. 61 ff.; Marsch-Barner/Schäfer/*Busch*, HdB börsennotierte AG, § 42 Rn. 78 ff.

736 MünchKommAktG/*Peifer*, § 186 Rn. 72; MünchKommAktG/*Habersack*, § 221 Rn. 184 weist darauf hin, dass der BGH die Anforderungen an die sachliche Rechtfertigung beim Ermächtigungsbeschluss zwar dahingehend gelockert habe, dass der Bezugsrechtsausschluss bereits dann zulässig ist, wenn er bei generell-abstrakter Betrachtung im Interesse der Gesellschaft liegt, jedoch der Vorstand bei Ausübung der Ermächtigung zur Kapitalerhöhung unter Bezugsrechtsausschluss noch immer zu prüfen hat, ob der Ausschluss des Bezugsrechts im konkreten Fall unter Berücksichtigung aller Umstände sachlich gerechtfertigt ist.

737 MünchKommAktG/*Peifer*, § 186 Rn. 75; im Ergebnis auch KölnKomm/*Lutter*, § 186 AktG Rn. 61; wohl auch *Zöllner*, AG 2002, 585, 587.

738 MünchKommAktG/*Peifer*, § 186 Rn. 75; Hüffer/*Koch*, § 186 AktG Rn. 26; MünchHdB AG/*Krieger*, § 63 Rn. 16.

739 S. hierzu auch oben die Ausführungen im Rahmen des Wandlungsverhältnisses Rn. 73 ff.

Unternehmensgegenstand wahrnehmen kann, ist in der Sicherung der Lebensfähigkeit der Gesellschaft mittels entsprechender Anreizsetzung eine Förderung des Unternehmensgegenstands zu sehen, womit das Gesellschaftsinteresse am Bezugsrechtsausschluss angenommen werden kann.

2. *Geeignetheit und Erforderlichkeit des Ausschlusses zur Erreichung des im Gesellschaftsinteresse liegenden Zwecks*

Des Weiteren müsste der Bezugsrechtsausschluss geeignet sein, den zur Förderung des Gesellschaftsinteresses angestrebten Zweck zu erreichen.[740] Aus dem Erforderlichkeitsgrundsatz ergibt sich zudem, dass der Bezugsrechtsausschluss nicht nur das Gesellschaftsinteresse fördern können muss, sondern auch aus Sicht der Aktionäre das schonendste[741] und am besten geeignete Mittel zur Verwirklichung des im Gesellschaftsinteresses liegenden Ziels darzustellen hat.[742] Damit führt bereits das Vorliegen einer gleichwertigen Ersatzlösung dazu, dass der Eingriff als unzulässig zu werten ist.[743] **229**

Der Zweck des Bezugsrechtsausschlusses bei CoCo-Bonds liegt in der Setzung eines Anreizes für den Vorstand zur Implementierung eines effektiven Risikomanagementsystems und zum nachhaltigen Wirtschaften. Das Mittel hierfür ist die Inaussichtstellung einer (starken) Gesellschafterverwässerung im Falle einer Wandlung. Dem Shareholder Value-Ansatz folgend kann davon ausgegangen werden, dass diese Verwässerungsgefahr dem Vorstand einen Anreiz im genannten Sinne setzt,[744] so dass der Bezugsrechtsausschluss grundsätzlich geeignet ist, das Gesellschaftsinteresse zu fördern. **230**

740 MünchKommAktG/*Peifer*, § 186 Rn. 76; Hüffer/*Koch*, § 186 AktG Rn. 27; GroßKommAktG/*Wiedemann*, § 186 Rn. 144; Marsch-Barner/Schäfer/*Busch*, HdB börsennotierte AG, § 44 Rn. 78.

741 Spindler/Stilz/*Servatius*, § 186 AktG Rn. 48.

742 BGHZ 83, 319, 321; MünchKommAktG/*Peifer*, § 186 Rn. 76; GroßKommAktG/*Wiedemann*, § 186 Rn. 144; KölnKomm/*Lutter*, § 186 AktG Rn. 62; Hüffer/*Koch*, § 186 AktG Rn. 27; dagegen ausdrücklich nur auf das schonendste Mittel abstellend Spindler/Stilz/*Servatius*, § 186 AktG Rn. 48.

743 GroßKommAktG/*Wiedemann*, § 186 Rn. 144; KölnKomm/*Lutter*, § 186 AktG Rn. 62; MünchKommAktG/*Peifer*, § 186 Rn. 76.

744 Zur Verhaltenssteuerung s. Rn. 46 f. sowie die Ausführungen im Rahmen des Wandlungsverhältnisses Rn. 73 ff.

a) Gleichgültigkeit in Bezug auf die Person des Kapitalaufbringers

231 Jedoch unterliegen CoCo-Bonds aufgrund der Einstufung der ursprünglich geleisteten Zahlung als Bareinlage[745] den Regelungen einer Barkapitalerhöhung. Aus diesem Grund kann jedenfalls aus der bereits anerkannten Zulässigkeit eines Bezugsrechtsausschlusses im Rahmen eines als Sachkapitalerhöhung qualifizierten Debt-Equity-Swaps[746] nicht ohne Weiteres der Schluss gezogen werden, dass ein solcher Ausschluss auch bei einer CoCo-Bond-Emission zulässig sei. Vielmehr wird bei Barkapitalerhöhungen davon ausgegangen, dass es aus Sicht der Aktiengesellschaft gleichgültig ist, wer das neue Kapital aufbringt bzw. aufgebracht hat,[747] so dass der Bezugsrechtsausschluss in aller Regel nicht dem Merkmal der Erforderlichkeit entspricht.[748] Daher kann bei Barkapitalerhöhungen nur unter ganz engen Voraussetzungen die Zulässigkeit eines entsprechenden Ausschlusses angenommen werden.[749] Selbst in Sanierungsfällen ist dies nur der Fall, wenn die Rettung der AG allein durch die Anlehnung an ein anderes Unternehmen möglich ist, dieses aber die Rettung von der Einräumung einer entsprechenden Aktienanzahl abhängig macht.[750] Ansonsten sollen selbst „*schwierige Kapitalmarktsituationen*“ einen Bezugsrechtsausschluss der Aktionäre noch nicht erforderlich machen können, da auch hier die Bareinlage durch die Aktionäre mindestens als gleichwertig im Vergleich zu der eines Dritten anzusehen ist.[751]

232 Diesen Gedanken auf CoCo-Bonds übertragend wäre die Zulässigkeit eines Bezugsrechtsausschlusses nach §§ 221 Abs. 4 S. 2, 186 Abs. 3 S. 1 AktG analog

---

745 Marsch-Barner/Schäfer/*Groß*, HdB börsennotierte AG, § 51 Rn. 8d; Marsch-Barner/Schäfer/*Busch*, HdB börsennotierte AG, § 44 Rn. 47; Spindler/Stilz/*Rieckers* § 199 Rn. 14; *Friel*, Wandelanleihen mit Pflichtwandlung, Diss. Bonn, 2002, S. 185 f.; *Holland/Goslar*, NZG 2006, 892, 895.

746 BGHZ 110, 47, 60 f.; Spindler/Stilz/*Servatius*, § 186 AktG Rn. 45; ausführlich hierzu *Ekkenga*, ZGR 2009, 581 ff.; zum Unterschied eines solchen (klassischen) Debt-Equity-Swaps und zu dem im Rahmen einer CoCo-Bondwandlung s. bereits. Rn. 93 ff.

747 KölnKomm/*Lutter*, § 186 AktG Rn. 65; MünchKommAktG/*Peifer*, § 186 Rn. 91; GroßKommAktG/*Wiedemann*, § 186 Rn. 154; Bürgers/Körber/*Marsch-Barner* § 186 Rn. 39.

748 GroßKommAktG/*Wiedemann*, § 186 Rn. 145; Bürgers/Körber/*Marsch-Barner* § 186 Rn. 29.

749 S. zu den Fallgruppen, bei denen ein solcher Ausschluss in Betracht kommt, KölnKomm/*Lutter*, § 186 AktG Rn. 66 ff.; GroßKommAktG/*Wiedemann*, § 186 Rn. 155.

750 KölnKomm/*Lutter*, § 186 AktG Rn. 70.

751 So KölnKomm/*Lutter*, § 186 AktG Rn. 77; aA jedoch *Timm*, DB 1982, 211, 215.

zu verneinen. Denn CoCo-Bonds würden zu einer Zeit begeben werden, zu der die Gesellschaft aus wirtschaftlicher Sicht (noch) gut dasteht und auf dem Kapitalmarkt keine Krise herrscht. Wenn selbst zu Zeiten „schwieriger Kapitalmarktsituationen" ein Bezugsrechtsausschluss nicht in Betracht kommt, da es beim Grundsatz der Irrelevanz der Person des Kapitalaufbringers bleibt, dann liegt der Schluss nahe, dass auch das Bezugsrecht auf CoCo-Bonds, die zu einem solchen Zeitpunkt gegebenenfalls in Aktien umzuwandeln wären, nicht ausgeschlossen werden kann.

Jedoch bedarf der Bezugsrechtsausschluss nach § 186 Abs. 3 AktG immer eines offenen Wertungsprozesses und sollte nicht im Wege eines Fallvergleiches erfolgen, auch wenn sich die Praxis an Fallgruppen orientiert.[752] Bei CoCo-Bonds ist der Gedanke der Kapitalaufbringung allenfalls bei der Frage nach der Verlustabsorption bedeutsam. Allerdings sollte mit den CoCo-Bonds über den Zweck der Verlustabsorption hinaus auch ein Anreiz für den Vorstand zur Schaffung eines effektiven Risikomanagementsystems und zum nachhaltigen Wirtschaften gesetzt werden. Das Mittel dieses Anreizes ist die drohende Verwässerungsgefahr der Aktionäre durch die Wandlung der CoCo-Bonds.[753] In diesem Zusammenhang ist es daher im Interesse der Gesellschaft gerade nicht unerheblich, wer das „neue" Kapital aufbringt. Insbesondere kann die Leistung der Aktionäre nicht als eine gleichwertige Investition eines Dritten anerkennt werden. Denn wären die Aktionäre zum großen Teil auch die Inhaber der bedingten Pflichtwandelanleihen, so würde sich die Gefahr der Anteilsverwässerung als Folge der Wandlung relativieren, womit auch der Anreiz an den Vorstand wegfallen würde. Damit ist der Gedanke, dass es für die Finanzverfassung der Gesellschaft gleichgültig ist, wer die Geldeinlage zur Verfügung stellt, nicht auf CoCo-Bonds übertragbar, so dass er nicht zur Unzulässigkeit eines Bezugsrechtsausschlusses bei dieser Anleiheform führen kann. 233

752 Marsch-Barner/Schäfer/*Busch*, HdB börsennotierte AG, § 44 Rn. 82, *Martens*, ZIP 1994, 669, 670.

753 S. zum Wandlungsverhältnis Rn. 73 ff.

b) Gleichwertige Anreizsetzung aufgrund von § 76 Abs. 1 AktG

234 § 76 Abs. 1 AktG bestimmt, dass der Vorstand unter eigener Verantwortung die Gesellschaft leitet. Dabei wird sein Leitungsermessen insoweit begrenzt, als er das erwerbswirtschaftliche Interesse der Gesellschaft, das sich mit dem gemeinschaftlichen Interesse der Aktionäre deckt, zu wahren hat.[754] Daher hat der Vorstand insbesondere den Bestand des Unternehmens zu sichern und für eine dauerhafte Rentabilität zu sorgen.[755] Damit setzt § 76 Abs. 1 AktG nicht bloß einen Anreiz zur Sicherung der Existenzfähigkeit, sondern begründet darüber hinaus sogar die Pflicht hierzu. Dieser Gedanke schlägt sich auch in § 91 Abs. 2 AktG nieder, nach dem der Vorstand geeignete Maßnahmen zu treffen, insbesondere ein Überwachungssystem einzurichten hat, damit fortbestandsgefährdende Entwicklungen früh erkannt werden. Neben dieser Verpflichtung verlangt § 87 Abs. 1 S. 2 AktG, nach dem die Vergütungsstruktur bei börsennotierten Gesellschaften auf eine nachhaltige Unternehmensentwicklung auszurichten ist, ebenfalls eine entsprechende Anreizsetzung im Rahmen der Vorstandsvergütung. Damit könnte aber der Zweck des Bezugsrechtsausschluss bei CoCo-Bonds[756] bereits durch gesetzliche Regelungen ausreichend sichergestellt worden sein, was der Annahme der Erforderlichkeit dieses Ausschlusses entgegenstehen würde.

235 Zweifelhaft ist allerdings, ob eine gesetzliche Norm ein „*Mittel*" im Sinne der Erforderlichkeit darstellt. Wäre dies zu bejahen, dann müsste jeder Bezugsrechtsausschluss, der sowohl dem Gesellschafsinteresse dient als auch ein gesetzlich manifestiertes Ziel fördert, unzulässig sein. Dabei zeigt doch gerade die gesetzliche Normierung die Bedeutung, die der Gesetzgeber der Erreichung der normierten Vorgabe beimisst. Daher sollte nicht aus einer gesetzlichen Regelung automatisch der Schluss gezogen werden, dass ein Bezugsrechtsausschluss, der auch den Regelungsinhalt einer Norm fördert, eben aufgrund der Existenz dieser Norm unzulässig ist. Insofern stellt das Merkmal der Erforderlichkeit keine *ultima ratio*-Hürde dar.[757] Vielmehr sind die gesetzlichen Regelungen beim Bezugsrechtsausschluss im Rahmen des offenen Wertungsprozesses zu

---

754 S. etwa MünchKommAktG/*Spindler*, § 76 Rn. 68.

755 MünchKommAktG/*Spindler*, § 76 Rn. 69; KölnKomm/*Mertens/Cahn*, § 76 AktG Rn. 21 f.; Hüffer/*Koch*, § 76 AktG Rn. 13; *Hüffer*, in: FS Raiser, 2005, S. 163, 168; Henssler/Strohn/*Dauner-Lieb* § 76 AktG Rn. 11; Bürgers/Körber/*Bürgers/Israel* § 76 Rn. 11; Hölters/*Weber* § 76 Rn. 19.

756 S. Rn. 230.

757 Marsch-Barner/Schäfer/*Busch*, HdB börsennotierte AG, § 44 Rn. 78; GroßKomm-AktG/*Wiedemann*, § 186 Rn. 145.

berücksichtigen.[758] So wird etwa die Zulässigkeit eines Bezugsrechtsausschlusses bei der Ausgabe von Aktien an Arbeitnehmer damit begründet, dass das Aktiengesetz an verschiedene Stellen die Förderungswürdigkeit der Aktienausgabe an Arbeitnehmer erkennen lässt.[759] Das Interesse der Aktionäre wird in diesem Zusammenhang dadurch gewahrt, dass sich die Ausgabe der Anleihe in einem angemessenen Rahmen zu bewegen hat.[760] Auf CoCo-Bonds übertragen bedeutet dies, dass das Aktiengesetz die Förderungswürdigkeit der Existenzsicherung in §§ 76 Abs. 1, 92 Abs. 2, 87 Abs. 1 S. 2 AktG erkennen lässt, so dass es paradox wäre, einen diese Wertung fördernden Bezugsrechtsausschluss per se als nicht erforderlich und damit unzulässig einzustufen. Derselbe Gedanke sollte auch auf die im Einklang mit § 87 Abs. 1 S. 2 AktG stehenden Anstellungsverträge durchschlagen.

Dieses Ergebnis wird durch die Berücksichtigung der nach der Finanzmarkt- **236**
krise ergangenen Reformen im Rahmen des offenen Wertungsprozesses bestätigt. Hier ist zunächst einmal die Überarbeitung des Insolvenzrechts durch das Gesetz zur weiteren Erleichterung der Sanierung von Unternehmen (ESUG)[761] zu nennen. Dieses führte zu einem grundlegenden Paradigmenwechsel,[762] indem § 225a Abs. 2 S. 1 InsO erstmals eine Einbeziehung der Aktionäre in die Regelungen des Insolvenzplans vorsieht und bestimmt, dass dieser Plan die Umwandlung der Gläubigerforderungen in Anteils- und Mitgliedschaftsrechte vorsehen kann.[763] § 225a Abs. 2 S. 3 InsO betont sogar, dass dabei auch ein Bezugsrechtsausschluss vorgesehen werden kann[764] und ist unabhängig davon anwendbar, ob ein Debt-Equity-Swap als eine Sach- oder als eine Bareinlage

---

758 So auch *Martens*, ZIP 1994, 669, 670; dem scheint GroßKommAktG/*Wiedemann*, § 186 Rn. 82 im Grunde zwar zuzustimmen, allerdings konstatiert er, dass sich die Praxis an Fallgruppen zu orientieren habe.

759 So GroßKommAktG/*Wiedemann*, § 186 Rn. 84; KölnKomm/*Lutter*, § 186 AktG Rn. 67.

760 KölnKomm/*Lutter*, § 186 AktG Rn. 67; Habersack/Mülbert/Schlitt/*Krause*, Unternehmensfinanzierung am Kapitalmarkt, § 7 Rn. 16 mwN; zur Angemessenheit des Bezugsrechtsausschlusses s. Rn. 240 ff.

761 BGBl. 2011, Teil 1 Nr. 64, S. 2582 ff.

762 So *Decher/Voland*, ZIP 2013, 103; ähnlich *K. Schmidt*, BB 2011, 1603, 1607.

763 *Decher/Voland*, ZIP 2013, 103, 104.

764 Laut MünchKommInsO/*Eidenmüller*, § 225a Rn. 49 f. ist dies sogar „*ohne Weiteres*" möglich, d.h. „*ohne Heranziehung materialer Kriterien (wie etwa sachliche Rechtfertigung, Erforderlichkeit etc.)*", aA *Simon/Merkelbach*, NZG 2012, 121, 125.

qualifiziert wird.[765] Zwar verlangt § 244 Abs. 1, 3 InsO für die Festlegung eines derartigen Insolvenzplans noch einen Mehrheitsbeschluss der Gläubiger und der Anteilseigner, die fehlende Zustimmung einer dieser Gruppen kann aber auch durch eine richterliche Entscheidung gem. § 245 InsO auch ersetzt bzw. fingiert werden,[766] wobei eine Umwandlung gegen den Willen der betroffenen Gläubiger gem. § 225a Abs. 2 S. 2 InsO ausgeschlossen ist. Damit wird es den Gläubigern ermöglicht, eine Sanierung der börsennotierten AG selbst gegen den Widerstand und unter Umständen auch unter vollständigem Ausschluss der Altaktionäre durchzusetzen.[767]

237 Die Reformen der Europäischen Union gehen sogar darüber hinaus, indem sie beim Bail-in-Instrument und der Befugnis nach Art. 59 Abs. 2 BRRD eine Wandlung von Verbindlichkeiten vorsehen, die in der Ermessensentscheidung der Abwicklungsbehörde liegt und damit unabhängig vom Willen der Gläubiger oder Gesellschafter ist.[768] Dabei ist die Befugnis zur Herabschreibung und Umwandlung relevanter Kapitalinstrumente nach Art. 59 Abs. 2 BRRD noch nicht einmal auf Abwicklungssituationen beschränkt.[769]

238 Der Zweck der auf nationaler und europäischer Ebene ergangenen Reformen liegt neben der Bewahrung der Abwicklungsmöglichkeit auch in der Sicherung der Existenzfähigkeit der Gesellschaft. Dies wird besonders bei Art. 43 Abs. 3 BRRD deutlich, nach dem das Bail-in-Instrument nur dann zur Rekapitalisierung eines die Voraussetzungen für die Abwicklung erfüllenden Instituts zur Anwendung kommt, wenn die „*begründete Aussicht besteht, dass die Anwendung dieses Instruments* [...] *über die Verwirklichung relevanter Abwicklungsziele hinaus die finanzielle Solidität und langfristige Überlebensfähigkeit des jeweiligen Instituts* [...] *wiederherstellt*". Dies spricht für eine Lockerung des Verwässerungsschutzes

---

765 *Decher/Voland*, ZIP 2013, 103, 105 f.; eine ähnliche Regelungen wie § 225a Abs. 2 InsO finden sich auch in § 9 Abs. 1 KredReorgG wieder. Auch nach § 5 Abs. 3 S. 1 Nr. 5 SchuldVG sieht die Möglichkeit der Gläubiger vor, einen Umtausch ihrer Schuldverschreibungen in Aktien herbeizuführen. Kritisch zu dieser neuen Regelung des SchuldVG jedoch Friedl/Hartwig-Jacob/*Friedl/Schmidtbleicher*, SchVG, § 5 Rn. 43 ff.

766 MünchKommInsO/*Drukarczyk*, § 245 Rn. 2; Uhlenbruck/Hirte/Vallender/*Lüer* § 245 Rn. 1; s. zu diesem sog. Obstruktionsverbot des § 245 InsO auch Braun/*Braun/Frank*, § 245 InsO Rn. 1 ff.

767 *Decher/Voland*, ZIP 2013, 103, 113; MünchKommInsO/*Drukarczyk*, § 245 Rn. 2, 93; *Arnold*, in: FS Hoffmann-Becking, 2013, S. 29.

768 S. zum Abwicklungsverfahren der BRRD Rn. 147 ff.

769 S. Befugnis zur Herabschreibung und Umwandlung relevanter Kapitalinstrumente nach Art. 59 Abs. 2 BRRD Rn. 166 ff.

der Aktionäre und damit für die Annahme des Gesellschaftsinteresses an einem entsprechenden Ausschluss. Damit sprechen diese Reformen im Rahmen eines offenen Wertungsprozesses grundsätzlich aber auch für die Zulässigkeit eines Bezugsrechtsausschlusses bei CoCo-Bonds. Denn wenn nach der dargestellten gesetzlichen Wertung ein Bezugsrechtsausschluss zur Sicherung der Existenzfähigkeit der Gesellschaft auch ohne die Beteiligung der Aktionäre unter gewissen Umständen zulässig ist, dann muss er erst Recht zulässig sein, wenn die Gesellschafter, wie im Rahmen des § 186 Abs. 3 S. 1, 2 AktG, diesen mit einer qualifizierten Mehrheit „demokratisch" beschließen.

Insgesamt kann der Bezugsrechtsausschluss bei CoCo-Bonds damit als erforderlich und, sofern die CoCo-Bonds stark verwässernd ausgestaltet sind, geeignet angesehen werden. **239**

3. *Verhältnismäßigkeit im engeren Sinne des Bezugsrechtsausschlusses*

Auch müsste der Bezugsrechtsausschluss verhältnismäßig im engeren Sinne und somit angemessen sein.[770] Dies erfordert eine Zweck-Mittel-Relation, bei der die Vorteile für die Gesellschaft die Nachteile für die Aktionäre überwiegen müssen.[771] Bei der zu treffenden Abwägung sind insbesondere die Bedeutung des Stimmrechtsverlustes und die Höhe des Vermögensverlustes bei der Ausgabe der jungen Aktien unter dem Börsenwert zu berücksichtigen. Dabei gilt, dass, je schwerer die Interessen der Aktionäre wiegen, desto dringender muss das Interesse der Gesellschaft an einem Bezugsrechtsausschluss bei der vorgesehenen Kapitalerhöhung sein.[772] Auch bei Publikumsaktionären darf nicht aus dem Umstand, dass sich ihr Interesse mehr auf den Vermögens- als auf den Quotenerhalt **240**

---

770 Soweit ersichtlich trennt einzig KölnKomm/*Lutter*, § 186 AktG Rn. 63 f. zwischen der Verhältnismäßigkeit und der Angemessenheit. Eine solche Differenzierung wird in der Literatur im Übrigen nicht vorgenommen, s. Spindler/Stilz/*Servatius*, § 186 AktG Rn. 49 f.; MünchKommAktG/*Peifer*, § 186 Rn. 72, 77; MünchKommAktG/*Habersack*, § 221 Rn. 184; GroßKommAktG/*Wiedemann*, § 186 Rn. 146 f.; MünchHdB AG/*Krieger*, § 56 Rn. 76; Hölters/*v.Dryander/Niggemann*, § 186 AktG Rn. 61 ff.; Bürgers/Körber/*Marsch-Barner* § 186 Rn. 28 ff.; Grigoleit/*Rieder/Holzmann* § 186 Rn. 52; Henssler/Strohn/*Hermanns*, Gesellschaftsrecht, § 186 AktG Rn. 12; Heidel/*Rebmann* § 186 AktG Rn. 40 ff.; Hüffer/*Koch*, § 186 AktG Rn. 26 ff.; K. Schmidt/Lutter/*Veil*, § 186 AktG Rn. 34; Habersack/Mülbert/Schlitt/*Krause*, Unternehmensfinanzierung am Kapitalmarkt, § 7 Rn. 11.

771 BGHZ 71, 40, 46; 83, 319, 321; MünchKommAktG/*Peifer*, § 186 Rn. 77.

772 Habersack/Mülbert/Schlitt/*Krause*, Unternehmensfinanzierung am Kapitalmarkt, § 7 Rn. 11; MünchKommAktG/*Peifer*, § 186 Rn. 79.

richtet, der Schluss auf eine *per se*-Rechtfertigung des Bezugsrechtsausschlusses gezogen werden.[773]

241 Mit dem Mittel der drohenden Verwässerung der Aktionärsanteile soll ein Anreiz zur Sicherung der Existenzfähigkeit der Gesellschaft für den Vorstand gesetzt werden. Zu diesem Zweck müsste bei CoCo-Bonds allerdings das Bezugsrecht der Aktionäre ausgeschlossen werden.[774] Das Bezugsrecht ist nur aufgrund der Möglichkeit eines Eingriffs in die Vermögens- und Stimmrechte der Aktionäre gerechtfertigt.[775] Daher ist im Rahmen der Angemessenheit eines Bezugsrechtsausschlusses auch die Wahrscheinlichkeit einer Wandlung zu berücksichtigen. Ökonomen gehen davon aus, dass die Wandlungswahrscheinlichkeit bei CoCo-Bonds mit einem starken Verwässerungseffekt aufgrund des durch sie gesetzten Anreizes nahezu gegen Null läuft,[776] so dass die Beeinträchtigung der Aktionärsinteressen eher als marginal einzustufen ist.

242 Aber selbst wenn der unwahrscheinliche Fall einer Wandlung eintreten würde, so wären die Interessen der Aktionäre aufgrund der analogen Anwendung des § 192 Abs. 3 AktG,[777] der den Ausgabebetrag der aufgrund der CoCo-Bondwandlung zu liefernden jungen Aktien auf maximal 50 % des bei der Beschlussfassung der bedingten Kapitalerhöhung vorhandenen Grundkapitals beschränkt, ausreichend gewahrt.

243 Darüber hinaus tangiert der Bezugsrechtsausschluss die Interessen der Aktionäre nicht nur im negativen Sinne. Denn die Sicherung der Existenzfähigkeit der Gesellschaft ist ebenfalls in ihrem Interesse, da ihre Anteile immer mehr an Wert verlieren, je stärker die Existenz der Gesellschaft in Mitleidenschaft gerät. Das Vertrauen auf eine Rettung durch den Staat in der Krise, mit der Folge, dass die Aktionärsanteile allmählich wieder an Wert gewinnen, ist nicht schutzwürdig und muss bei der Abwägung außer Acht bleiben. Insgesamt ist daher davon auszugehen, dass der Bezugsrechtsausschluss bei der CoCo-Bond-Emission damit auch verhältnismäßig ist.

---

773 GroßKommAktG/*Wiedemann*, § 186 Rn. 147.

774 S. hierzu bereits Rn. 233.

775 MünchKommAktG/*Habersack*, § 221 Rn. 162; Marsch-Barner/Schäfer/*Groß*, HdB börsennotierte AG, § 51 Rn. 44; GroßKommAktG/*Hirte*, § 221 Rn. 142.

776 *Calomiris/Herring*, Journal of Applied Corporate Finance Vol. 25 (2013), No. 2, S. 21, 26 f.

777 Zur Analogie des § 192 AktG s. Rn. 252.

4. *Erleichterter Bezugsrechtsausschluss nach §§ 221 Abs. 4 S. 2, 186 Abs. 3 S. 4 AktG analog*

Unklar ist, ob bei Wandelanleihen auch ein erleichterter Bezugsrechtsausschluss in Betracht kommt. Denn nach § 186 Abs. 3 S. 4 AktG, auf den § 221 Abs. 4 S. 2 AktG verweist, ist ein Bezugsrechtsausschluss im Falle einer Barkapitalerhöhung stets zulässig, sofern die Kapitalerhöhung zehn vom Hundert des Grundkapitals nicht übersteigt und der Ausgabebetrag den Börsenpreis nicht wesentlich unterschreitet.[778] Einigkeit besteht hier jedenfalls darin, dass § 186 Abs. 3 S. 4 AktG von der Verweisung des § 221 Abs. 4 S. 2 AktG erfasst wird, obwohl die Verweisungsvorschrift jünger ist als die Verweisungsnorm selbst.[779] Allerdings komme ein erleichterter Bezugsrechtsausschluss *praktisch* nicht in Betracht, da die Vorschrift des § 186 Abs. 3 S. 4 AktG die Existenz eines Börsenkurses für gleiche Rechte und die Möglichkeit des Zukaufs dieser Rechte verlange. Dies sei bei Wandelanleihen in der Regel jedoch nicht gegeben, da es *praktisch* keine Wandelschuldverschreibungen am Markt gebe, die nach ihrem Wandlungszeitpunkt, nach ihrem Wandlungspreis sowie ihrer Verzinsung und Fälligkeit völlig identisch sind. Aus diesem Grund kann auch kein Börsenkurs für derartige Anleihen festgemacht werden, womit der erleichterte Bezugsrechtsausschluss ausscheidet.[780] Dem wird entgegen gehalten, dass die Möglichkeit, Wandelanleihen an der Börse zu erwerben, für die Anwendung des § 186 Abs. 3 S. 4 AktG nicht notwendig ist, da die Norm lediglich auf den Aktienerwerb über die Börse abstelle.[781] Daher wird die Zulässigkeit des erleichterten Bezugsrechtsausschlusses überwiegend bejaht, wenn die Bedingungen der Wandelanleihe in der Gesamtschau so ausgestaltet sind, dass der Wert des hypothetischen Bezugsrechts gegen Null tendiere und der rechnerische Nennwert der ausgegebenen Aktien im Wandlungsfall 10 % des Grundkapitals nicht übersteigt.[782] **244**

---

778 S. hierzu auch Spindler/Stilz/*Seiler*, § 221 AktG Rn. 90 mwN.

779 Marsch-Barner/Schäfer/*Groß*, HdB börsennotierte AG, § 51 Rn. 55; s. auch MünchKommAktG/*Habersack*, § 221 Rn. 190 f.; MünchHdB AG/*Krieger*, § 63 Rn. 17; Spindler/Stilz/*Seiler*, § 221 AktG Rn. 90 ff.; KölnKomm/*Lutter*, Nachtrag § 186 AktG Rn. 39 Hüffer/*Koch*, § 221 AktG Rn. 43a; GroßKommAktG/*Hirte*, § 221 Rn. 146.

780 So KölnKomm/*Lutter*, Nachtrag § 186 AktG Rn. 39; im Ergebnis auch Hüffer/*Koch*, § 221 AktG Rn. 43a; GroßKommAktG/*Hirte*, § 221 Rn. 146.

781 Marsch-Barner/Schäfer/*Groß*, HdB börsennotierte AG, § 51 Rn. 56.

782 Spindler/Stilz/*Seiler*, § 221 AktG Rn. 97 f.; MünchKommAktG/*Habersack*, § 221 Rn. 190 f.; ebenfalls für die Zulässigkeit eines erleichterten Bezugsrechtsausschlusses Marsch-Barner/Schäfer/*Groß*, HdB börsennotierte AG, § 51 Rn. 56; MünchHdB

245 Aber selbst wenn mit der überwiegenden Auffassung die Zulässigkeit sowie die *praktische* Möglichkeit eines erleichterten Bezugsrechtsausschluss bei Wandelanleihen angenommen wird, so kommt ein solcher jedenfalls bei den in dieser Arbeit vorgeschlagenen CoCo-Bonds nicht in Betracht. Denn § 186 Abs. 3 S. 4 AktG setzt u. a. voraus, dass der Ausgabebetrag der Aktien den Börsenpreis nicht wesentlich unterschreitet. Der Gesetzgeber will damit zum Ausdruck bringen, dass der erleichterte Bezugsrechtsausschluss nur in Betracht kommt, wenn der Wert des Bezugsrechts der Aktionäre auf Aktien so marginal ist, dass ihre Rechte nur unbedeutend beeinträchtigt werden.[783] Vorliegend wird jedoch die Auffassung vertreten, dass eine CoCo-Bond-Wandlung (stark) über den Nennwert der Anleihe zu erfolgen hat, damit diesem Finanzinstrument eine positive verhaltenssteuernde Wirkung zukommen kann.[784] Für diese Voraussetzung des § 186 Abs. 3 S. 4 AktG kann es jedoch keinen Unterschied machen, ob Aktien zum Nennwert der Anleihe aber unter wesentlicher Unterschreitung ihres Börsenpreises oder aber zu ihrem Börsenpreis jedoch bei wesentlicher Überschreitung des Anleihenennwerts ausgegeben werden. In beiden Fällen ist der Wert des Bezugsrechts nicht als marginal einzustufen, so dass die Aktionärsrechte mehr als bloß unbedeutend beeinträchtigt werden. Daher scheidet der erleichterte Bezugsrechtsausschluss analog §§ 221 Abs. 4 S. 2, 186 Abs. 3 S. 4 AktG jedenfalls für die in dieser Arbeit vorgeschlagenen CoCo-Bonds mit einem starken Verwässerungseffekt der Gesellschafteranteile aus.

5. *Ergebnis*

246 Insgesamt bleibt festzuhalten, dass ein Bezugsrechtsausschluss bei der CoCo-Bond-Emission aktienrechtlich gem. §§ 221 Abs. 4 S. 2, 186 Abs. 3 S. 1 AktG analog zulässig ist. Hingegen kommt ein erleichterter Bezugsrechtsausschluss analog §§ 221 Abs. 4 S. 2, 186 Abs. 3 S. 4 AktG nicht in Betracht. Dieser scheitert an dem Wandlungsverhältnis der CoCo-Bonds, da diese über ihren Nennwert zu wandeln sind.[785]

AG/*Krieger*, § 63 Rn. 17; aA allerdings KölnKomm/*Lutter*, Nachtrag § 186 AktG Rn. 39; im Ergebnis auch Hüffer/*Koch*, § 221 AktG Rn. 43a; GroßKommAktG/*Hirte*, § 221 Rn. 146; zum Streit s. auch Habersack/Mülbert/Schlitt/*Schlitt/Hemeling*, Unternehmensfinanzierung am Kapitalmarkt, § 12 Rn. 49.

783 S. etwa Marsch-Barner/Schäfer/*Groß*, HdB börsennotierte AG, § 51 Rn. 56.

784 S. zum Nennwertbezug der Wandlung Rn. 80 ff.

785 Näher hierzu Rn. 245.

Unabhängig vom fehlenden Vorliegen der tatbestandlichen Voraussetzungen des erleichterten Bezugsrechtsausschlusses sollte ein solcher Ausschluss jedoch bereits aufgrund seiner Begrenzung auf 10 % des Grundkapitals bei CoCo-Bonds nicht in Betracht kommen. Insofern scheint selbst der Gesetzgeber bei dieser Begrenzung davon auszugehen, dass eine Kapitalerhöhung von lediglich 10 % des Grundkapitals grundsätzlich als eine unbedeutende Beeinträchtigung der Vermögens- und Beteiligungsinteressen der Aktionäre darstellt.[786] Diesem Gedanken folgend, kann eine (Eigen-)Kapitalerhöhung von 10 % nicht die gewünschte „Drohkulisse" aufbauen, um die Verwässerung der Aktionärsanteile derart stark in das Bewusstsein der Gesellschafter bzw. des Vorstandes zu rücken, dass mit ihr die gewünschte Verhaltenssteuerung erzielt wird.[787] Daher sollte ein Bezugsrechtsausschluss nach §§ 221 Abs. 4 S. 2, 186 Abs. 3 S. 4 AktG (analog) bei CoCo-Bonds nicht nur aus tatbestandlichen, sondern auch aus Gründen der Verhaltenssteuerung keine Rolle spielen. 247

IV. Die Sicherung der Wandlungsrechte bei CoCo-Bonds

Hat die Hauptversammlung einen Beschluss nach § 221 Abs. 1 S. 1 Alt. 1 oder Abs. 2 S. 1 AktG gefasst, wurde hierdurch nicht zeitgleich auch eine Entscheidung über die wirksame Absicherung der aus den Wandelanleihen erwachsenen Rechte der Gläubiger im Wandlungszeitpunkt getroffen.[788] Vielmehr bedarf eine solche Sicherung eines entsprechenden Kapitalerhöhungsbeschlusses. Dabei kommen zur Sicherung von Wandelanleihen insbesondere die bedingte Kapitalerhöhung nach §§ 192 ff. AktG oder die genehmigte Kapitalerhöhung gem. §§ 202 ff. AktG in Betracht.[789] Hingegen ist das Vertrauen darauf, dass die AG zum Wandlungszeitpunkt eine ordentliche Kapitalerhöhung beschließt, gefährlich, da die Hauptversammlung nicht zu einem entsprechenden Beschluss verpflichtet ist, so dass bei Ausbleiben der notwendigen (ordentlichen) Kapitalerhöhung nicht nur eine Haftung, sondern darüber hinaus auch ein nicht minder schwerwiegender Reputationsverlust auf dem Kapitalmarkt droht.[790] Daher sollte vor der Ausgabe einer Wandelschuldverschreibung die Lieferung zum 248

786 Marsch-Barner/Schäfer/*Groß*, HdB börsennotierte AG, § 51 Rn. 56.

787 S. in diesem Zusammenhang auch Rn. 256, 268, 297.

788 Statt vieler Spindler/Stilz/*Seiler*, § 221 AktG Rn. 68.

789 MünchHdB AG/*Krieger*, § 63 Rn. 21; Spindler/Stilz/*Seiler*, § 221 AktG Rn. 68 ff.; Grigoleit/*Rieder/Holzmann* § 221 Rn. 54 f.; Hüffer/*Koch*, § 221 AktG Rn. 59.

790 MünchKommAktG/*Habersack*, § 221 Rn. 214.

Wandlungszeitpunkt gesichert werden.[791] Dies gilt umso mehr, wenn die Wandelanleihe als regulatorisches Eigenkapital anerkannt werden soll, was regelmäßig der Fall sein wird. Insofern verlangt Art. 54 Abs. 6 S. 1, 2 CRR-VO, dass zum Zeitpunkt der Ausgabe entsprechender Wandelinstrumente alle erforderlichen Bedingungen vorliegen müssen, um jederzeit sämtliche umwandelbaren Instrumente des zusätzlichen Kernkapitals bei Eintreten eines Wandlungsereignisses in Aktien umwandeln zu können.[792]

249 Aus Art. 54 Abs. 6 S. 1 CRR-VO könnte der Schluss gezogen werden, dass die Unterlegung dieser Wandelanleihen zwingend durch *genehmigtes* Kapital zu erfolgen hat, da dieses explizit genannt wird. Damit wären CoCo-Bonds mit genehmigtem Kapital nach §§ 202 ff. AktG zu unterlegen. Allerdings kann alleine aufgrund der Begrifflichkeit in der Verordnung nicht auf die notwendige Kapitalunterlegung geschlossen werden. Vielmehr steht der mit der Norm verfolgte Zweck der jederzeitigen Sicherung der Wandlung im Fokus. Dabei ist zu berücksichtigen, dass CoCo-Bonds gem. Art. 52 Abs. 1 lit. g) CRR-VO zeitlich unbefristet sein müssen, um auf das zusätzliche Kernkapital angerechnet werden zu können. § 202 Abs. 1 bzw. Abs. 2 S. 1 AktG begrenzt die Schaffung des genehmigten Kapitals allerdings auf maximal fünf Jahre, so dass dieses für die Unterlegung von CoCo-Bonds, die den regulatorischen Eigenkapitalvorgaben der CRR-VO entsprechen sollen, ungeeignet ist.[793]

250 Demgegenüber bedarf das bedingte Kapital gem. §§ 192 ff. AktG gerade keiner zeitlichen Befristung[794] und eignet sich daher zur Unterlegung der CoCo-Bonds unter Beachtung der in Art. 52 Abs. 1 lit. g), 54 Abs. 6 S. 1 CRR-VO gemachten Vorgaben.

251 Im Rahmen des Beschlusses einer bedingten Kapitalerhöhung muss neben dem Verfahren zur Ausgabe der Wandelanleihe auch noch das satzungsändernde Verfahren nach §§ 192 ff. AktG durchgeführt werden. Daher muss

---

791 S. auch MünchKommAktG/*Habersack*, § 221 Rn. 218; ähnlich GroßKommAktG/*Hirte*, § 221 Rn. 165: *„spätestens gleichzeitig mit dem Beschluss über die Ausgabe der Wandel- oder Optionsanleihe"*.

792 S. zu Art. 54 Abs. 6 CRR-VO auch Rn. 110.

793 Aber auch unabhängig von der CRR-VO wird nicht das genehmigte, sondern das bedingte Kapital zur Unterlegung von Wandelanleihen empfohlen, s. MünchKommAktG/*Habersack*, § 221 Rn. 213 ff.; Spindler/Stilz/*Seiler*, § 221 AktG Rn. 68 f.; Hüffer/*Koch*, § 221 AktG Rn. 60; GroßKommAktG/*Hirte*, § 221 Rn. 164; s. auch *Maier-Reimer*, in: GS Bosch, 2006, S. 85 ff.

794 Marsch-Barner/Schäfer/*Groß*, HdB börsennotierte AG, § 51 Rn. 33.

die Hauptversammlung zusätzlich zum Beschluss nach § 221 Abs. 1 Alt. 1 bzw. Abs. 2 AktG einen weiteren Beschluss nach § 192 Abs. 1 AktG fassen.[795]

Dabei ist der Zweck der bedingten Kapitalerhöhung auf die in § 192 Abs. 2 AktG abschließend genannten Zwecke beschränkt,[796] wobei nach Nr. 1 auch die Gewährung von Umtausch- oder Bezugsrechten an Gläubiger von Wandelverschreibungen gehört. § 192 Abs. 2 Nr. 1 AktG steht in einem engen Zusammenhang mit § 221 AktG, so dass der Begriff der Wandelschuldverschreibung in beiden Normen grundsätzlich der gleiche ist.[797] Insbesondere geht der Normwortlaut jeweils von einem Wandlungsrecht des Gläubigers aus, womit die direkte Anwendung der Norm auf die Pflichtwandelanleihe und auf CoCo-Bonds ausscheidet.[798] Wie bereits bei § 221 AktG kann aber auch hier von einer planwidrigen Regelungslücke trotz vergleichbarer Sach- und Interessenslage ausgegangen werden, womit eine analoge Anwendung des § 192 Abs. 2 Nr. 1 AktG auf CoCo-Bonds zu bejahen ist.[799] Insbesondere kann es vom Standpunkt der Gesellschaft und ihrer Aktionäre aus betrachtet keinen Unterschied machen, ob das bedingte Kapital Umtauschrechte sichern soll, oder aber dazu geschaffen wurde, um die bei Eintritt der Wandlungspflicht ergebene Verpflichtung zur Lieferung von Aktien zu erfüllen.[800] **252**

Damit gelten die üblichen Voraussetzungen der bedingten Kapitalerhöhung gem. § 192 AktG[801] auch für CoCo-Bonds, insbesondere die gem. § 192 Abs. 3 S. 1 AktG vorgesehene Begrenzung des Nennwerts der bedingten Kapitalerhöhung auf die Hälfte des Grundkapitals, das zur Zeit der Beschlussfassung über die bedingte Kapitalerhöhung vorhanden ist. **253**

Die bedingte Kapitalerhöhung ist erst mit der nach § 195 Abs. 1 S. 1 AktG vorzunehmenden Eintragung des Beschlusses in das Handelsregister vollzogen, so dass das bedingte Kapital der Gesellschaft nicht vor diesem Zeitpunkt zur **254**

---

795 Zum Inhalt des Beschlusses s. bereits Rn. 221 ff.

796 GroßKommAktG/*Frey*, § 192 Rn. 49; KölnKomm/*Lutter*, § 192 AktG Rn. 3; Spindler/Stilz/*Rieckers*, § 192 AktG Rn. 25.

797 *Friel*, Wandelanleihen mit Pflichtwandlung, Diss. Bonn 2000, S. 180 f.; KölnKomm/*Lutter*, § 192 AktG Rn. 4; aA *Hoffmann*, AG 1973, 47, 56.

798 S. zu dieser Diskussion bei § 221 AktG Rn. 211 ff. mwN.

799 AA allerdings GroßKommAktG/*Frey*, § 192 Rn. 84.

800 *Apfelbach/Kopp*, CFL 2011, 21, 27 f.; Marsch-Barner/Schäfer/*Groß*, HdB börsennotierte AG, § 51 Rn. 7.

801 Zu diesen s. etwa Marsch-Barner/Schäfer/*Busch*, HdB börsennotierte AG, § 42; Spindler/Stilz/*Rieckers*, § 192 AktG Rn. 15 ff.

Verfügung steht.[802] Auch darf der Vorstand die Bezugsaktien gem. § 199 Abs. 1 AktG lediglich in Erfüllung des im Kapitalerhöhungsbeschluss festgesetzten Zwecks ausgeben, so dass die Kapitalerhöhung bei Wandelanleihen bedingt durch die tatsächliche Inanspruchnahme der neuen Aktien seitens des Umtauschberechtigten[803] bzw. bei CoCo-Bonds durch das Vorliegen des wandlungsauslösenden Ereignisses ist.

V. Ergebnis

255 Insgesamt kann daher festgehalten werden, dass die CoCo-Bonds auch aktienrechtlich zulässig sind. Insbesondere führt eine Wandlung über den Nennwert der Anleihe nicht zu einem Verstoß gegen das Unter-pari-Verbot, sofern der Unterschied aus Gewinnrücklagen ausgeglichen wird.[804] Auch muss zumindest die Höchstzahl des auszugebenden Aktienwerts den Gesellschaftern im Rahmen der Beschlussfassung bekannt sein, was letztlich zumindest aufgrund des Beschlusses zur bedingten Kapitalerhöhung immer der Fall sein wird. Im Übrigen muss bei der Ausgabe von CoCo-Bonds auch darauf geachtet werden, dass die inhaltlichen Anforderungen an den Emissions- sowie den Kapitalerhöhungsbeschluss[805] eingehalten werden.

256 Da CoCo-Bonds zur Wandlung an ein objektives Ereignis knüpfen und weder den Gesellschaftern noch den Gläubigern ein Wandlungsrecht einräumen sollten, sind sie entgegen anders lautender Stimmen[806] dem – jedenfalls deutschen – Aktienrecht bislang fremd. Allerdings sind die entscheidenden Normen für Wandelanleihen auf CoCo-Bonds analog anzuwenden. Im Interesse eines stark verhaltenssteuernden Anreizes sollte hier das Bezugsrecht der Aktionäre auf CoCo-Bonds regelmäßig bzw. immer ausgeschlossen werden.

---

802 MünchKommAktG/*Habersack*, § 221 Rn. 217; allgemein zur Bedeutung der Eintragung des Beschlusses in das Handelsregister KölnKomm/*Lutter*, § 195 AktG Rn. 2.

803 MünchKommAktG/*Habersack*, § 221 Rn. 217.

804 S. hierzu bereits Rn. 97.

805 Zu diesen Anforderungen Rn. 219 ff.

806 *Müller-Eising*, GWR 2010, 591, 592 f., aA auch *Habersack*, Stellungnahme zur Aktienrechtsnovelle 2012 (Fn. 364), S. 2, nach dem bereits jetzt die §§ 221 und 192 AktG auf CoCo-Bonds entsprechend anwendbar sind. Allerdings zeigt ja gerade die Notwendigkeit einer Analogie, dass der Gesetzgeber entsprechende Anleihen nicht im Aktienrecht geregelt hat. S. zur Aktienrechtsnovelle 2014 Rn. 257 ff.

C. Die Aktienrechtsnovelle 2014

Das „Gesetz zur Verbesserung der Kontrolle der Vorstandsvergütung und zur Änderung weiterer aktienrechtlicher Vorschriften" (VorstKoG)[807] ist zunächst als Aktienrechtsnovelle 2011[808] gestartet, war dann zwischenzeitlich als Aktienrechtsnovelle 2012[809] vorgesehen und wurde schließlich als VorstKoG im Bundestag beschlossen. Dennoch gilt das VorstKoG (vorerst) als gescheitert, da es aufgrund der Verweisung durch den Bundesrat am 20.9.2013 in den Vermittlungsausschuss nicht mehr bis zum Ende der 17. Legislaturperiode verabschiedet werden konnte und damit der parlamentarischen Diskontinuität verfiel.[810] Allerdings wurde davon ausgegangen, dass das Gesetzesvorhaben auch in die aktuelle Legislaturperiode neu eingebracht werden würde.[811] Jedenfalls bezüglich der Regelungen, die für CoCo-Bonds relevant sind, ist dies mit der sog. Aktienrechtsnovelle 2014 bereits auch geschehen. Dabei gleichen die in diesem Gesetzesentwurf aufgeführten Regelungen weitgehend denen aus dem Entwurf der letzten Wahlperiode,[812] so dass im Folgenden auf die dazu ergangene Literatur verwiesen werden kann, ohne dabei wiederholt zu betonen, dass sich die zitierte Literatur mit den „Vorgängerfassungen" der Aktienrechtsnovelle 2014 befasst. 257

I. Die für CoCo-Bonds relevanten Änderungen der Aktienrechtsnovelle 2014

Die Aktienrechtsnovelle geht gleich zu Beginn im Rahmen des Problemaufrisses und der Ziele des Gesetzesentwurfs auf CoCo-Bonds ein. Demnach sehen die aktienrechtlichen Bestimmungen bei Wandelschuldverschreibungen bisher nur ein Umtauschrecht des Gläubigers vor, aber kein entsprechendes Recht für die Gesellschaft als Schuldnerin. Dabei könne ein solches Umtauschrecht zugunsten der Gesellschaft ein sinnvolles Instrument sein, um Unternehmenskrisen 258

807 BT-Drucks. 17/14214.

808 Referentenentwurf zur sog. Aktienrechtsnovelle 2011, abrufbar unter: http://www.dnoti.de/DOC/2010/Referentenentwurf%20Aktienrechtsnovelle%202011.pdf (zuletzt abgerufen am 3.7.2014).

809 RegE BT-Drucks. 17/8989.

810 S. etwa *Hirte*, NJW 2014, 1219; *Brouwer*, NZG 2014, 201; *Stoll*, NZG 2014, 48, 50.

811 So auch *Hirte*, NJW 2014, 1219; *Brouwer*, NZG 2014, 201, 203 bezeichnet den Abschluss der bereits 2011 eingeleiteten Aktienrechtsnovelle als ein *„zentrales Gesetzesprojekt* [...] *der neuen Legislaturperiode"*; wohl auch *Stoll*, NZG 2014, 48, 50, der vom *„zumindest vorübergehend"* gescheiterten VorstKoG spricht.

812 S. RefE des BMJ, Aktienrechtsnovelle 2014 (Fn. 41), S. 12.

zu verhindern oder zu bewältigen. Deshalb will die Aktienrechtsnovelle die geeigneten rechtlichen Rahmenbedingungen für derartige Anleihen schaffen.[813] Letztlich sollen damit die international als CoCo-Bonds bekannten Anleihen unter dem Begriff der „umgekehrten Wandelanleihe" Eingang in das deutsche Aktienrecht finden.[814] Der Vorteile einer solchen Anleihe läge darin, dass die Beteiligung der Gläubiger an der Gesellschaft in Krisensituation im Wege eines *„auf Vorrat"* angelegten Debt-Equity-Swaps *„problemlos"* vollzogen werden könnte.[815] Dies biete sich besonders für Kredit- und Finanzdienstleistungsinstitute an, da damit eine Insolvenz leichter abgewendet werden könnte und der Druck auf den Staat diese Institute mit Mitteln der Steuerzahler zu rekapitalisieren, reduziert werden würde.[816] Insgesamt soll jedoch die konkrete Ausgestaltung derartiger Anleihen der Vertragsgestaltung der Praxis überlassen werden, die sowohl marktgängige als auch präzise Bedingungen in Bezug auf die Entstehung des Umtauschrechts formulieren sollte.[817]

1. Die Änderung der §§ 192 Abs. 2, 221 AktG

259 Um CoCo-Bonds aktienrechtlich zuzulassen, soll § 221 Abs. 1 S. 1 AktG gem. Art. 1 Nr. 21 des AktG-RefE dahingehend geändert werden, dass nach den Wörtern *„den Gläubigern"*, denen ein Umtausch- oder Bezugsrecht auf Aktien eingeräumt wird, die Wörter *„oder der Gesellschaft"* eingefügt werden.[818] Hierdurch

---

813 RefE des BMJ, Aktienrechtsnovelle 2014 (Fn. 41), S. 1, 12.

814 Ähnlich *Nodoushani*, ZBB 2011, 143; dabei ist der Begriff der „umgekehrten" Wandelanleihe keinesfalls eine Schöpfung des Gesetzgebers im Rahmen der Aktienrechtsnovelle 2011. So verwendete beispielsweise *Wehrhahn*, Finanzierungsinstrumente mit Aktienerwerbsrechten, Diss. Hannover, S. 115 f. diesen Begriff bereits im Jahr 2003 um Wandelanleihen, die dem Emittenten ein Wandlungsrecht einräumen, zu beschreiben.

815 RefE des BMJ, Aktienrechtsnovelle 2014 (Fn. 41), S. 27, wobei hier auch ausdrücklich betont wird, dass sich das Umtauschrecht des Schuldners nicht auf den Fall einer Notsituation zu beschränken habe; einen Konflikt eines auf Vorrat angelegten Debt-Equity-Swap mit § 225a Abs. 2 InsO oder § 9 KredReorgG schließt der Regierungsentwurf richtigerweise aus, da diese Normen im Gegensatz zu den CoCo-Bonds einen Gläubigerbeschluss voraussetzen und sich ihr Anwendungsbereich zeitlich nicht mit dem der CoCo-Bonds überschneidet. Näher hierzu RefE des BMJ, Aktienrechtsnovelle 2014 (Fn. 41), S. 28.

816 RefE des BMJ, Aktienrechtsnovelle 2014 (Fn. 41), S. 27.

817 RefE des BMJ, Aktienrechtsnovelle 2014 (Fn. 41), S. 27.

818 Wobei der Referentenentwurf dies als eine Folgeänderung zur Änderung des § 192 AktG bezeichnet, RefE des BMJ, Aktienrechtsnovelle 2014 (Fn. 41), S. 30.

soll für die Wandlungspflicht des Gläubigers eine aktienrechtliche Grundlage geschaffen werden.[819] § 192 Abs. 1 AktG soll nach Art. 1 Nr. 18 lit. a) AktG-RefE dahingehend geändert werden, dass sich die Norm in Zukunft wie folgt liest: „Die Hauptversammlung kann eine Erhöhung des Grundkapitals beschließen, die nur so weit durchgeführt werden soll, wie von einem Umtausch- oder Bezugsrecht Gebrauch gemacht wird, das die Gesellschaft *hat oder* auf die neuen Aktien (Bezugsaktien) einräumt". Zudem soll nach Art. 1 Nr. 18 lit. b) AktG-RefE § 192 Abs. 2 Nr. 1 AktG in Zukunft „zur Gewährung von Umtausch- oder Bezugsrechten *aufgrund von* Wandelschuldverschreibungen" lauten.

Wie der Referentenentwurf außerdem zu Recht feststellt, sind Wandelanleihen mit Wandlungspflicht des Gläubigers derzeit zwar nicht im AktG geregelt, allerdings wird auch ohne eine Gesetzesänderung die Zulässigkeit derartiger Ausgestaltungen angenommen.[820] Hieran anknüpfend wurde daher auch die Zulässigkeit von CoCo-Bonds bereits vor einer Gesetzesänderung angenommen.[821] Aus diesem Grund wird der Referentenentwurf hinsichtlich seines Vorschlags zur Kodifizierung der CoCo-Bonds in das AktG als überflüssig kritisiert.[822] **260**

Diese Kritik erscheint nicht gänzlich zutreffend. Denn zum einen ist bis dato umstritten, ob zur Bedienung von Pflichtwandelanleihen auch bedingtes Kapital nach § 192 Abs. 1 AktG genutzt werden kann.[823] Der Normtext des § 192 Abs. 2 Nr. 1 AktG, der die Beschließung bedingter Kapitalerhöhungen zum Zweck der **261**

---

819 *Nodoushani*, ZBB 2011, 143, 145.

820 RefE des BMJ, Aktienrechtsnovelle 2014 (Fn. 41), S. 27; die Zulässigkeit unabhängig von dieser Änderungen anerkennend: *Nodoushani*, ZBB 2011, 143, 145; *Apfelbacher/Kopp*, CFL 2011, 21, 30; *Bayer*, AG 2012, 141, 154; *Bungert/Wettich*, ZIP 2011, S. 160, 163 f; *Habersack*, Stellungnahme zur Aktienrechtsnovelle 2012 (Fn. 364), S. 2; offenbar auch Heidel/*Radlmayr* § 221 AktG Rn. 33; s. hierzu auch Rn. 211 ff.

821 S. etwa *Böhringer/Mihm/Schaffelhuber/Seiler*, RdF 2011, 48, 50; Marsch-Barner/Schäfer/*Groß*, HdB börsennotierte AG, § 51 Rn. 8c; *Singhof*, in: FS Hoffmann-Becking, 2013, 1163, 1166.

822 So *Müller-Eising*, GWR 2010, 591, 592 f., aA auch *Habersack*, Stellungnahme zur Aktienrechtsnovelle 2012 (Fn. 364), S. 2, nach dem bereits jetzt die §§ 221 und 192 AktG auf CoCo-Bonds entsprechend anwendbar sind. Allerdings zeigt ja gerade die Notwendigkeit einer Analogie das Bedürfnis einer Gesetzesänderung, insofern ist dieser Kritik nicht beizustimmen.

823 Zwar wird dies überwiegend angenommen, s. etwa MünchKommAktG/*Habersack*, § 221 Rn. 213 ff.; Spindler/Stilz/*Seiler*, § 221 AktG Rn. 68 f.; Hüffer/*Koch*, § 221 AktG Rn. 60; GroßKommAktG/*Hirte*, § 221 Rn. 164; allerdings wird auch vertreten, dass Wandelanleihen mit Bezugspflichten nicht mit bedingtem Kapital gesichert werden können, s. GroßKommAktG/*Frey*, § 192 Rn. 84.

Gewährung von Umtausch- oder Bezugsrechten „an Gläubiger“ von Wandelverschreibungen zulässt, spricht dafür, dass eine bedingte Kapitalerhöhung dann nicht in Betracht kommt, wenn das Umtauschrecht dem Emittenten als Schuldner und eben nicht dem Gläubiger zusteht.[824] Dennoch ging die herrschende Meinung davon aus, dass die §§ 192 Abs. 2 Nr. 1, 221 AktG trotz ihres Wortlauts auch Pflichtwandelanleihen in direkter Anwendung erfassen.[825] Vorausgesetzt wurde jedoch, dass dem Gläubiger, der am Ende der Anleihelaufzeit zur Wandlung verpflichtet war, jedenfalls vor dem Laufzeitende auch ein Wandlungsrecht zustand.[826] Eine solche Konstruktion, die zur direkten Anwendbarkeit der genannten Normen führt, ist jedoch abzulehnen.[827] Es ist zu begrüßen, dass die im Referentenentwurf vorgesehenen Änderungen nun diesen Streit beenden und klarstellen, dass bedingtes Kapital auch für die Wandelanleihen mit Umtauschrecht der Gesellschaft geschaffen werden kann.[828] Damit trägt diese Änderung zur Rechtssicherheit bei.[829]

262 Zum anderen bringt die Änderung auch materiell-rechtlich tatsächlich eine Änderung mit sich. Geht die herrschende Lehre[830] derzeit davon aus, dass reine

---

824 S. zum Ganzen bereits Rn. 211 ff., 252.

825 Marsch-Barner/Schäfer/*Groß*, HdB börsennotierte AG, § 51 Rn. 7; MünchHdB AG/*Krieger*, § 63 Rn. 25; Spindler/Stilz/*Seiler*, § 221 AktG Rn. 151 ff.; *Schlitt/Seiler/Singhof*, AG 2003, 254, 266 f.; demgegenüber für eine analoge Anwendung MünchKommAktG/*Habersack*, § 221 Rn. 52; *ders.*; in: FS Nobbe, 2009, S. 539, 49 ff.; aA jedoch GroßKommAktG/*Frey*, § 192 Rn. 84, nach dem § 192 Abs. 2 Nr. 1 AktG weder direkt noch analog auf Pflichtwandelanleihen anwendbar ist.

826 *Friel*, Wandelanleihen mit Pflichtwandlung, Diss. Bonn 2000, S. 155; Spindler/Stilz/*Seiler*, § 221 AktG Rn. 151; weniger deutlich aber wohl auch MünchKommAktG/*Habersack*, § 221 Rn. 52; *ders.*, in: FS Nobbe, 2009, S. 539, 550; Habersack/Mülbert/Schlitt/*Schlitt/Hemeling*, Unternehmensfinanzierung am Kapitalmarkt, § 12 Rn. 63; *Schlitt/Seiler/Singhof*, AG 2003, 254, 266.

827 S. Rn. 211 ff., 252.

828 RefE des BMJ, Aktienrechtsnovelle 2014 (Fn. 41), S. 27.

829 So auch *Gleske/Ströbele*, CFL 2012, 49, 53; *Bungert/Wettich*, ZIP 2011, 160, 163; *Drinhausen/Keinath*, BB 2011, 11, 12, 13; im Ergebnis auch *Nodoushani*, ZBB 2011, 143, 145; wohl auch *Sünner*, CCZ 107, 110, der sogar darauf hinweist, dass mit dieser Änderung ein Wandlungsrecht von vornherein vorgesehen werden kann, wodurch die Notwendigkeit eines Vorvertrages bei Pflichtwandelanleihen entfällt.

830 So *Rozijn*, ZBB 1998, 77, 79; offenbar auch *Friel*, Wandelanleihen mit Pflichtwandlung, Diss. Bonn 2000, S. 155; Spindler/Stilz/*Seiler*, § 221 AktG Rn. 150 f.; *Schanz*, BKR 2011,410, 414; Habersack/Mülbert/Schlitt/*Schlitt/Hemeling*, Unternehmensfinanzierung am Kapitalmarkt, § 12 Rn. 63, 65; *Schlitt/Seiler/Singhof*, AG 2003, 254, 266 f.

Pflichtwandelanleihen, die lediglich der Gesellschaft und nicht auch dem Gläubiger ein Wandlungsrecht einräumen, keine Wandelschuldverschreibungen im Sinne von §§ 192 Abs. 1 Nr. 2, 221 AktG darstellen, so dass hier die Nutzung bedingten Kapitals zur Gewährung der Bezugsaktien im Wandlungsfall unzulässig ist, sind nach der vorgesehenen Änderung auch derartige Anleihen von den Normen erfasst, wenn auch nur analog.[831]

Darüber hinaus soll die Aktienrechtsnovelle 2014 für Kredit- und Finanzdienstleistungsinstitute auch dahingehend Klarheit schaffen, dass sie die für die aufsichtsrechtliche Anerkennung als zusätzliches Kernkapital erforderliche Ausstattung der Wandelanleihe gem. Art. 52 Abs. 1 lit. n) in Verbindung mit Art. 54 CRR-VO durch die Bereitstellung von bedingtem Kapital erzielen können. Denn danach zählen Kapitalinstrumente nur dann zum zusätzlichen Kernkapital, wenn sie in ihren Bedingungen bei Eintreten eines Auslöseereignisses eine Umwandlung in Instrumente des harten Kernkapitals vorsehen. In diesem Zusammenhang verlangt Art. 54 Abs. 6 CRR-VO ferner, dass ein Institut sicherstellt, dass sein genehmigtes Kapital jederzeit ausreicht, um sämtliche umwandelbaren Instrumente des zusätzlichen Kernkapitals bei Eintreten eines Trigger Events in Aktien umzuwandeln. Zur Erfüllung dieser Vorgaben bietet sich das bedingte Kapital als „genehmigtes Kapital" im Sinne von Art. 54 Abs. 6 CRR-VO an[832] und ermöglicht den Instituten die einfache und effiziente Aktienausgabe bei der Durchführung der Kapitalerhöhung.[833] 263

Gerade der Verweis auf Art. 52 Abs. 1 lit. n) in Verbindung mit Art. 54 CRR-VO zeigt aber auch, dass der Referentenentwurf in Bezug auf die Änderung des Normwortlauts von §§ 192 Abs. 1 Nr. 2, 221 AktG nicht weit genug geht. Denn die Zulässigkeit von Wandelschuldverschreibungen, die bei Eintritt eines Auslöseereignisses die Wandlung sowohl für die Gläubiger als auch für die Gesellschaft als verpflichtend ansieht, wurde nicht geregelt. Insoweit würde auch die Neufassung der Vorschriften weiterhin von einem Umtausch*recht* auf Gläubiger- oder Gesellschaftsseite sprechen. Damit sind CoCo-Bonds trotz der vorgesehenen Änderung nicht vom Wortlaut der §§ 192 Abs. 1 Nr. 2, 221 AktG erfasst.[834] Art. 54 Abs. 1 lit. a) CRR-VO sieht jedoch eine Pflicht der Parteien zur Wandlung bei Erreichen eines objektiv festgelegten Triggers vor, sofern die 264

831 S. hierzu Rn. 211 ff., 252.

832 S. hierzu auch Rn. Rn. 110.

833 RefE des BMJ, Aktienrechtsnovelle 2014 (Fn. 41), S. 27 f., der das bedingte Kapital in diesem Zusammenhang auch als „*Vorratskapital*" bezeichnet.

834 So bereits zu im Rahmen der Aktienrechtsnovelle 2012 *Götze/Arnold/Carl*, NZG 2012, 321, 324; *Drinhausen/Keinath*, BB 2012, 395, 397, die aufgrund der

Anleihe auf das regulatorische Eigenkapital angerechnet werden soll. Sollte der Referentenentwurf so zum Gesetz werden, ist er daher in diesem Zusammenhang als missglückt anzusehen. Da aus dem Referentenentwurf jedoch ausdrücklich der Wille hervorgeht, mit der Änderung des AktG Banken die Möglichkeit zu geben, durch die umgekehrte Pflichtwandelanleihe die regulatorischen Eigenkapitalvorgaben zu erfüllen,[835] können die Normen auch nachdem der RefE Gesetz geworden ist, analog auf CoCo-Bonds angewendet werden. Dennoch wäre es wünschenswert, wenn der Normtext im Laufe des Gesetzgebungsverfahren noch dahingehend geändert wird, dass §§ 221, 192 AktG auch auf Wandelanleihen, die sowohl eine Wandlungspflicht für ihren Emittenten als auch für ihre Gläubiger vorsehen, direkt angewendet werden können.

2. *Die Änderung des § 192 Abs. 3 AktG*

265 Des Weiteren soll § 192 Abs. 3 AktG gem. Art. 1 Nr. 18 lit. c) AktG-RefE dahingehend ergänzt werden, dass Satz 1, nach dem der Nennbetrag des bedingten Kapitals die Hälfte des Grundkapitals, das zur Zeit der Beschlussfassung über die bedingte Kapitalerhöhung vorhanden ist, nicht überschreiten darf, nicht für die bedingte Kapitalerhöhung nach § 192 Abs. 2 Nr. 1 AktG-E gilt. Dabei ist dieser Ausschluss jedoch nur wirksam, wenn er ausschließlich zu dem Zweck beschlossen wird, der Gesellschaft für den Fall ihrer drohenden Zahlungsunfähigkeit oder zum Zweck der Abwendung einer Überschuldung ein entsprechendes Umtauschrecht zu ermöglichen. Ist die Gesellschaft ein Institut im Sinne des § 1 Abs. 1b KWG, unterliegt sie der Begrenzung des § 192 Abs. 3 S. 1 AktG auch dann nicht, wenn die bedingte Kapitalerhöhung nach § 192 Abs. 2 Nr. 1 AktG-E zu dem Zweck beschlossen wird, der Gesellschaft einen Umtausch zur Erfüllung bankenaufsichtsrechtlicher oder zum Zweck der Restrukturierung oder Abwicklung erlassener Anforderungen zu ermöglichen.

266 In letzter Konsequenz führt diese Änderung dazu, dass selbst dann bedingtes Kapital für die Umwandlung von CoCo-Bonds zur Verfügung gestellt werden kann, wenn der Nennbetrag der aufgrund der Wandlung zu liefernden Aktien in der Summe das Grundkapital der Gesellschaft überschreiten würde.[836] Dies könnte in Bezug auf den mit dieser Begrenzung vorgesehenen Schutz der Aktionäre vor einer Kapitalverwässerung und vor fundamentaler Änderungen der

Gesetzesbegründung trotz des Normwortlauts davon ausgehen, dass der Gesetzgeber CoCo-Bonds mit der Änderung erfassen wollte.

835 RefE des BMJ, Aktienrechtsnovelle 2014 (Fn. 41), S. 27 f.

836 *Nodoushani*, ZBB 2011, 143, 146.

Machtstruktur problematisch sein.[837] Jedoch kommt die Höchstbegrenzung nur in ganz engen Ausnahmefällen nicht zur Anwendung und soll letztlich die Existenzfähigkeit der Gesellschaft wahren. Daher sollten die Interessen der Aktionäre aus gesamtwirtschaftlichen Gesichtspunkten zurücktreten, zumal bei einem Umtauschrecht der Gesellschaft, das auf eine solche Notsituation beschränkt ist, eine Höchstgrenze für das bedingte Kapital der Gesellschaft sanierungsfeindlich wäre und die umgekehrte Wandelanleihe nicht mehr dabei helfen könnte, die drohende Insolvenz abzuwenden.[838]

Zudem kommen die übrigen Voraussetzungen der bedingten Kapitalerhöhung weiterhin zur Anwendung, so dass insbesondere die Hauptversammlung über eine entsprechende Erhöhung einen Beschluss fassen muss, der den maximalen Kapitalerhöhungsbetrag, die maximale Anzahl von Bezugsaktien sowie den (Mindest-)Ausgabebetrag (§ 193 Abs. 2 Nr. 3 AktG) festlegt.[839] Damit sind die Rechte der Aktionäre ausreichend gewahrt. **267**

Die Aufhebung der Begrenzung wird für die im Rahmen dieser Arbeit vorgeschlagenen CoCo-Bonds jedoch keine Bedeutung haben. CoCo-Bonds mit einem hohen Trigger sollen gerade nicht die Sanierungsfähigkeit des Instituts wahren, sondern dafür Sorge tragen, dass ein Institut gar nicht erst zu einem Sanierungsfall wird und greifen daher bereits frühzeitig zu einem Zeitpunkt ein, zu dem das Institut zwar starke Verluste erlitten hat, es ihm jedoch aus wirtschaftlicher Sicht noch gut geht.[840] Die Aufhebung der Begrenzung des § 192 Abs. 3 S. 1 AktG in derartigen Fällen wäre mit den verfassungsrechtlich geschützten Eigentumsrechten der Anteilseigner[841] wohl auch schwer vereinbar, ist aber auch nicht nötig. Insoweit kann davon ausgegangen werden, dass die gewünschte Verhaltenssteuerung auch innerhalb dieser 50 % – Grenze erzielt werden kann. **268**

---

837 Zum Schutzzweck der Höchstbegrenzung s. *Gleske/Ströbele*, CFL 2012, 49, 54; GroßkommAktG/*Frey*, § 192 Rn. 132; KölnerKommAktG/*Lutter*, § 192 Rn. 29; Spindler/Stilz/*Rieckers*, § 199 AktG Rn. 74; kritisch zur geplanten Änderung auch *Drygala*, WM 2011, 1637, 1639 f.; *Apfelbach/Kopp*, CFL 2011, 21, 30.

838 *Nodoushani*, ZBB 2011, 143, 146 der in diesem Zusammenhang auch darauf hinweist, dass der Gesetzgeber bei der bedingten Kapitalerhöhung im Kontext der staatlichen Rekapitalisierungsmaßnahmen von Unternehmen des Finanzsektors durch den SoFFin bereits dieselbe Entscheidung zuungunsten der Aktionäre getroffen hat.

839 *Drinhausen/Keinath*, BB 2012, 395, 398.

840 S. Rn. 70 ff., 114 ff.

841 Allgemein zum verfassungsrechtlichen Schutz der Aktionärsrechte *Conreder*, Verfassungsrechtlicher Schutz von Aktionärsrechten, Diss. Göttingen 2011.

3. Die Änderung des § 194 AktG

269 Als Folgeänderung zu den Änderungen des § 192 AktG fasst Art. 1 Nr. 19 AktG-RefE § 194 Abs. 1 S. 2 AktG neu und stellt klar, dass die Vorschriften über Sacheinlagen auch dann nicht anwendbar sind, wenn die Gesellschaft im Rahmen einer umgekehrten Wandelanleihe von ihrer Ersetzungsbefugnis Gebrauch macht.[842] Dies trägt dem Gedanken der Voreinzahlung der Bareinlage Rechnung, wonach sowohl die ursprüngliche Barzahlung des Anleihegläubigers als auch die später folgende Umwandlung als Bareinlage anzusehen ist.[843] Auf die Werthaltigkeit der bisherigen Geldforderung soll es dabei nicht ankommen.[844] Insbesondere in diesem Punkt unterscheiden sich die CoCo-Bonds von dem von der herrschenden Meinung[845] angenommenen Normalfall der Forderungseinbringung im Rahmen des herkömmlichen Debt-Equity-Swaps, die diesen nicht als Einlageleistung zum Nennwert anerkennt, sondern als Sacheinlage, wodurch auch die Werthaltigkeit der Forderung zu prüfen ist.[846]

II. Fazit

270 Die Kritik, dass die Aktienrechtsnovelle letztlich in Bezug auf die Zulässigkeit von Wandelanleihen mit einer Wandlungspflicht keine materiell-rechtliche Änderung mitbringe, ist als zu scharf und in der Sache nicht ganz richtig abzuweisen.[847] Insgesamt tragen die vorgesehenen Änderungen zur Rechtssicherheit bei und sind daher zu begrüßen. Weitere Klarheit sollte im Rahmen des Gesetzgebungsverfahrens allerdings auch in Bezug auf die Zulässigkeit von Anleihen mit einer Wandlungspflicht bei Eintreten eines fest definierten Auslöseereignisses geschaffen werden. Zwar ist dem Willen des Gesetzgebers zu entnehmen, dass derartige Anleihen von §§ 192 Abs. 2 Nr. 1, 221 AktG erfasst werden sollen, allerdings spricht der Wortlaut der Normen auch in der geänderten Fassung

---

842 RefE des BMJ, Aktienrechtsnovelle 2014 (Fn. 41), S. 30.

843 *Nodoushani*, ZBB 2011, 143, 146; *Gleske/Ströbele*, CFL 2012, 49, 55; Spindler/Stilz/*Rieckers*, § 194 AktG Rn. 6 f.

844 RefE des BMJ, Aktienrechtsnovelle 2014 (Fn. 41), S. 30; s. hierzu auch Rn. 93 ff.

845 BGHZ 90, 370, 373 f.; 110, 47, 61 f.; 125, 141, 145 f.; *Priester*, DB 2010, 1445 ff.; *Ekkenga*, DB 2012, 331 ff.; *Vaupel/Reers*, AG 2010, 93, 99; *Schmidt/Schlitt*, Der Konzern 2009, 279, 282.

846 *Bayer*, AG 2012, 141, 151; zum Unterschied des (klassischen) Debt-Equity-Swaps und eines Debt-Equity-Swaps im Rahmen einer CoCo-Bond-Wandlung, insbesondere zum Erfordernis der Werthaltigkeitsprüfung, s. bereits. Rn. 93 ff.

847 S. hierzu bereits Rn. 261 ff.

gegen ein derartiges Verständnis.[848] Insofern ist der RefE als missglückt anzusehen. Denn als Ziel nennt der Referentenentwurf ausdrücklich auch die Ermöglichung der Erfüllung der Eigenkapitalvorschriften nach der CRR-VO,[849] verkennt dabei allerdings, dass Art. 54 Abs. 1 lit. a) CRR-VO auf ein objektives Auslöseereignis und eben nicht auf den Wandlungswillen bzw. auf ein Wandlungsrecht der Gesellschaft abstellt. Vielmehr sollen sowohl die Gesellschaft als auch die Gläubiger spätestens bei Unterschreitung einer harten Kernkapitalquote von 5,125 % zur Wandlung verpflichtet sein, sofern die Anleihe auf das regulatorische Eigenkapital angerechnet werden soll. Damit können die vorgesehenen Änderungen das vorgegebene Ziel nicht umsetzen. Sofern der Referentenentwurf unverändert zum Gesetz wird, bleibt es daher dabei, dass die für Wandelanleihen relevanten Normen analog auf CoCo-Bonds anzuwenden sind. Dabei geht insbesondere die Planwidrigkeit der Regelungslücke aufgrund des im Referentenentwurf ausdrücklich geäußerten Willens Banken die Erfüllung der Eigenkapitalregelungen zu ermöglichen,[850] deutlicher als bisher hervor.

D. Verpflichtung zur Abgabe eines Angebots nach § 35 Abs. 2 S. 1 WpÜG

Nach § 35 Abs. 1 und 2 WpÜG ist derjenige, der unmittelbar oder mittelbar die **271**
Kontrolle über die Zielgesellschaft erlangt, zur Veröffentlichung dieser Tatsache unter Angabe der Höhe seines Stimmrechtsanteils und zur Abgabe eines öffentlichen Angebots für den Erwerb aller Aktien der Zielgesellschaft verpflichtet.[851] Dabei definiert § 29 Abs. 2 WpÜG die Kontrolle als das Halten von mindestens 30 % der Stimmrechte an der Zielgesellschaft, wobei § 2 Abs. 3 Nr. 1 WpÜG hierunter Aktiengesellschaften oder auch Kommanditgesellschaften auf Aktien mit Sitz im Inland versteht. Ob die Kontrolle aktiv oder passiv, also ohne Zutun des Kontrollerwerbers, erlangt wird, ist in diesem Zusammenhang unerheblich.[852] Für CoCo-Bondinhaber bedeutet dies, dass sie, sofern der Anwendungsbereich des WpÜG gem. § 1 WpÜG eröffnet ist, grundsätzlich eine entsprechende Veröffentlichungs- und Angebotspflicht trifft, sofern sie aufgrund der durch die Wandlung erhaltenen Aktien 30 % der Stimmrechte des Emittenten erlangen.

---

848 S. Rn. 264.

849 RefE des BMJ, Aktienrechtsnovelle 2014 (Fn. 41), S. 25, 29.

850 RefE des BMJ, Aktienrechtsnovelle 2014 (Fn. 41), S. 25, 29.

851 MünchKommAktG/*Schlitt/Ries*, § 35 WpÜG Rn. 1.

852 Geibel/Süßmann/*Meyer*, § 35 Rn. 31 mwN.

272 Zweck dieses Pflichtangebotes ist der Minderheitenschutz, da es dem Minderheitsaktionären im Falle einer Unternehmensübernahme ohne vorheriges Übernahmeangebot (§ 35 Abs. 3 WpÜG) ermöglicht werden soll, ihre Aktien zu einem von der Übernahme nicht negativ beeinflussten Preis zu veräußern.[853] Denn die Übernahme der Zielgesellschaft führt in der Regel zu einer Änderung der Geschäftspolitik und der Unternehmensorganisation, was mit einer Veränderung der Chancen und der Risiken der Gesellschaft einhergeht.[854]

273 Nach § 37 Abs. 1 WpÜG kommt allerdings unter gewissen Voraussetzungen auf Antrag des Bieters bzw. desjenigen, der die Kontrolle erlangt hat, eine Befreiung der in § 35 Abs. 1 S. 1, Abs. 2 S. 1 WpÜG genannten Pflichten durch die BaFin in Betracht. § 37 Abs. 2 S. 1 WpÜG ermächtigt das Bundesministerium für Finanzen in diesem Zusammenhang dazu, eine Rechtsverordnung mit näheren Bestimmungen über die Befreiung von den genannten Verpflichtungen zu erlassen. Von dieser Ermächtigung hat das Bundesministerium für Finanzen auch Gebrauch gemacht und am 27.12.2001 die WpÜG-AngebotsVO[855] erlassen, die in § 9 WpÜG-AngebotsVO einen Katalog von Befreiungstatbeständen enthält. Dieser Katalog sieht in § 9 S. 1 Nr. 3 WpÜG-AngebotsVO die Möglichkeit der Befreiung von der Veröffentlichungs- und Angebotspflicht vor, sofern der Kontrollerwerb im Zusammenhang mit der Sanierung der Zielgesellschaft erfolgte. Vorausgesetzt wird dabei neben der Sanierungsfähigkeit der Zielgesellschaft vor allem aber auch eine Sanierungsbedürftigkeit, die sich an den bestandsgefährdenden Risiken im Sinne des § 322 Abs. 2 S. 3 HGB, die der Annahme einer Unternehmensfortführung entgegenstehen oder zumindest bedroht erscheinen lassen, zu orientieren hat.[856] Im Hinblick auf den wirtschaftspolitischen Zweck der Vorschrift, der in der Erleichterung der Unternehmenssanierung liegt, sollte

---

853 Geibel/Süßmann/*Meyer*, § 35 Rn. 1; Derleder/Knops/Bamberger/*Lenenbach*, HdB Bankrecht, § 53 Rn. 34; s. auch BT-Drucks. 14/7034, S. 30.

854 MünchKommAktG/*Schlitt/Ries*, § 35 WpÜG Rn. 5; Geibel/Süßmann/*Meyer*, § 35 Rn. 9; Derleder/Knops/Bamberger/*Lenenbach*, HdB Bankrecht, § 53 Rn. 34; FrankfurterKommWpÜG/*Hommelhoff/Witt*, vor § 35 Rn. 91.

855 Verordnung über den Inhalt der Angebotsunterlage, die Gegenleistung bei Übernahmeangeboten und Pflichtangeboten und die Befreiung von der Verpflichtung zur Veröffentlichung und zur Abgabe eines Angebots v. 27.12.2001, BGBl. Teil I Nr. 77, S. 4263 ff.

856 MünchKommAktG/*Schlitt/Ries*, Anh. § 37 WpÜG Rn. 18; Geibel/Süßmann/*Meyer*, § 37 Rn. 42 mwN.

der Sanierungsbegriff weit ausgelegt werden.[857] Nicht erforderlich ist daher eine existenzbedrohende Vermögens-, Finanz- und Ertragslage der Gesellschaft.[858]

Fraglich ist, ob ehemalige CoCo-Bondinhaber, die die Kontrolle im Sinne des § 29 Abs. 2 WpÜG über den Emittenten erlangt haben, ebenfalls mit Erfolgsaussicht einen Befreiungsantrag nach § 9 S. 1 Nr. 3 WpÜG-AngebotsVO stellen können. Alleine anhand der oben genannten Definition ist diese Frage nicht zu beantworten. Denn die vorliegende Arbeit schlägt eine Wandlung zu einem Zeitpunkt vor, indem die Gesellschaft zwar einen starken Verlust hinnehmen musste, sie aber noch weit von der Insolvenz entfernt ist.[859] Wird der Hintergrund dieses Befreiungstatbestandes, nachdem die Abgabe eines Pflichtangebots Sanierungsbemühungen nicht entgegenstehen darf, indem sie die Bereitschaft neuer Investoren zur Beteiligung an Sanierungsmaßnahmen einschränkt,[860] berücksichtigt, ist diese Frage eher zu verneinen. Denn CoCo-Bondinhaber haben ihren „Sanierungsbeitrag“ bereits durch die Wandlung geleistet, so dass eine Befreiung vom Pflichtangebot die Sanierungsbemühungen nicht weiter fördern kann. Gegen eine derartige Befreiung spricht auch, dass die Aktionäre im Rahmen der CoCo-Bondausgabe einem Bezugsrechtsausschluss unterliegen,[861] so dass es nicht gerechtfertigt ist, nun auch noch den Minderheitenschutz einzuschränken. Daher kommt aufgrund einer Gesamtbetrachtung eine Befreiung ehemaliger CoCo-Bondinhaber von der Abgabe eines Pflichtangebots nicht in Betracht.[862] CoCo-Bond-Käufer sollten durch eine Versagung der Befreiung auch nicht abgeschreckt werden, da ihr Ziel ohnehin nicht die Übernahme des Unternehmens ist. 274

E. Rechtsvergleich mit den USA und der Schweiz

CoCo-Bonds wurden nicht nur auf internationaler, sondern auch auf nationaler Ebene, in Deutschland beispielsweise im Rahmen der Aktienrechtsnovelle 2014, diskutiert und vom Normgeber teilweise geregelt. Für einen kurzen, rechtsvergleichenden Blick werden im Folgenden die rechtlichen Rahmenbedingungen 275

857 Statt vieler Marsch-Barner/Schäfer/*Drinkuth*, HdB börsennotierte AG, § 60 Rn. 240.

858 MünchKommAktG/*Schlitt/Ries*, Anh. § 37 WpÜG Rn. 18; wohl auch Marsch-Barner/Schäfer/*Drinkuth*, HdB börsennotierte AG, § 60 Rn. 240.

859 S. Rn. 70 ff., 116.

860 BT-Drucks. 14/7034, S. 81; MünchKommAktG/*Schlitt/Ries*, Anh. § 37 WpÜG Rn. 16; ähnlich Geibel/Süßmann/*Meyer*, § 37 Rn. 41.

861 S. hierzu oben Rn. 224 ff.

862 Näher zur Abgabe eines Pflichtangebots etwa Marsch-Barner/Schäfer/*Drinkuth*, HdB börsennotierte AG, § 60 Rn. 220 ff.

der CoCo-Bonds in den USA, dem Land, aus dem die Idee der CoCo-Bonds letztlich stammt, und der Schweiz, die eine „*Vorreiterrolle*"[863] bei der Akzeptanz von CoCo-Bonds als regulatorisches Eigenkapital eingenommen hat, beleuchtet.

I. CoCo-Bonds in den USA

276 In den USA soll der am 15.7.2010 vom Kongress als Bundesgesetz verabschiedete und am 21.7.2010 von Präsident *Obama* unterzeichnete *Dodd-Frank Wall Street Reform and Consumer Protection Act*[864] (nachfolgend *Dodd-Frank Act*) die Auswirkungen der Finanzmarktkrise bekämpfen und zeitgleich eine Finanzreform mit dem Fokus auf die Prävention zukünftiger Krisen darstellen.[865] Dabei wird dieses Gesetz als umfangreichste Finanzmarktreform in den USA seit den 1930er Jahren angesehen und davon ausgegangen, dass es sich auch über den Grenzen der USA hinaus auf Überlegungen zur Finanzmarktreformen auswirken wird.[866] Trotz seiner sich über 2319 Seiten erstreckenden 16 Titel beinhaltet der Dodd-Frank Act allerdings nur wenige unmittelbar geltende Regelungen; vielmehr hat sich der Gesetzgeber dazu entschlossen, überwiegend Mandate zur Ausarbeitung von Maßnahmen und Vorschriften aufzunehmen, die dann durch US-Regulierungs- und Aufsichtsbehörden umgesetzt werden sollen.[867]

277 Zu den Zielen dieser Reform gehören die Stabilisierung der Finanzmärkte, die Verbesserung der Rechenschaftspflichten und der Transparenz im Finanzsystem, die Lösung der „too big to fail"-Problematik und der Schutz des Steuerzahlers durch die Beendigung staatlicher Rettungsaktionen.[868] Um dies zu gewährleisten, errichtet der Dodd-Frank Act neben anderen Behörden auch

---

863 *Leippold*, Der Schweizer Treuhänder 2011, 913.

864 Pub. L. No. 111–203, 124 Stat. 1376 (2010); für ein Überblick zum Dodd-Frank Act s. etwa *Spindler/Brandt/Raapke*, RIW 2010, 746 ff.; *Deppe/Tielmann*, WM 2011, 1883 ff.; ausführlich zum Dodd-Frank Act, dessen Umsetzung, das ökonomische Regulierungsumfeld, internationale Koordination im Rahmen dieser Reform *Kern*, Deutsche Bank Research v. 6.12.2010, abrufbar unter: http://www.dbresearch.de/PROD/DBR_INTERNET_DE-PROD/PROD0000000000266959.PDF (zuletzt abgerufen am 3.7.2014).

865 *Spindler/Brandt/Raapke*, RIW 2010, 746.

866 *Kern*, Deutsche Bank Research v. 6.12.2010 (Fn. 864), S. 4.

867 *Deppe/Tielmann*, WM 2011, 1883; *Kern*, Deutsche Bank Research v. 6.12.2010 (Fn. 864), S. 4, 9.

868 So der Entwurf des Dodd-Frank Acts H.R.4173-1, abrufbar unter: http://www.sec.gov/about/laws/wallstreetreform-cpa.pdf (zuletzt abgerufen am 3.7.2014).

das sog. *Financial Stability Oversight Council* (*FSOC*), das vom Finanzministerium (Secretary of the Treasury) geleitet wird und sich aus zehn stimmberechtigten Mitgliedern[869] sowie aus fünf nicht stimmberechtigten Mitgliedern[870] zusammensetzt,[871] als auch das diesem angehörige *Office of Financial Research*[872] (*OFR*), das dem FSOC bei der Erhebung, Sammlung und Auswertung relevanter Finanzdaten unterstützt.[873] Die Aufgabe dieser neuen Behörden liegt im Ausfindigmachen von systemrelevanten Risiken, die von großen Unternehmen bzw. von unübersichtlichen Finanzprodukten ausgehen und die Stabilität der Wirtschaft beeinträchtigen könnten, um diesen dann entgegenwirken und die Marktdisziplin stärken zu können.[874] Jedoch kann der FSOC innerhalb seines Aufgabenbereiches nur Empfehlungen aussprechen, da er über keine unmittelbare Durchsetzungsbefugnisse verfügt.[875]

Der FSOC soll auch Mindeststandards für Eigenkapital, Liquidität sowie für Risikomanagementsysteme entwickeln und empfehlen, die dann von der Fed verbindlich angeordnet werden können.[876] Insbesondere soll der FSOC auch Aufsichtsstandards für „Contingent Capital“ definieren und dabei einen Mindestbestand festlegen, den systemrelevante Institute von diesem Finanzinstrument bereithalten sollten.[877] Hierzu soll der FSOC gem. 12 U.S. Code § 5325 (c) eine Studie **278**

---

869 Dem US-Finanzminister als Vorsitzenden, den Leitern der für die Kapitalmarktaufsicht zuständigen Bundesbehörden sowie einem unabhängigen Mitglied, das über versicherungsaufsichtsrechtliche Expertise verfügt.

870 Dem Leiter des neu zu schaffenden *Office of Financial Research* (*OFR*), dem Leiter des neu zu schaffenden *Federal Insurance Office* (*FIO*) sowie jeweils einen Insurance Commissioner, Banking Supervisor und Securities Commissioner eines US-Bundesstaates.

871 12 U.S. Code § 5321 (b) (1), (2).

872 Zusammengesetzt aus hoch qualifizierten Experten aus den Bereichen der Wirtschaft, der Rechtswissenschaften und der Finanzüberwachung.

873 12 U.S. Code §§ 5342–5344.

874 12 U.S. Code §§ 5322 (a) (1), 5342 (a); *Deppe/Tielmann*, WM 2011, 1883 weisen in diesem Zusammenhang darauf hin, dass das FSOC damit das amerikanische Pendant zum Europäischen Ausschuss für Systemrisiken ist, der ebenfalls mit der Gewährleistung der Systemstabilität betraut ist.

875 *Kern*, Deutsche Bank Research v. 6.12.2010 (Fn. 864), S. 5.

876 12 U.S. Code § 5325 (c) (3), 12 U.S. Code § 5365 (a) (b) (3), (b) (1) (B) (i).

877 12 U.S. Code § 5325 (c) (3): „*the Council may make recommendations to the Board of Governors to require any nonbank financial company supervised by the Board of Governors and any bank holding company described in subsection (a) to maintain a minimum amount of contingent capital that is convertible to equity in times of financial stress*“.

durchführen, die für sog. Nonbank Financial Companies (*NBFCs*),[878] die von der Fed beaufsichtigt werden, und für große, miteinander verbundene *Bank Holding Companies* (*BHCs*),[879]

- beurteilt, inwieweit das Erfordernis an "Contingent Capital" die finanzielle Stabilität der betroffenen Institute sowie des U.S. Finanzsystems sichern würde (12 U.S. Code § 5325 (c) (A));
- bewertet, mit welchen Eigenschaften und in welcher Menge dieses Instrument zu vergeben wäre (12 U.S. Code § 5325 (c) (B));
- die aufsichtsrechtlichen Standards eines solchen Instruments analysiert, welche verwendet werden sollten, um festzustellen, ob eine Wandlung in Eigenkapital aufgrund der Finanzsituation des Emittenten notwendig ist (12 U.S. Code § 5325 (c) (C));
- die Kosten für das Unternehmen sowie die sonstigen Auswirkungen von „contingent capital" auf den Finanzmarkt beurteilt (12 U.S. Code § 5325 (c) (D));
- die Auswirkungen des Instruments auf die internationale Wettbewerbsfähigkeit der betroffenen Unternehmen bewertet, wobei die Aussicht auf die internationale Festlegung gemeinsamer Anforderungen mitberücksichtigt werden sollte (12 U.S. Code § 5325 (c) (E));
- entsprechende Umsetzungsmaßnahmen empfiehlt (12 U.S. Code § 5325 (c) (F)).

279 Trotz dieser Vorgaben an das FSOC sieht der Dodd-Frank Act Contingent Capital jedoch lediglich als eine Option an und möchte entsprechende Instrumente weder unmittelbar noch zwingend einführen, sondern lediglich die FSOC zur Prüfung eines solchen Finanzproduktes anhalten.[880]

280 Dieser Verpflichtung nachkommend veröffentlichte der FSOC im Juli 2012 eine Studie über das Erfordernis von Contingent Capital und stellte fest, dass Instrumente, die bei Erreichen eines Triggers entweder in Eigenkapital

---

878 Legal definiert in 12 U.S. Code § 5311 (a) (4). Letztlich handelt es sich hierbei um Unternehmen, die – etwa aufgrund einer fehlenden Banklizenz –zwar nicht die rechtlichen Anforderungen an einer Bank erfüllen, aber dennoch (Bank-)Dienstleistungen anbieten, die auch von Banken angeboten werden.

879 Legal definiert in 12 U.S. Code § 5311 (a) in Verbindung mit 12 U.S. Code § 1841 (a) (1): „[…] *„bank holding company" means any company which has control over any bank or over any company that is or becomes a bank holding company by virture of this chapter"*.

880 *Coffee*, Colum. L. Rev. Vol. 111 (2011), 795, 843.

umgewandelt bzw. ganz oder teilweise herabgeschrieben werden, durchaus das Potential besitzen, sowohl die Liquidität der Finanzunternehmen als auch die Stabilität des Finanzmarkts zu fördern.[881] Sie können (1) die Verlustabsorption der Unternehmen im laufenden Betrieb stärken, (2) Managern einen Anreiz zur rechtzeitigen Rekapitalisierung zwecks Vermeidung einer Wandlung setzen, (3) in Krisenzeiten die Liquidität eines Unternehmens durch die Reduzierung der Verbindlichkeiten verbessern, (4) die geordnete Auflösung eines insolventen Unternehmens erleichtern (5) und, sofern regulatorisch berücksichtigt, mehr Flexibilität für die Erfüllung regulatorischer Vorgaben bieten – wobei sich die Studie selbst auf die zuerst genannten Punkte der Verlustabsorption und der Anreizsetzung konzentriert.[882]

Allerdings weist die Studie gleich zu Beginn auch auf mögliche Nachteile dieses Instruments hin.[883] So könnte es zu einer Schwächung der Unternehmensliquidität kommen, sofern das contingent capital anstelle von Stammaktien vergeben werden sollte, so dass die Fähigkeit des Instituts zur Verlustabsorption stark von einer rechtzeitigen und effektiven Wandlung des Contingent Capitals abhängt. Auch bestünde die Gefahr, dass der Markt eine Wandlung als ein negatives Signal in Bezug auf die Unternehmenssituation auffasst, wodurch eine sog. „Todesspirale" entstehen könnte. Des Weiteren könnte die beabsichtigte Stärkung des Finanzmarkts sowohl in Europa als auch in den USA umgekehrt werden, da Banken, sofern sie in Contingent Capital anderer Banken investieren, noch stärker als ohnehin schon mit einander verflochten wären. 281

Insgesamt benennt die Studie die Vor- und Nachteile der einzelnen Ausgestaltungsmerkmale von Contingent Capital,[884] ohne sich dabei auf eine bestimmte Ausgestaltungsvariante festzulegen. Vielmehr stellt der FSOC in dieser Studie fest, dass es sich bei CoCo-Bonds um ein nützliches Instrument handelt, um die Eigenkapitalausstattung der Finanzinstitute sowie ihre Fähigkeit, auch in Zeiten des finanziellen Notstandes größeren Verlusten standhalten zu können, zu stärken.[885] Da die Erfahrungen mit einem derartigen Instrument jedoch begrenzt seien, empfiehlt der FSOC der Fed sowie den anderen Finanzregulierungsbehörden weitere Studien über die Vor- und Nachteile von Contingent Capital gerade 282

881 FSOC Report (Fn. 233), S. 5.

882 FSOC Report (Fn. 233), S. 5.

883 Zu diesen FSOC Report (Fn. 233), S. 5 f.

884 S. zu den Vor- und Nachteilen der einzelnen Ausgestaltungsmerkmale der CoCo-Bonds s. die Ausführungen hierzu bei Rn. 51 ff., bei denen auch die Studie des FSOC berücksichtigt würde.

885 FSOC Report (Fn. 233), S. 19.

im Hinblick auf die geltenden Eigenkapitalregelungen anzustellen. Bis dahin sollte dieses Instrument weiterhin eine Innovation im Bereich des Privatsektors bleiben.[886] Sollten CoCo-Bonds dennoch verpflichtend eingeführt werden, so empfiehlt der FSOC, dass den Behörden die Möglichkeit gegeben werden sollte, dieses Finanzprodukt fortwährend anhand der gewonnen Erfahrungen mit dieser Anleihenform am Markt anzupassen.[887] In der Literatur wird jedoch nicht davon ausgegangen, dass in den USA regulatorische Maßnahmen in Bezug auf CoCo-Bonds getroffen werden, bevor dieses Finanzprodukt in Europa ausgiebig getestet wurde.[888]

283 Aber auch wenn CoCo-Bonds damit nicht explizit in den USA geregelt wurden, so können sie dennoch auf das Ergänzungskapital (Tier 2) angerechnet werden, sofern sie den allgemeinen Vorgaben zur regulatorischen Anrechenbarkeit von hybriden Instrumenten nach 12 C.F.R. pt. 225, app. A entsprechen. Nicht enthalten sind hierin jedoch Regelungen zum Wandlungsverhältnis oder zum Wandlungsauslöser, auch wenn allgemein bestimmt wird, dass die hybriden Instrumente zur Verlustabsorption beitragen müssen.

II. CoCo-Bonds in der Schweiz

284 Nicht ohne Grund nimmt die Schweiz in Bezug auf die Akzeptanz von CoCo-Bonds als regulatorisches Kapital eine „*Vorreiterrolle*" ein.[889] Denn allein die Bilanzsummen der beiden schweizerischen Großbanken UBS und Credit Suisse entsprachen Ende 2007 zusammen etwa dem fünffachen des Schweizer Inlandprodukts. Sowohl ihr Anteil am inländischen Kreditmarkt als auch am Einlagengeschäft belief sich auf etwa 35 % – eine im internationalen Vergleich der

886 FSOC Report (Fn. 233), S. 19.

887 FSOC Report (Fn. 233), S. 18.

888 So die Erwartungshaltung von *Coffee*, Colum. L. Rev. Vol. 111 (2011), 795, 846 f.

889 *Leippold*, Der Schweizer Treuhänder 2011, 913, kritisiert diesen Vorstoß der Schweiz als „*schwer verständlich*", da selbst der Baseler Ausschuss sich von der Möglichkeit distanziert habe, CoCo-Bonds als Eigenkapitalpuffer zu nutzen. Dies verkennt jedoch, dass der Baseler Ausschuss die Nutzung von bedingtem Kapital auch bei G-SIBs ausdrücklich *unterstützt*, um im Vergleich zu den globalen Mindestanforderungen höhere nationale Anforderungen an die Verlustabsorption zu erfüllen, da dieses Kapital bei Fortführung des Geschäftsbetriebs zur Absorption von Verlusten beitragen könnte, s. *BCBS*, Global systemrelevante Banken: Bewertungsmethodik und Anforderungen (Fn. 34), S. 23.

Bankgeschäfte geradezu einzigartige Konzentration.[890] Daher befürchtete der Bundesrat[891] zu Recht, dass die Insolvenz von nur einer der beiden großen Banken katastrophale Folgen für die schweizerische Volkswirtschaft haben könnte.[892] Neben dem völligen Zusammenbruch des Zahlungsverkehrs sei dabei insbesondere auch ein irreparabler Reputationsverlust des global herausgehobenen Finanzplatzes Schweiz zu befürchten.[893]

Daher hatte der Bundesrat im November 2009 eine Expertenkommission 285
zur Limitierung von volkswirtschaftlichen Risiken durch Grossunternehmen (nachfolgend Expertenkommission) eingesetzt, die aus Vertretern der Behörden, der Wissenschaft und der Wirtschaft bestand, und u. a. aufzeigen sollte, wie die von Großunternehmen ausgehenden Risiken für die Volkswirtschaft minimiert werden können.[894] Nachdem die Expertenkommission Ende April einen Zwischenbericht mit ihren vorläufigen Ergebnissen präsentierte, veröffentlichte sie ihre endgültigen Ergebnisse in ihrem Schlussbericht vom 30.9.2010.[895] Insgesamt sieht der Lösungsvorschlag dieser Kommission die Verschärfung der gesetzlichen Eigenkapitalregelungen sowie der Regelungen zur Liquidität und Risikoverteilung bei systemrelevanten Instituten vor.[896] Darüber hinaus sollte das Insolvenzrecht für systemrelevante Banken modifiziert und ihre Sanierung u. a. durch die Schaffung von *Wandlungskapital* gesichert werden.[897] Hierdurch sollen die international als CoCo-Bonds bekannten Anleihen in das schweizerische Recht eingeführt werden und die klassischen hybriden Kapitalinstrumente mittel- bis langfristig ersetzen.[898]

---

890 S. zum Ganzen *Sethe*, ZBB 2011, 106, 107; *von der Crone/Beeler*, ZBB 2012, 12; Botschaft zu einem Maßnahmenpaket zur Stärkung des schweizerischen Finanzsystems vom 5.11.2008, BBl 2008, 8943, 8958.

891 Sofern nicht anders gekennzeichnet beziehen sich Verweise auf den Bundesrat in diesem Abschnitt immer auf den Bundesrat der Schweiz.

892 Botschaft zu einem Maßnahmenpaket zur Stärkung des schweizerischen Finanzsystems vom 5.11.2008, BBl 2008, 8943, 8958 f.

893 Botschaft zu einem Maßnahmenpaket zur Stärkung des schweizerischen Finanzsystems vom 5.11.2008, BBl 2008, 8943, 8958; *Sethe*, ZBB 2011, 106, 108.

894 S. zur Aufgabe der *Expertenkommission* ihren Schlussbericht v. 30.9.2010 (Fn. 176), S. 3.

895 Beides abrufbar unter: http://www.sif.admin.ch/dokumentation/00514/00519/00592/index.html?lang=de (zuletzt abgerufen am 3.7.2014).

896 *Expertenkommission*, Schlussbericht v. 30.9.2010 (Fn. 176), S. 3 ff.

897 *Expertenkommission*, Schlussbericht v. 30.9.2010 (Fn. 176), S. 22 f.

898 *Breitkreuz/Vollmar*, Der Schweizer Treuhänder 2011, 148, 149.

286 Nach Ansicht der Expertenkommission machte die Umsetzung der von ihr vorgeschlagenen Maßnahmen die Änderung des Bankengesetzes notwendig, so dass sie im Anhang ihres Schlussberichts einen entsprechenden Entwurf hierzu ausgearbeitet hat.[899] Zwar erlaube das Obligationsrecht mit Art. 653 Abs. 1 OR grundsätzlich die Schaffung von bedingtem Kapital, jedoch setze dies ein Wandlungsrecht für eine bestimmte Personengruppe voraus. Beim Wandlungskapital ist die Aufnahme eines Wandlungsrechts jedoch unzulässig, da die Wandlung unabhängig vom Willen der Beteiligten bei Eintritt eines objektiven Ereignisses zu erfolgen hat.[900]

287 Das mittlerweile im Wesentlichen entsprechend der Vorschläge der Expertenkommission geänderte BankG[901] gewährt gem. Art. 11 Abs. 1 lit. b), 13 BankG der Generalversammlung die Möglichkeit, eine bedingte Erhöhung des Aktien- oder des Partizipationskapitals zu beschließen, indem sie in den Statuten festlegt, dass sich die Forderungsrechte aus Pflichtwandelanleihen beim Eintritt eines wandlungsauslösenden Ereignisses in Aktien oder Partizipationsscheine wandeln. Dabei soll dieses Wandelkapital neben dem genehmigten und dem bedingten Kapital stehen.[902] Den Aktionären und Partizipanten soll gem. Art. 13 Abs. 4 S. 1 BankG dabei entsprechend ihrer Beteiligung ein Bezugsrecht[903] zustehen, was offenbar nur dann ausgeschlossen werden kann, wenn „*die Pflichtwandelanleihen zu Marktbedingungen oder mit einem Abschlag ausgegeben* [werden], *der erforderlich ist, um eine rasche und vollständige Platzierung zu gewährleisten*". Durch diese Einschränkung werden zwar die Aktionäre sowie die Partizipanten geschützt, allerdings entzieht man CoCo-Bonds damit auch ihre Steuerungskomponente, die zur Bekämpfung der Moral Hazard-Problematik dienen sollte.[904]

---

899 *Expertenkommission*, Schlussbericht v. 30.9.2010 (Fn. 176), S. 23, Anhang A2 (Gesetzesentwurf), Anhang A3 (Kommentar zum Gesetzesentwurf).

900 *Expertenkommission*, Schlussbericht v. 30.9.2010 (Fn. 176), S. 89, 91.

901 S. zur Chronologie der Gesetzesänderung und für die entsprechenden Textfassungen http://www.parlament.ch/d/suche/seiten/geschaefte.aspx?gesch_id=20110028 (zuletzt abgerufen am 3.7.2014).

902 *Von der Crone/Beeler*, ZBB 2012, 12, 17; so auch die *Expertenkommission*, Schlussbericht v. 30.9.2010 (Fn. 176), S. 93, die allerdings auch darauf hinweist, dass die Bedeutung von bedingtem und genehmigtem Kapital bei Banken voraussichtlich an Bedeutung verlieren wird.

903 Wobei das BankG dieses als „*Vorwegzeichnungsrecht*" bezeichnet.

904 Kritisch daher auch *von der Crone/Beeler*, ZBB 2012, 12, 17.

Während der Normgeber die gesellschaftsrechtlichen Gesetzesanpassungen zur Schaffung des Wandlungskapitals in das Bankengesetz umgesetzt hat, wurden die regulatorischen Aspekte, insbesondere die in Art. 11 Abs. 4 BankG vorgesehene Möglichkeit der Anrechnung dieser Pflichtwandelanleihen auf das Eigenkapital, in die Eigenmittelverordnung (nachfolgend ERV)[905] aufgenommen.[906] Im Rahmen der Regelungen zum zusätzlichen Kernkapital bestimmt Art. 27 Abs. 3 ERV, dass CoCo-Bonds, die die übrigen Voraussetzungen nach Art. 27 Abs. 1 ERV für die Anrechenbarkeit auf das zusätzliche Kernkapital erfüllen, dann als solches anzuerkennen sind, wenn sie bei der Unterschreitung einer harten Kernkapitalquote von 5,125 % eine Forderungsreduktion oder eine Wandlung in hartes Kernkapital vorsehen. Jedoch muss die FINMA gem. Art. 27 Abs. 5 ERV vor Ausgabe dieses Kapitalinstruments das vertraglich definierte Wandlungsereignis genehmigen. Allerdings kann dieses Wandelkapital nach Art. 127 Abs. 1 ERV nur in dem Umfang angerechnet werden, in dem es beim Eintritt des Trigger Events einen Beitrag zur Verlusttragung leistet, im Falle der Wandlung also nur in dem Umfang, wie es in hartes Kernkapital gewandelt wird. 288

Neben den Eigenkapitalanforderungen für nicht systemrelevante Banken in Art. 21 ff. und 41 ff. ERV, die im Wesentlichen den Baseler Vorgaben entsprechen,[907] sieht die Verordnung in ihrem 5. Titel (Art. 124 ff. ERV) auch besondere Bestimmungen für systemrelevante Banken im Sinne von Art. 7 Abs. 1 BankG vor. Hierbei spielen CoCo-Bonds eine besondere Rolle. Zwar werden sie nicht verpflichtend eingeführt, allerdings können die systemrelevanten Institute die besonderen Eigenmittelvorgaben zu einem großen Teil mit ihnen erfüllen. Um zusätzlich hierzu die Attraktivität der CoCo-Bonds zu stärken, wurde zudem auch noch eine steuerliche Begünstigung der CoCo-Bonds eingeführt.[908] 289

---

905 S. zu den Änderungen Eidgenössisches Finanzdepartement (EFD), Kommentar zur Änderung der Bankenverordnung und der Eigenmittelverordnung v. 20.6.2012, abrufbar unter: http://www.efd.admin.ch/dokumentation/gesetzgebung/00570/02596/index.html?lang=en&download=NHzLpZeg7t,lnp6I0NTU042l2Z6ln1ad1IZn4Z2qZpnO2Yuq2Z6gpJCDe352f2ym162epYbg2c_JjKbNoKSn6A-- (zuletzt abgerufen am 3.7.2014).

906 *Von der Crone/Beeler*, ZBB 2012, 12, 17.

907 Zu den Baseler Vorgaben s. Rn. 190 ff.

908 Näher hierzu s. Botschaft zur Änderung des Bankengesetzes (Stärkung der Stabilität im Finanzsektor; too big to fail) v. 20.4.2011, BBl. 2011, S. 4717, 4735 ff.; damit kam der Gesetzgeber der Aufforderung der Expertenkommission nach, die für den erfolgreichen Einsatz von Wandlungskapital auf die Notwendigkeit der Verbesserung der steuerlichen Rahmenbedingungen hinwies, *Expertenkommission*, Schlussbericht v. 30.9.2010 (Fn. 176), S. 4, 90.

Damit hat die Schweiz einen über die ERV hinausgehenden Anreiz zur Ausgabe entsprechender Pflichtwandelanleihen gesetzt.

290 Berücksichtigungsfähig sind CoCo-Bonds zunächst bei dem nach Art. 129 Abs. 1 ERV zu schaffenden Eigenmittelpuffer von 8,5 % der risikogewichteten Positionen nach Art. 42 Abs. 2 ERV. Zwar soll diese Quote gem. Art. 129 Abs. 2 S. 1 ERV mit hartem Kernkapital erfüllt werden, allerdings ermöglicht es Art. 129 Abs. 2 S. 2 ERV den Banken im Umfang von maximal 3 % der risikogewichteten Positionen Wandlungskapital einzusetzen, wenn der Trigger dieser Anleihe an die Unterschreitung einer harten Kernkapitalquote von 7 % knüpft.

291 Demgegenüber können systemrelevante Institute die nach Art. 130 Abs. 1 ERV dauernd zu haltende progressive Eigenkapitalkomponente nach Art. 130 Abs. 2 ERV in voller Höhe mit Wandlungskapital erfüllen, bei dem spätestens die Unterschreitung einer harten Kernkapitalquote von 5 % zur Wandlung oder Herabschreibung des Instruments führt.[909] Dabei ist die genaue Höhe der progressiven Komponente gem. Art. 131 Abs. 1 ERV jährlich von der FINMA zum Abschluss des zweiten Quartals nach Maßgabe des Art. 131 Abs. 3 ERV festzulegen und bis zum Beginn des folgenden Jahres umzusetzen. Nach Art. 131 Abs. 6 darf sie dabei jedoch einen Progressionssatz von 1 % nicht unterschreiten. Das Eidgenössische Finanzdepartement geht in diesem Zusammenhang von einem Zuschlag für systemrelevante Banken von 6 % der RWA aus.[910] Damit können systemrelevante Banken in der Schweiz die regulatorischen Vorgaben an das Eigenkapital mit bis zu 9 % durch entsprechend ausgestaltete CoCo-Bonds erfüllen.

292 In Bezug auf das Wandlungsverhältnis überlässt der Schweizer Gesetzgeber den Banken einen großzügigen Ausgestaltungs- und Handlungsspielraum,[911] um sicherzustellen, dass diese den Marktbedürfnissen entgegenkommen und auf internationale Entwicklungen reagieren können.[912] Entsprechend des Basel

---

909 Durch die Ermöglichung der Erfüllung der progressiven Kapitalkomponente mit harten Kernkapital nach Art. 130 Abs. 3 S. 1 ERV wich der Gesetzgeber von der Empfehlung der Expertenkommission ab, nach der die progressive Komponente ausschließlich mit CoCo-Bonds zu erfüllen ist, s. *Expertenkommission*, Schlussbericht v. 30.9.2010 (Fn. 176), S. 32.

910 Eidgenössisches Finanzdepartement (EFD), Kommentar zur Änderung der Bankenverordnung und der Eigenmittelverordnung v. 20.6.2012 (Fn. 905), S. 22; so im Übrigen auch *Expertenkommission*, Schlussbericht v. 30.9.2010 (Fn. 176), S. 32.

911 *Von der Crone/Beeler*, ZBB 2012, 12, 17.

912 *Von der Crone/Beeler*, ZBB 2012, 12, 19; dies entspricht auch den Empfehlungen der Expertenkommission, s. *Expertenkommission*, Schlussbericht v. 30.9.2010 (Fn. 176), S. 89 ff.

III-Regelwerks[913] sehen Art. 137 ff. ERV die schrittweise Umsetzung der Eigenkapitalvorgaben bis zum 1.1.2019 sowie den schrittweisen Abbau der Anrechnungsfähigkeit auf das regulatorische Eigenkapital anderer Instrumente, die nach den neuen Regelungen nicht mehr zum regulatorischen Eigenkapital zählen sollen, vor.

Letztlich haben sich CoCo-Bonds somit in der Schweiz als „*wichtiger Stützpfeiler*" im Rahmen der too-big-to-fail Gesetzgebung etabliert.[914] Die Bedeutung dieses Finanzinstruments für die Schweiz lässt sich an einer Schätzung der zu emittierenden CoCo-Bonds aus dem Jahr 2012 ableiten, nach der je Schweizer Großbank ein Volumen von 36 Mrd. CHF (etwa 29 Mrd. Euro) zu emittieren sind.[915] 293

F. Notwendige Gesetzesänderung

Es ist bedauerlich, dass der europäische Normgeber CoCo-Bonds bei entsprechender Ausgestaltung zwar als regulatorisches Eigenkapital anerkennt, diese in Bezug auf ihren Wandlungsauslöser jedoch nahezu mit dem Bail-in-Instrument gleichsetzt. Allein die Differenzierung danach, wer oder was letztlich die Wandlung herbeiführen bzw. auslösen soll, reicht nicht aus, um das volle verhaltenssteuernde Potential der CoCo-Bonds zu nutzen. Auch die Erstreckung des Bail-in-Instruments auf sämtliche, nicht nach Art. 43 Abs. 2, 3 BRRD ausgeschlossene Verbindlichkeiten ändert hieran nichts. Denn damit wird zwar der Anwendungsbereich des Instruments gegenüber dem der CoCo-Bonds erweitert, inhaltlich jedoch weiterhin auf ein ähnliches Wandlungsereignis abgestellt. Eine stärkere Differenzierung zwischen diesen beiden Instrumenten würde jedoch die Marktstabilität fördern, da beide Instrumente dann tatsächlich einen eigenständigen Zweck verfolgen könnten.[916] 294

Wie aber können CoCo-Bonds, die aufgrund ihres hohen Triggers und dem für die Gesellschafter nachteiligen Wandlungsverhältnis lange vor Eintritt einer 295

913 S. hierzu Rn. 192.

914 *Rudolph*, in: Groß/Pfingsten (Hrsg.), Finanzmarktkrisen, ZfbF Sonderheft 67/2013, S. 97, 105; *Bösch/Leisinger*, SWZ 20012, 2, 3.

915 *Berndt/Vollmar/Becker*, Der Schweizer Treuhänder 2012, 125 f. mwN.

916 S. zu den unterschiedlichen Zweckrichtungen des Bail-in-Instruments und der CoCo-Bonds Rn. 174 ff.

Krise zu einer stark verwässernden Wandlung führen, womit ihnen die Wirkung einer vorweggezogenen Insolvenz zukommt, eingeführt werden, ohne die verfassungsrechtlich durch Art. 14 Abs. 1 S. 1 GG geschützten Rechte der Aktionäre zu verletzen? Diese Frage kann durch einen Blick auf die Regelungen in der Schweiz beantwortet werden. Auch dort wurde das Konfliktpotential der CoCo-Bonds mit den Eigentumsrechten der Gesellschafter offenbar erkannt und dadurch gelöst, dass lediglich indirekt Einfluss auf die CoCo-Bond-Ausgabeentscheidung genommen wurde. Zwar erhielt dieses Instrument durch die Anerkennung als Eigenkapital einen Bezug zum Aufsichtsrecht und wird durch steuerliche Begünstigungen gefördert, allerdings bleibt es allein die Entscheidung der Gesellschaft, ob und in welchem Umfang sie CoCo-Bonds einsetzen möchte, wodurch sie ein privatrechtliches Instrument bleiben.[917] Auch in Deutschland hat die Hauptversammlung gem. § 221 Abs. 1 S. 1 AktG analog über die Ausgabe von CoCo-Bonds zu entscheiden, so dass diese Instrumente nur mit ihrem Willen ausgegeben werden können. Damit sind die Rechte der Aktionäre aus Art. 14 Abs. 1 S. 1 GG hinreichend gewahrt, da eine Pflicht zum Beschluss der CoCo-Bondausgabe gerade nicht besteht. Die Gesellschaft bzw. ihr Vorstand ist aus regulatorischer Sicht noch nicht einmal verpflichtet, die Emission von CoCo-Bonds der Hauptversammlung zum Beschluss vorzulegen. Sowohl der Vorstand als auch die Gesellschafter, sofern der Vorstand ihnen die CoCo-Bond-Ausgabe zur Beschlussfassung vorlegt, können sich auch bewusst gegen die Emission von CoCo-Bonds entscheiden und die Eigenkapitalvorschriften mit hartem Kernkapital erfüllen.

296 Um die Emission von CoCo-Bonds im Interesse der Marktstabilität zu fördern, empfiehlt es sich, strengere Vorgaben für die Anerkennungsfähigkeit dieses wandelbaren Instruments auf das regulatorische Eigenkapital einzuführen und sicherzustellen, dass nur bei Erfüllung dieser Vorgaben die Banken auch mit einer steuerlichen Begünstigung dieses Instruments rechnen können. Aufgrund der steuer- und aufsichtsrechtlichen Vorteile kann davon ausgegangen werden, dass das Interesse der Banken an der Ausgabe entsprechender Titel auch dann ungebrochen bleibt, wenn sie die Wandlung neben einem bilanzwertorientierten auch an einen marktwertbasierten Trigger knüpfen und ein für die Gesellschafter stark verwässerndes Wandlungsverhältnis festlegen müssen, um die entsprechenden Vorteile erzielen zu können.[918] Daher würde wohl auch die hier vorgeschlagene Form der CoCo-Bonds von den Banken zahlreich ausgegeben

---

917 *Expertenkommission*, Schlussbericht v. 30.9.2010 (Fn. 176), S. 94 f.
918 Allgemein zur Ausgestaltung s. oben Rn. 49 ff.

werden und aufgrund der für Gläubiger vorteilhaften Wandlung bei den Investoren nicht minder beliebt sein als die aktuellen Emissionen.

Wie sollten die Eigenkapitalregelungen aber aussehen? Zunächst sollten CoCo-Bonds in ihrer Herabschreibungsvariante die Anrechenbarkeit auf das regulatorische Eigenkapital verlieren, um die damit einhergehende fatale Anreizwirkung nicht auch noch zu fördern. Dann sollte, basierend auf noch vorzunehmende empirische wirtschaftswissenschaftliche Studien[919] anhand der Entwicklungen der Praxis, ein hoher Trigger vorgesehen werden, der auf einem durchschnittlichen Aktienkurs beruht. Dabei kann und sollte dieser marktwertbasierte Trigger neben einen bilanzwertorientierten Trigger treten, wobei auch dieser hoch anzusetzen ist. Der derzeit in Art. 54 Abs. 1 lit. a) CRR-VO vorgesehene Trigger ist in diesem Zusammenhang als zu niedrig einzustufen. Darüber hinaus sollte festgelegt werden, dass im Falle der Wandlung der CoCo-Bond-Inhaber Aktien über den Nennwert seiner Anleihe erhält. Details können allerdings durch die Gesellschaft selbst bestimmt werden. Insgesamt sollte eine entsprechende Gesetzesänderung mit einer Erhöhung der Eigenkapitalquoten zusammenfallen, die nach wie vor als zu niedrig anzusehen sind.[920] In welchem Umfang CoCo-Bonds dann auf das regulatorische Eigenkapital angerechnet werden können, sollte ebenfalls noch weiter untersucht werden. Entsprechenden Regelungen in der Schweiz, die eine Anrechnung bis maximal 9 % zulässt,[921] oder bereits jetzt schon teilweise geforderte CoCo-Bond-Quoten von 10 %[922] erscheinen jedoch zu gering als dass sie die gewünschte Verhaltenssteuerung herbeiführen könnten. Denn diese setzt eine für die Gesellschaft aufgrund der Verwässerung der Aktionärsanteile abschreckendes Wandlungsverhältnis voraus.[923] Ein solches liegt m.E. erst bei weit über 10 % vor. Auch das Aktiengesetz selbst geht im Rahmen des erleichterten Bezugsrechtsausschlusses davon aus, dass eine Kapitalerhöhung von lediglich 10 % des Grundkapitals grundsätzlich als eine unbedeutende Beeinträchtigung der Vermögens- und Beteiligungsinteressen 297

919 S. zu dieser Empfehlung auch Rn. 72.

920 So wohl auch *Hellwig*, Gutachten E, 68. DJT, 2010, S. E 49, der einen grundlegend neuen Ansatz der Eigenkapitalregulierung fordert, insbesondere das *Wegkommen* von der Illusion einer Feinsteuerung durch das Eingehen auf immer neue Detailaspekte der Risikomessung und *insgesamt* eine *deutliche Erhöhung* der Eigenkapitalausstattung der Banken.

921 S. oben Rn. 291.

922 *Calomiris/Herring*, Journal of Applied Corporate Finance Vol. 25 (2013), No. 2, S. 21, 32 f.

923 So bereits Rn. 73.

der Aktionäre anzusehen ist.[924] Die Empfehlung eines genauen CoCo-Bond-Umfangs bleibt jedoch empirischen wirtschaftswissenschaftlichen Studien vorbehalten.[925]

298 Eine verbindliche CoCo-Bond-Quote bedarf es allerdings nicht. Denn bei den mit den CoCo-Bonds verbundenen regulatorischen und steuerrechtlichen Vorteilen kann dann davon ausgegangen werden, dass Banken auch ohne eine verpflichtende CoCo-Bond-Quote eine für die gewünschte Verhaltenssteuerung ausreichende Menge an CoCo-Bonds emittieren werden – zumal die Wandlungswahrscheinlichkeit eher gering ist.[926]

299 Damit es nicht zu einer zu starken Verflechtung der einzelnen Institute kommt, wodurch die günstigen Wirkungen der CoCo-Bonds ausbleiben könnten, sollten Banken und andere systemrelevante Institute außerhalb des Bankensektors nicht in CoCo-Bonds investieren dürfen.[927] Als geeignete institutionelle Investoren kämen insbesondere Pensionsfonds, Versicherungen und Hedgefonds in Betracht.[928]

300 Die genannten Änderungen könnten in Art. 52 Abs. 1 lit. n), 54 CRR-VO, einen neu zu schaffenden Art. 54a CRR-VO und in § 10c bis 10f KWG wie folgt umgesetzt werden:

I. Änderungsvorschlag zur CRR-VO

Artikel 52

Instrumente des zusätzlichen Kernkapitals

(1) Kapitalinstrumente zählen nur dann zu den Instrumenten des zusätzlichen Kernkapitals, wenn alle folgenden Bedingungen erfüllt sind:
[…]

---

924 Marsch-Barner/Schäfer/*Groß*, HdB börsennotierte AG, § 51 Rn. 56.

925 S. auch Rn. 268.

926 *Calomiris/Herring*, Journal of Applied Corporate Finance Vol. 25 (2013), No. 2, S. 21, 26 f.

927 *Rudolph*, in: Groß/Pfingsten (Hrsg.), Finanzmarktkrisen, ZfbF Sonderheft 67/2013, S. 97, 107, 117.

928 *Rudolph*, in: Groß/Pfingsten (Hrsg.), Finanzmarktkrisen, ZfbF Sonderheft 67/2013, S. 97, 118, der darüber hinaus aber auch das Management als geeigneten Investor ansieht, sofern die erfolgsabhängige Vergütung in Form von CoCo-Bonds ausgezahlt wird; zu CoCo-Bonds als Vergütungselement s. Rn. 114.

n) laut den für die Instrumente geltenden Bestimmungen *müssen* bei Eintritt eines Auslöseereignisses *(Text zu löschen)* die Instrumente in Instrumente des harten Kernkapitals umgewandelt werden,

[...]

Artikel 54

(Text zu löschen) **Umwandlung von Instrumenten des zusätzlichen Kernkapitals**

(1) Für Zwecke von Artikel 52 Absatz 1 Buchstabe n gelten für Instrumente des zusätzlichen Kernkapitals die folgende Bestimmungen:

a) ein Auslöseereignis liegt vor, wenn die in Artikel 92 Absatz 1 Buchstabe a genannte harte Kernkapitalquote des Instituts *oder der Marktwert des Eigenkapitals des Instituts basierend auf einen 90-tägigen Durchschnittswert*[929] unter einen der folgenden Werte fällt:

i) *8 %*[930],

ii) einen über *8 %* liegenden Wert, der vom Institut festgelegt und in den für das Instrument geltenden Bestimmungen spezifiziert wurde.

Die für das Auslöseereignis entscheidende Quote des Marktwerts ist durch die Division des Marktwerts des Eigenkapitals und der Summe aus diesem Marktwert und dem Nennwert des Fremdkapitals zu ermitteln.

[...]

c) *bei Eintritt eines Auslöseereignisses haben die für die Instrumente geltenden Bestimmungen für die Umwandlung in Instrumente des harten Kernkapitals Folgendes zu spezifizieren:*

i) entweder die Quote einer solchen Umwandlung und eine Obergrenze für die gestattete Umwandlungsmenge

ii) oder eine Spanne, innerhalb dessen die Instrumente in Instrumente des harten Kernkapitals umgewandelt werden;

d) bei der Spezifizierung nach Abs. 1 Buchstabe c haben die für die Instrumente geltenden Bestimmungen sicherzustellen, dass der Nennbetrag der Instrumente des harten Kernkapitals den Nennbetrag der zu wandelnden Instrumente übersteigt;

---

929 Der 90-tägige Durchschnittswert ist exemplarisch und orientiert sich an der Studie von *Calomiris/Herring*, Journal of Applied Corporate Finance Vol. 25 (2013), No. 2, S. 21, 34 ff., sollte aber noch weiter untersucht werden.

930 Dieser Wert ist exemplarisch und orientiert sich an der Empfehlung *Calomiris/Herring*, Journal of Applied Corporate Finance Vol. 25 (2013), No. 2, S. 21, 33, s. hierzu auch Rn. 72.

(2) Aus der *(Text zu löschen)* Umwandlung eines Instruments des zusätzlichen Kernkapitals müssen sich nach geltenden Rechnungslegungsrahmen Posten ergeben, die zu den Posten des harten Kernkapitals gerechnet werden können.
(3) Der Betrag der in den Posten des zusätzlichen Kernkapitals anerkannten Instrumente des zusätzlichen Kernkapitals ist beschränkt auf den Mindestbetrag der Posten des harten Kernkapitals, der sich ergeben würde, wenn der Kapitalbetrag der Instrumente des zusätzlichen Kernkapitals *(Text zu löschen)* in Instrumente des harten Kernkapitals gewandelt würde.
(4) Die Instrumente sind bei Eintritt eines nach Absatz 1 Buchstabe a definierten Auslöseereignisses voll in Instrumente des harten Kernkapitals umzuwandeln. Eine in den Bedingungen des Instruments vorgesehene gestaffelte Umwandlung genügt den Anforderungen des Satz 1 nicht.
(5) Bei Eintreten eines Auslöseereignisses verfahren die Institute wie folgt:
  a) sie setzen unverzüglich die zuständige Behörde in Kenntnis,
  b) sie unterrichten die Inhaber der Instrumente des zusätzlichen Kernkapitals,
  c) gemäß den Anforderungen dieses Artikels *wandeln* sie unverzüglich, spätestens innerhalb eines Monats, *(Text zu löschen) die Instrumente* in Instrumente des harten Kernkapitals um.

  [...]

Artikel 54a

Gläubiger der wandelbaren Instrumente

Systemrelevanten Instituten ist das Halten der in Artikel 54 genannten Instrumente untersagt.

II. Änderungsvorschlag zum KWG

§ 10c

Kapitalerhaltungspuffer

(1) Ein Institut muss zusätzlich zum harten Kernkapital, das zur Einhaltung der Eigenmittelanforderung nach Artikel 92 der Verordnung (EU) Nr. 575/2013 CRR und erhöhter Eigenmittelanforderungen zur Absicherung nicht von Artikel 1 der Verordnung (EU) Nr. 575/2013 abgedeckter Risiken und Risikoelemente nach §10 Absatz 3 erforderlich ist, einen aus hartem Kernkapital *oder einem im Einklang mit Artikel 54 und Artikel 54a der Verordnung (EU) Nr. 575/2013 stehendem Instrument* bestehenden Kapitalerhaltungspuffer vorhalten. [...]
[...]

§ 10d

Antizyklischer Kapitalpuffer

(1) Ein Institut muss zusätzlich zum harten Kernkapital, das zur Einhaltung

1. der Eigenmittelanforderung nach Artikel 92 der Verordnung (EU) Nr. 575/2013,
2. erhöhter Eigenmittelanforderungen zur Absicherung nicht von Artikel 1 der Verordnung (EU) Nr. 575/2013 abgedeckter Risiken und Risikoelemente nach § 10 Absatz 3,
3. erhöhter Eigenmittelanforderungen nach § 10 Absatz 4 und
4. des Kapitalerhaltungspuffers nach § 10c

erforderlich ist, einen aus hartem Kernkapital *oder einem im Einklang mit Artikel 54 und Artikel 54a der Verordnung (EU) Nr. 575/2013 stehendem Instrument* bestehenden institutsspezifischen antizyklischen Kapitalpuffer vorhalten. [...]

[...]

§ 10e

Kapitalpuffer für systemische Risiken

(1) Die Bundesanstalt kann anordnen, dass alle Institute oder bestimmte Arten oder Gruppen von Instituten zusätzlich zum harten Kernkapital, das zur Einhaltung

1. der Eigenmittelanforderung nach Artikel 92 der Verordnung (EU) Nr. 575/2013,
2. erhöhter Eigenmittelanforderungen zur Absicherung nicht von Artikel 1 der Verordnung (EU) Nr. 575/2013 abgedeckter Risiken und Risikoelemente nach § 10 Absatz 3,
3. erhöhter Eigenmittelanforderungen nach § 10 Absatz 4,
4. des Kapitalerhaltungspuffers nach § 10c und
5. des institutsspezifischen antizyklischen Kapitalpuffers nach § 10d

erforderlich ist, einen aus hartem Kernkapital *oder einem im Einklang mit Artikel 54 und Artikel 54a der Verordnung (EU) Nr. 575/2013 stehendem Instrument* bestehenden Kapitalpuffer für systemische Risiken vorhalten müssen. [...]

[...]

§ 10f

Kapitalpuffer für global systemrelevante Institute

(1) Die Bundesanstalt ordnet an, dass ein global systemrelevantes Institut zusätzlich zum harten Kernkapital, das zur Einhaltung

1. der Eigenmittelanforderungen nach Artikel 92 der Verordnung (EU) Nr. 575/2013,
2. erhöhter Eigenmittelanforderungen zur Absicherung nicht von Artikel 1 der Verordnung (EU) Nr. 575/2013 abgedeckter Risiken und Risikoelemente nach § 10 Absatz 3,
3. erhöhter Eigenmittelanforderungen nach § 10 Absatz 4,
4. des Kapitalerhaltungspuffers nach § 10c,
5. des institutsspezifischen antizyklischen Kapitalpuffers nach § 10d und
6. des systemischen Kapitalpuffers nach § 10e, soweit dieser nicht auf den Kapitalpuffer für global systemrelevante Institute angerechnet wird,

erforderlich ist, einen aus hartem Kernkapital *oder einem im Einklang mit Artikel 54 und Artikel 54a der Verordnung (EU) Nr. 575/2013 stehendem Instrument* bestehenden Kapitalpuffer für global systemrelevante Institute auf konsolidierter Ebene vorhalten muss. [...]

[...]

§ 10g
Kapitalpuffer für anderweitig systemrelevante Institute

(1) Die Bundesanstalt kann anordnen, dass ein anderweitig systemrelevantes Institut zusätzlich zum harten Kernkapital, das zur Einhaltung
1. der Eigenmittelanforderungen nach Artikel 92 der Verordnung (EU) Nr. 575/2013,
2. erhöhter Eigenmittelanforderungen zur Absicherung nicht von Artikel 1 der Verordnung (EU) Nr. 575/2013 abgedeckter Risiken und Risikoelemente nach § 10 Absatz 3,
3. erhöhter Eigenmittelanforderungen nach § 10 Absatz 4,
4. des Kapitalerhaltungspuffers nach § 10c,
5. des institutsspezifischen antizyklischen Kapitalpuffers nach § 10d und
6. des systemischen Kapitalpuffers nach § 10e, soweit dieser nicht auf den Kapitalpuffer für global systemrelevante Institute angerechnet wird,

erforderlich ist, einen aus hartem Kernkapital *oder einem im Einklang mit Artikel 54 und Artikel 54a der Verordnung (EU) Nr. 575/2013 stehendem Instrument* bestehenden Kapitalpuffer für anderweitig systemrelevante Institute in Höhe von bis zu 2,0 Prozent des nach Artikel 92 Absatz 3 der Verordnung (EU) Nr. 575/2013 ermittelten Gesamtforderungsbetrags auf konsolidierter, unterkonsolidierter oder auf Einzelinstitutsebene vorhalten muss.

[...]

5. Teil Fazit

I. Fazit der Untersuchung

„Es wäre eine Anmaßung von Wissen, den Eindruck erwecken zu wollen, man könne Wirtschafts- und Finanzkrisen verlässlich und dauerhaft verhindern.“[931] 301

Dem ist vollumfänglich zuzustimmen. Schieflagen einzelner Banken sowie Krisen ganzer Banken- und Finanzmarktsysteme können nie gänzlich ausgeschlossen und vermieden werden. Allerdings ist es die Aufgabe der Bankenleitung, der Aufsichtsorgane sowie des Staates, Vorkehrungen dafür zu treffen, dass einzelne Banken und mit ihnen der Finanzmarkt jedenfalls soweit stabilisiert und gesichert werden, dass die Wahrscheinlichkeit eines Ausfalls möglichst gering gehalten wird.[932] Die Einführung von CoCo-Bonds würde einen bemerkenswerten Vorteil für die Stabilität der Banken- und Finanzmärkte mit sich bringen. Denn neben einer Verlustabsorption, die auftretende Verluste zunächst auf vorab feststehende Gläubiger verteilt, bevor diese auf den Staat bzw. den Steuerzahler abgewälzt werden können, würden sie auch einen positiven verhaltenssteuernden Anreiz zur Installierung eines effektiven Risikomanagements und zum nachhaltigen Wirtschaften setzen.[933] Sollte es zu einer Wandlung kommen, die nicht von den CoCo-Bonds aufgefangen werden kann, so könnten die neu geschaffenen Abwicklungsinstrumente, insbesondere das Bail-in-Instrument, greifen. Damit können sich CoCo-Bonds und das neue Abwicklungsregime im Interesse der Finanzmarktstabilität gegenseitig ergänzen, so dass – plakativ gesprochen – Verluste nicht weiterhin verstaatlicht, sondern wieder privatisiert werden. 302

Damit CoCo-Bonds einen Beitrag zur Finanzmarktstabilität leisten können, müssen sie jedoch richtig ausgestaltet werden. Dabei muss neben ihrer Verlustabsorption insbesondere auch ihre verhaltenssteuernde Wirkung hinreichend berücksichtigt werden. Die derzeitigen gesetzlichen Normen vernachlässigen aber gerade dieses Potential und setzen in der Herabschreibungsvariante der CoCo-Bonds sogar fatale Anreize, so dass das Moral Hazard-Problem nicht nur nicht gelöst, sondern eher noch verstärkt wird. Bei so gesetzten Anreizen ist die 303

---

931 *Zeitler*, WM 2012, 673.

932 Ähnlich *Rudolph*, in: Groß/Pfingsten (Hrsg.), Finanzmarktkrisen, ZfbF Sonderheft 67/2013, S. 97, 99.

933 So auch *Rudolph*, in: Groß/Pfingsten (Hrsg.), Finanzmarktkrisen, ZfbF Sonderheft 67/2013, S. 97, 117.

nächste Krise nur eine Frage der Zeit. Denn alleine strengere Eigenkapitalregelungen führen nicht zu einem sichereren Bankensystem – zumal die Banken noch immer unterkapitalisiert sind und ihnen durch die Anknüpfung an die RWA ein gewisser Manipulationsspielraum offen bleibt.[934] Daher bleibt zu hoffen, dass die ergangenen Regulierungen erneut überdacht und überarbeitet werden. Dabei sollten CoCo-Bonds für die Anrechenbarkeit auf das regulatorische Eigenkapital so ausgestaltet sein, dass die Gesellschafter bei ihrer Wandlung eine starke Anteilsverwässerung fürchten müssen. Auch sollte nicht ausschließlich auf von Unternehmen manipulierbare Werte als Trigger abgestellt werden, sondern zusätzlich hierzu auf den Aktienkurs, der als einziger Bonitätsmarker auch als vergleichsweise objektiver, zukunftsgerichteter Indikator für den wirtschaftlichen Zustand Kreditinstituts anzusehen ist.

304 Wichtig ist außerdem, dass Banken und andere systemrelevante Institute nicht in CoCo-Bonds investieren dürfen. Zwar wird in dieser Arbeit davon ausgegangen, dass die Wandlung der CoCo-Bonds aufgrund des gesetzten Anreizes eher unwahrscheinlich ist und das, sollte es zur Wandlung kommen, diese jedenfalls die Existenzfähigkeit der Bank retten sollten, allerdings wurde auch darauf hingewiesen, dass CoCo-Bonds kein Allheilmittel sind. Daher ist auch der *worst case* mit einzuplanen, nämlich der, dass es zu einer Wandlung kommt und die CoCo-Bonds den Verlust nicht ausreichend abdämpfen können. In einem solchen Fall würde die Wandlung zwar zunächst zugunsten der CoCo-Bond-Gläubiger erfolgen, allerdings würden diese anschließend in einen Abwärtssog gezogen werden. Um einen Dominoeffekt auf systemrelevante Institute zu verhindern, sollte es ein entsprechendes Verbot geben.[935]

305 Insgesamt handelt es sich bei CoCo-Bonds um ein neues Finanzmarktinstrument mit großem, noch nicht ausgeschöpftem Potential. Zwar ist die in dieser Arbeit vorgeschlagene CoCo-Bondausgestaltung rechtlich zulässig und es wird davon ausgegangen, dass entsprechend ausgestaltete CoCo-Bonds einen starken Beitrag zur Stabilisierung der Finanzmärkte leisten können, jedoch bedarf die vorgeschlagene Ausgestaltung die Bestätigung durch eine empirisch-wirtschaftswissenschaftliche Forschungen, die hoffentlich nicht allzu lange auf sich warten lassen werden.

---

934 So *Johnson* im Interview mit *Dittli*, „Das Too-big-to-fail-Problem ist größer als vor 2008", in: Finanz und Wirtschaft v. 10.9.2013, abrufbar unter: http://www.fuw.ch/article/das-too-big-to-fail-problem-ist-grosser-als-vor-2008/ (zuletzt abgerufen am 3.7.2014).

935 Hingegen hält *Rudolph*, ZHR 175 (2011), 284, 315 dieses Verbot offenbar nur für insolvenzgefährdete Banken oder andere systemrelevante Institute für notwendig.

II. Rechtspolitisches Fazit

Vor den Bundestagswahlen im September 2013 versprach Bundeskanzlerin Dr. *Angela Merkel*: 306

> „*Wir wollen nicht, dass die Steuerzahler Banken retten müssen, sondern dass Banken sich selber retten.*“[936]

Auch der Finanzminister, Dr. *Wolfgang Schäuble*, erklärte der Öffentlichkeit zu diesem Zeitpunkt: 307

> „*Wenn Banken insolvent werden, dann können nicht die Steuerzahler das Risiko übernehmen, das müssen dann schon diejenigen, die in guten Zeiten mit Banken und mit Geldanlagen Geld verdienen. Die tragen auch das Risiko.*“

Richtigerweise erkennt er, dass: 308

> „*Die Beteiligung von Eigentümern, nachrangigen Anleihegläubigern und dann ungesicherten Anlegern muss der Normalfall sein, wenn ein Finanzinstitut in eine Schieflage gerät. Ansonsten bekommen wir das Moral-Hazard-Problem nicht in den Griff, dass Banken mit riskanten Geschäften fette Gewinne machen, aber im Fall eines Scheiterns dann die Verluste der Allgemeinheit aufbürden. Das darf nicht sein.*“[937]

Und versprach sodann konsequenterweise: 309

> „[…] *dass für die Zukunft, wenn Banken in Schwierigkeiten geraten, nicht die Steuerzahler in erster Linie bezahlen* […], *sondern die Eigentümer.*[938]

Dieses Versprechen sollte auf europäischer Ebene durch die Abwicklungsrichtlinie und die Abwicklungsverordnung durchgesetzt werden.[939] Bedauerlich ist jedoch, dass in Art. 32 Abs. 4 lit. d) S. 3 BRRD explizit die Möglichkeit der staatlichen Unterstützung vorgesehen wurde, ohne das hierin eine Abwicklungssituation zu erkennen ist. Damit können sich Banken insbesondere dann, wenn sie als 310

---

936 *Merkel*, zitiert nach dem Monitor-Beitrag „Steuermilliarden für Bankenrettung: Das Täuschungsmanöver des Finanzministers“ v. 7.11.2013, S. 1, abrufbar unter: http://www.wdr.de/tv/monitor/sendungen/2013/1107/pdf/bankenrettung.pdf (zuletzt abgerufen am 3.7.2014).

937 Finanzminister *Wolfgang Schäuble*, Aussage abgedruckt in: „Bankenrettung – Schäuble sieht in Zypern doch eine Blaupause“, Handelsblatt v. 20.4.2013, abrufbar unter: http://www.handelsblatt.com/politik/deutschland/bankenrettung-schaeuble-sieht-in-zypern-doch-eine-blaupause/8096614.html (zuletzt abgerufen am 3.7.2014).

938 *Schäuble*, zitiert nach dem Monitor-Beitrag „Steuermilliarden für Bankenrettung: Das Täuschungsmanöver des Finanzministers“ v. 7.11.2013 (Fn. 936), S. 1.

939 S. zum neuen Abwicklungsregime Rn. 142 ff.

systemrelevant eingestuft werden, wohl auch noch heute darauf verlassen, dass sie gerettet und die neuen Abwicklungsinstrumente jedenfalls nicht für sie gelten werden. Wollen die Politiker das den Wählern gemachte Versprechen einhalten, so sollten die staatlich gegebenenfalls notwendigen und im Einzelfall vielleicht auch wichtigen Unterstützungen erst ganz zum Schluss, d.h. erst nachdem sich die Gläubiger und die Eigentümer am Verlust beteiligt haben und diesen gemeinsam nicht auffangen konnten, möglich sein. Bei der jetzigen Regelung ist zu befürchten, dass es wieder der Steuerzahler ist, der noch vor den Akteuren des Finanzmarkts für die von ihnen erzielten Verluste aufkommen muss.

311 Auch ist die Finanzkraft des mit dem Abwicklungsregime eingeführten bzw. einzuführenden Abwicklungsfonds nicht nachvollziehbar. Es bleibt ein Rätsel, warum die Europäische Kommission für den Finanzsektor (allein) im Jahr 2008 eine Beihilfesumme in Höhe von 3.457 Mrd. Euro genehmigt[940] und die Politiker nun davon ausgehen, dass ein Fonds mit einer Finanzkraft von rund 55 Mrd. Euro[941] europaweit (!) dazu beitragen kann, Banken in Krisenzeiten zu unterstützen. Angesichts dieser Zahlen ist das Scheitern des Fonds quasi schon vorprogrammiert.

312 Aber selbst wenn die Finanzkraft des Fonds als ausreichend einzustufen wäre, so hätte er den Charakter einer Insolvenzversicherung. Insbesondere die Gegenparteien der Finanzinstitute könnten aus der Erhebung der für den Aufbau des Fonds notwendigen Bankenabgaben schließen, dass zumindest Teile ihrer Forderungen im Krisenfall von Dritten bzw. der Öffentlichkeit gedeckt sein werden. Damit würde die Staatsgarantie zementiert und der Anreiz zum Eingehen übermäßiger Risiken erhöht werden, womit das Moral Hazard-Problem gestärkt und nicht gelöst wird.[942]

313 Insofern bleibt es zu hoffen, dass die Politik angesichts der Erfahrungen aus der Krise, die auch zu der Erkenntnis führte, dass selbst Staaten, die ihren Banken unterstützend zur Seite stehen, zu Fall kommen können, ihre Schonhaltung gegenüber den Banken schnellstmöglich ablegt und weiter an effektiven Lösungen zur Stabilisierung des Finanzmarkts arbeitet. CoCo-Bonds in der hier vorgeschlagenen Variante sind zwar innovativ und am Markt noch nicht erprobt, dennoch sollte nicht davor zurückgeschreckt werden, sie einzusetzen und aufgrund ihres Potentials auch gegen den Willen der Bankenlobby zu einem wesentlichen Bestandteil dieser Lösung zu machen.

---

940 Europäische Kommission, Anzeiger für staatliche Beihilfen, KOM(2011) 848, S. 9.

941 So *Rexer*, „Pläne der EU-Kommission zur Bankenabwicklung – Auf Konfrontationskurs mit Schäuble“ (Fn. 518).

942 *Expertenkommission*, Schlussbericht v. 30.9.2010 (Fn. 176), S. 134.

Literaturverzeichnis

Apfelbacher, Gabriele/ Kopp, Thomas: Pflichtwandelanleihen als sonstiges (hybrides) Kernkapital, CFL 2011, 21–30.

Arnold, Arnd: Nennwertanrechnung beim Debt Equity Swap – Paradigmenwechsel durch das ESUG und die Aktienrechtsnovelle 2012?, in: Festschrift für Hoffmann-Becking zum 70. Geburtstag, S. 29–44, München 2013.

Arntz, Marthe-Marie: Strengere Regeln für Ratings: Die neue Verordnung für Ratingagenturen, ZBB 2013, 318–329.

Bamberger, Heinz Georg/ Roth, Herbert: Beck'scher Online-Kommentar zum Bürgerlichen Gesetzbuch, Stand: 1.5.2014.

Bamberger, Heinz Georg/ Roth, Herbert: Kommentar zum Bürgerlichen Gesetzbuch, §§ 1–610, Band 1, 3. Auflage, München 2012.

Bank für Internationalen Zahlungsausgleich: 84. Jahresbericht 2013/14 v. 29.6.2014, abrufbar unter: http://www.bis.org/publ/arpdf/ar2014_de.htm.

Baseler Ausschuss für Bankenaufsicht: Global systemrelevante Banken: Bewertungsmethodik und Anforderungen an die zusätzliche Verlustabsorptionsfähigkeit v. November 2011, abrufbar unter: http://www.bis.org/publ/bcbs207_de.pdf.

Baseler Ausschuss für Bankenaufsicht: Global systemrelevante Banken: Aktualisierte Bewertungsmethodik und Anforderungen an die höhere Verlustabsorptionsfähigkeit v. Juli 2013, abrufbar unter: http://www.bis.org/publ/bcbs255_de.pdf.

Baseler Ausschuss für Bankenaufsicht: Rahmenregelung für den Umgang mit national systemrelevanten Banken v. Oktober 2012, abrufbar unter: http://www.bis.org/publ/bcbs233_de.pdf.

Baseler Ausschuss für Bankenaufsicht: Internationale Konvergenz der Eigenkapitalmessung und Eigenkapitalanforderungen v. Juli 1988, abrufbar unter: http://www.bis.org/publ/bcbs04ade.pdf.

Baseler Ausschuss für Bankenaufsicht: Änderungen der Eigenkapitalvereinbarung zur Einbeziehung der Marktrisiken v. Januar 1996, abrufbar unter: http://www.bis.org/publ/bcbs24ade.pdf.

Baseler Ausschuss für Bankenaufsicht: Internationale Konvergenz der Eigenkapitalmessung und der Eigenkapitalanforderungen – überarbeitete

Rahmenvereinbarung v. Juni 2004, abrufbar unter: http://www.bis.org/publ/bcbs107ger.pdf.

Baseler Ausschuss für Bankenaufsicht: Consultative Document, Proposal to ensure the loss absorbency of regulatory capital at the point of non-viability v. August 2010, abrufbar unter: http://www.bis.org/publ/bcbs174.pdf.

Baseler Ausschuss für Bankenaufsicht: Internationale Rahmenvereinbarung über Messung, Standards und Überwachung in Bezug auf das Liquiditätsrisiko v. Dezember 2010, abrufbar unter: http://www.bis.org/publ/bcbs188_de.pdf.

Baseler Ausschuss für Bankenaufsicht: Antwort des Basler Ausschusses für Bankenaufsicht auf die Krise: Bericht an die G20 v. Oktober 2010, abrufbar unter: http://www.bis.org/publ/bcbs179_de.pdf.

Bayer, Walter: Aktienrechtsnovelle 2012 – Kritische Anmerkung zum Regierungsentwurf, AG 2012, 141–153.

Becker, Florian: Die Regulierung von Ratingagenturen, DB 2010, 941–945.

Berg, Tobias/ Kaserer, Christoph: Does contingent capital induce excessive risk-taking?, Working Paper 2/2014, abrufbar unter: http://papers.ssrn.com/sol3/papers.cfm?abstract_id=1709341.

Berndt, Thomas/ Vollmar, Jens/ Becker, Roman: Anforderungen an die Ausgestaltung von CoCo-Bonds, Der Schweizer Treuhänder 2012, 125–131.

Blaurock, Uwe: Der Vorvertrag zur Zeichnung von Aktien, in: Festschrift für Fritz Rittner zum 70. Geburtstag, Beiträge zum Handels- und Wirtschaftsrecht, München 1991, S. 33–53.

Blaurock, Uwe: Regelbildung und Grenzen des Rechts – Das Beispiel der Finanzkrise, JZ 2012, 226–234.

Böhringer, Martin/ Mihm, Asmus/ Schaffeluber, Kai A./ Seiler, Oliver: Contingent Convertible Bonds als regulatorisches Kernkapital, RdF 2011, 48–58.

Bond, Philip/ Goldstein, Itay/ Prescott, Edward Simpson: Market-Based Corrective Actions, The Review of Financial Studies Vol. 23 (2010), S. 781–820.

Boos, Karl-Heinz/ Fischer, Reinfrid/ Schulte-Mattler, Hermann: Kreditwesengesetz, 4. Auflage, München 2012.

Bösch, René/ Leisinger, Benjamin: Contingent Convertible Bonds – CoCos, Umsetzung in der Schweiz, SZW 2012, 2–21.

Brahmi, Vanessa: Contingent Convertibles – Die Auswirkungen von Basel III auf Bankanleihen, in: Schütt (Hrsg.), Deutsches Institut für Bankwirtschaft – Schriftenreihe, Band 7 (12/2011).

Brandi, Oliver/ Gieseler, Konrad: Banking Resolution und Bail-in – gesetzliche, europäische Vorgaben, Kreditwesen 2013, 894–896.

Braun, Eberhard: Insolvenzordnung Kommentar, 5. Auflage, München 2012.

Breitkreuz, Robert/ Vollmar, Jens: Contingent Convertible Bonds zur Krisenprävention, Der Schweizer Treuhänder 2011, 148–152.

Brouwer, Tobias: Unternehmensrechtliche Herausforderungen der 18. Legislaturperiode aus Sicht der Realwirtschaft, NZG 2014, 201–207.

Bungert, Hartwin/ Wettich, Carsten: Kleine Aktienrechtsnovelle 2011 – Kritische Würdigung des Referentenentwurfs aus Sicht der Praxis, ZIP 2011, 160–167.

Bürgers, Tobias/ Körber, Torsten: Kommentar zum Aktiengesetz, 3. Auflage, München 2014.

Buth, Andrea/ Hermanns, Michael: Restrukturierung, Sanierung, Insolvenz, 4. Auflage, München 2014.

Cahn, Andreas/ Simon, Stefan/ Theiselmann, Rüdiger: Forderungen gegen die Gesellschaft als Sacheinlage? – Zum Erfordernis der Forderungsbewertung beim Debt Equity Swap, CFL 2010, 238–250.

Cahn, Andreas/ Simon, Stefan/ Theiselmann, Rüdiger: Nennwertanrechnung beim Debt Equity Swap!, DB 2012, 501–504.

Cahn, Andreas/ Simon, Stefan/ Theiselmann, Rüdiger: Debt Equity Swap zum Nennwert!, DB 2012, 1629–1632.

Calomiris, Charles W./ Herring, Richard J.: How to Design a Contingent Convertible Debt Requirement That Helps Solve Our Too-Big-to-Fail Problem, Journal of Applied Corporate Finance Vol. 25 (2013), No. 2, S. 21–44.

Carli, Winfried M./ Rieder, Markus S./ Mückl, Norbert: Debt-to-Equity-Swaps in der aktuellen Transaktionspraxis, ZIP 2010, 1737–1742.

Chattopadhyay, Robi: Der Vorschlag für eine Richtlinie zur Sanierung und Abwicklung von Kreditinstituten, WM 2013, 405–415.

Claussen, Carsten Peter: Wege aus der Krise, DB 2009, 999–1003.

Coffee, John C. Jr.: Systemic risk after Dodd-Frank: Contingent Capital and the need for regulatory strategies beyond oversight, Colum. L. Rev. Vol. 111 (2011), 795–847.

Conreder, Christian: Verfassungsrechtlicher Schutz von Aktionärsrechten, Diss. Uni. Göttingen 2011.

Dauses, Manfred A.: Handbuch des EU-Wirtschaftsrechts, 35. EL (Stand: 2/2014), München 2014.

De Spiegeleer, Jan/ Schoutens, Wim: Contingent Convertible (CoCo) Notes: Structure and Pricing, London 2011.

Decher, Christian/ Voland, Thomas: Kapitalschnitt und Bezugsrechtsausschluss im Insolvenzplan – Kalte Enteignung oder Konsequenzen des ESUG?, ZIP 2013, 103–114.

Deppe, Hansjörg/ Tielmann, Jörgen: Die Neuerungen des Dodd-Frank Wall Street Reform and Consumer Protection Act – Eine Auswahl, WM 2011, 1883–1893.

Derleder, Peter/ Knops, Kai-Oliver/ Bamberber, Heinz Georg: Handbuch zum deutschen und europäischen Bankenrecht, 2. Auflage, Berlin 2009.

Deutsche Bundesbank: Basel III – Leitfaden zu den neuen Eigenkapital- und Liquiditätsregeln für Banken, 2011, abrufbar unter: http://www.bundesbank.de/Redaktion/DE/Downloads/Veroeffentlichungen/Buch_Broschuere_Flyer/bankenaufsicht_basel3_leitfaden.pdf?__blob=publicationFile.

Dohrn, Thomas: Der Richtlinienvorschlag zur Festlegung eines Rahmens für die Sanierung und Abwicklung von Kreditinstituten und Wertpapierfirmen, WM 2012, 2033–2040.

Dreher, Meinhard/ Lange, Martin: Die Vollharmonisierung der Versicherungsaufsicht durch Solvency II, VersR 2011, 825–834.

Drinhausen, Florian/ Keinath, Astrid: Referentenentwurf einer „kleinen Aktienrechtsnovelle", BB 2011, 11–17.

Drinhausen, Florian/ Keinath, Astrid: Regierungsentwurf zur Aktienrechtsnovelle 2012, BB 2012, 395–401.

Drygala, Tim: Wandelanleihen mit Wandlungsrecht des Anleiheschuldners nach dem Entwurf für eine Aktienrechtsnovelle 2011, WM 2011, 1637–1645.

Düringer, Adelbert/ Hachenburg, Max: Das Handelsgesetzbuch vom 10. Mai 1987 (unter Ausschluß des Seerechts) auf der Grundlage des Bürgerlichen Rechts – Die Aktiengesellschaft im Leben der Wirtschaft und §§ 178–230a, Band 3, Teil 1, 3. Auflage, Berlin 1934.

Ekkenga, Jens: Sachkapitalerhöhung gegen Schuldbefreiung, ZGR 2009, 581–622.

Ekkenga, Jens: Neuerliche Vorschläge zur Nennwertanrechnung beim Debt-Equity-Swap – Erkenntnisfortschritt oder Wiederbelebungs-versuch am untauglichen Objekt?, DB 2012, 331–337.

Europäische Kommission: Mitteilung der Kommission an das Europäische Parlament und den Rat, Fahrplan für eine Bankenunion COM (2012) 510 final v. 12.9.2012.

Europäische Kommission: Anzeiger für staatliche Beihilfen – Bericht über staatliche Beihilfen der EU-Mitgliedstaaten, Herbstausgabe 2011, KOM(2011) 848 endgültig v. 1.12.2011.

European Banking Authority: EBA Recommendation on the creation and supervisory oversight of temporary capital buffers to restore market confidence (EBA/REC/2011/1) v. 8.12.2011, abrufbar unter: http://www.eba.europa.eu/documents/10180/16460/EBA+BS+2011+173+Recommendation+FINAL.pdf/b533b82c-2621-42ff-b90e-96c081e1b598.

European Banking Authority: Consultation Paper, Draft Regulatory Technical Standards on classes of instruments that are appropriate to be used for the purpose of variable remuneration under Article 94(2) of the Capital Requirements Directive (EBA/CP/2013/32) v. 29.7.2013, abrufbar unter: http://www.eba.europa.eu/documents/10180/361860/EBA-CP-2013-32-instruments-for-variable-remuneration.pdf.

Expertenkommission „too big to fail": Schlussbericht der Expertenkommission zur Limitierung von volkswirtschaftlichen Risiken durch Grossunternehmen v. 30.9.2010, abrufbar unter: http://www.sif.admin.ch/dokumentation/00522/00715/index.html?lang=de&downloa d=NHzLpZeg7t,lnp6I0NTU042l2Z6ln1acy4Zn4Z2qZpnO2Yuq2Z6gpJCDdIN2hGym162epYbg2c_JjKbNoKSn6A—.

Financial Stability Oversight Council: Report to the Congress on Study of a Contingent Capital Requirement for certain Nonbank Financial Companies and Bank Holding Companies v. Juli 2012, abrufbar unter: http://www.treasury.gov/initiatives/fsoc/studies-reports/Documents/Co%20co%20study[2].pdf.

Fischer, Alexander: Regulierung von Schattenbanken – Europäische Kommission auf dem falschen Weg, Kreditwesen 2012, 485–486.

Flannery, Mark J.: No Pain, No Gain? Effecting Market Discipline via „Reverse Convertible Debentures", Working Paper 11/2002, University of Florida, abrufbar unter: http://dx.doi.org/10.2139/ssrn.352762.

Flannery, Mark J.: Stabilizing Large Finanical Institutions with Contingent Capital Certificates, Working Paper 10/2009, University of Florida, abrufbar unter: http://papers.ssrn.com/sol3/papers.cfm?abstract_id=1485689.

Flannery, Mark J./ Perotti, Enrico: CoCo Design as a Risk Preventive Tool, DSF Policy Paper No. 11, January 2011; abrufbar unter: http://dare.uva.nl/document/461910.

Flannery, Mark J.: Maintaining Adequate Bank Capital, Working Paper 4/2013, abrufbar unter: http://papers.ssrn.com/sol3/papers.cfm?abstract_id=2258181.

Florstedt, Tim: Finanzkrise als Krise der Normbehauptung – Zur Legalität der „eigenmittelschonenden" Finanzinvestitionen von Schatten-banken, ZBB 2013, 81–93.

French, Kenneth R./ Baily, Martin N./ Campbell, John Y./ et al.: The Squam Lake Report – Fixing the Financial System, Princeton 2010.

French, Kenneth R./ Baily, Martin N./ Campbell, John Y./ et al.: Aligning Incentives at Systemically Important Financial Institutions, Working Paper 3/2013, abrufbar unter: http://papers.ssrn.com/sol3/papers.cfm?abstract_id=2239895.

Friedl, Markus J.: Der Tausch von Anleihen in Aktien, BB 2012, 1102–1108.

Friedl, Markus J./ Hartwig-Jacob, Mauricio: Frankfurter Kommentar zum Schuldverschreibungsgesetz, Frankfurt a.M. 2013.

Friel, Arne: Wandelanleihen mit Pflichtwandlung, Diss. Uni. Bonn 2000.

Geibel, Stephan/ Süßmann, Rainer: Wertpapiererwerbs- und Übernahmegesetz (WpÜG) Kommentar, 2. Auflage, München 2008.

Georgakopoulos, Leondias: Zur Problematik der Wandelschuldverschreibung, ZHR 120 (1957), 85–182.

Gleske, Christoph L./ Ströbele, Christian: Bedingte Pflichtwandelanleihen – aktuelle bankaufsichtsrecht-liche Anforderungen und Aktienrechtsnovelle 2012, CFL 2012, 49–56.

Goette, Wulf/ Habersack, Mathias/ Kalss, Susanne: Münchener Kommentar zum Aktiengesetz, §§ 1–75, Band 1, 3. Auflage, München 2008.

Goette, Wulf/ Habersack, Mathias/ Kalss, Susanne: Münchener Kommentar zum Aktiengesetz, §§ 329–410, WpÜG, Band 6, 3. Auflage, München 2011.

Goette, Wulf/ Habersack/Mathias/ Kalss, Susanne: Münchener Kommentar zum Aktiengesetz, §§ 179–277, Band 4, 3. Auflage, München 2011.

Goette, Wulf/ Habersack/Mathias/ Kalss/Susanne: Münchener Kommentar zum Aktiengesetz, §§ 76–117, Band 2, 4. Auflage, München 2014.

Goodhart, Charles: Liquidity Risk Management, in: Banque de France: Financial Stability Review No. 11, Februar 2008, S. 39–44, abrufbar unter: http://www.

banque-france.fr/fileadmin/user_upload/banque_de_france/publications/Revue_de_la_stabilite_financiere/etud6_0208.pdf.

Götze, Cornelius/ Arnold, Michael/ Carl, Peter Steffen: Der Regierungsentwurf der Aktienrechtsnovelle – Anmerkungen aus der Praxis, NZG 2012, 321–329.

Grigoleit, Hans Christoph: Aktiengesetz Kommentar, München 2013.

Groh, Manfred: Shareholder Value und Aktienrecht, DB 2000, 2153–2158.

Haar, Brigitte: Das deutsche Ausführungsgesetz zur EU-Rating-Verordnung – Zwischenetappe auf dem Weg zu einer europäischen Finanzmarktarchitektur, ZBB 2010, 185–193.

Haar, Brigitte: Neues zur Haftung von Ratingagenturen im Zuge der zweiten Novelle der Rating-Verordnung (CRA III)?, DB 2013, 2489–2496.

Haarmann, Wilhelm/ Hohn, Kristian: Frankfurter Kommentar zum Wertpapiererwerbs- und Übernahmegesetz, 3. Auflage, Frankfurt a.M. 2008.

Haasis, Heinrich: Basel III: Nur Gleiches mit Gleichem vergleichen, Kreditwesen 2011, 877–879.

Habersack, Mathias: Anwendungsvoraussetzungen und –grenzen des § 221 AktG, dargestellt am Beispiel von Pflichtwandelanleihen, Aktienanleihen und „warrants", in: Festschrift für Gerd Nobbe, 2009, S. 539–565.

Habersack, Mathias: Stellungnahme zum Entwurf eines Gesetzes zur Änderung des Aktiengesetzes (Aktienrechtsnovelle 2012) v. 19.5.2013 für die Sachverständigenanhörung am 5.6.2013, abrufbar unter: http://webarchiv.bundestag.de/cgi/show.php?fileToLoad=2930&id=1223, unter öffentliche Anhörungen, Archiv der öffentlichen Anhörungen, Mittwoch, 5.6.2013, Stellungnahmen der Sachverständigen.

Habersack, Mathias/ Mülbert, Peter O./ Schlitt, Michael: Unternehmensfinanzierung am Kapitalmarkt, 3. Auflage, Köln 2013.

Haisch, Martin/ Renner, Daniel: Auswirkungen von Basel III auf hybride Instrumente in der Handels- und Steuerbilanz, DB 2012, 135–141.

Handelsrechtsausschuss des DAV: Stellungnahme zum Referentenentwurf eines Gesetzes zur Änderung des Aktiengesetzes (Aktienrechtsnovelle 2011), NZG 2011, 217–223.

Heidel, Thomas: Aktienrecht und Kapitalmarktrecht, 3. Auflage, Baden-Baden 2011.

Hellwig, Hans-Jürgen: Die Finanzkrise – Fragen und Anmerkungen, in: Festschrift für Georg Maier-Reimer zum 70. Geburtstag, S. 201–217, München 2010.

Hellwig, Martin: Finanzmarktregulierung – Welche Regelungen empfehlen sich für den deutschen und europäischen Finanzsektor?, Gutachten E zum 68. Deutschen Juristentag, München 2010.

Hellwig, Martin: Systemic Risk in the Financial Sector: An Analysis of the Subprime-Mortgage Financial Crisis, De Economist Vol. 157 (2009), S. 129–207.

Henssler, Martin/ Strohn, Lutz: Gesellschaftsrecht, 2. Auflage, München 2014.

Heun, Werner: Der Staat und die Finanzkrise, JZ 2010, 53–62.

Hilke, Henning: Risiko und Bankenaufsicht – Eine rechtsvergleichende Analyse der präventiven Begrenzung bankbetrieblicher und systemischer Risiken, Diss. Uni. Göttingen 2013.

Hillion, Pierre/ Vermaelen, Theo: Death Spiral Convertibles, Working Paper 5/2001, abrufbar unter: http://papers.ssrn.com/sol3/papers.cfm?abstract_id=273488.

Hirte, Heribert: Die Entwicklung des Unternehmens- und Gesellschaftsrechts im Jahr 2013, NJW 2014, 1219–1224.

Hoffmann, Dietrich: Optionsanleihen ausländischer Töchter unter der Garantie ihrer deutschen Muttergesellschaft, AG 1973, 47–58.

Hoffmann-Becking, Michael: Münchener Handbuch des Gesellschaftsrechts Band 4, Aktiengesellschaft, 3. Auflage, München 2007.

Höfling, Wolfram: Finanzmarktregulierung – Welche Regelungen empfehlen sich für den deutschen und europäischen Finanzsektor?, Gutachten F zum 68. Deutschen Juristentag, München 2010.

Holland, Björn/ Goslar, Sebastian: Die Bedienung von Wandelanleihen aus genehmigtem Kapital, NZG 2006, 892–896.

Hölters, Wolfgang: Aktiengesetz, 2. Auflage, München 2014.

Höpfner, Birgit: CRD IV – Neues Regulierungspaket für Banken in Kraft, in: BaFin-Journal Nr. 1/2014, S. 21–25.

Hopt, Klaus J./ Wiedemann, Herbert: Großkommentar Aktiengesetz, §§ 150–220, Band 6., 4. Auflage, Berlin 2006.

Hopt, Klaus J./ Wiedemann, Herbert: Großkommentar Aktiengesetz, §§ 221–240, Band 7/1, 4. Auflage, Berlin 2012.

Hüffer, Uwe: Aktienbezugsrechte als Bestandteil der Vergütung von Vorstandsmitgliedern und Mitarbeitern - gesellschaftsrechtliche Analyse, ZHR 161 (1997), 214–245.

Hüffer, Uwe: Das Leitungsermessen des Vorstands in der Aktiengesellschaft, in: Festschrift für Thomas Raiser zum 70. Geburtstag, Berlin 2005, S. 163–180.

Hüffer, Uwe: Aktiengesetz, 11. Auflage, München 2014.

Karollus, Martin: Die Umwandlung von Geldkrediten in Grundkapital - eine verdeckte Sacheinlage?, ZIP 1994, 589–599.

Kern, Steffen: US-Finanzmarktreform - Die Ökonomie des Dodd-Frank Acts, Deutsche Bank Research vom 6.12.2010, Finanzmarkt Spezial - EU-Monitor 77, abrufbar unter: http://www.dbresearch.de/PROD/DBR_INTERNET_DE-PROD/PROD0000000000266959.PDF.

Kirchhartz, Marcel: Europäisches Bankaufsichtsrecht 1.0: Das CRD IV-Paket und seine Auswirkungen auf das Kreditwesengesetz, GWR 2013, 395 - 399.

Kirchhof, Hans-Peter/ Eidenmüller, Horst/ Stürner, Rolf: Münchner Kommentar zur Insolvenzordnung, §§ 217–359, Band 3, 3. Auflage, München 2014.

Klausing, Friedrich: Gesetz über Aktiengesellschaften und Kommanditgesellschaften auf Aktien (Aktien-Gesetz) nebst Einführungsgesetz und „Amtlicher Begründung", Berlin 1937.

Kleidt, Benjamin/ Schiereck, Dirk: Mandatory Convertibles, BKR 2004, 18–21.

Kleindiek, Detlef: Debt-Equity-Swap im Insolvenzplanverfahren, in: Festschrift für Hoffmann-Becking zum 70. Geburtstag, S. 543–563, München 2013.

Königshausen, Andreas: Die Aktienrechtsnovelle 2013 – Endlich vollendet?, WM 2013, 909–915.

Krahnen, Jan Pieter: Bail-in-Anleihen: ein effektives Instrument zur Wiederherstellung der privaten Haftung im Bankenmarkt, BB Die erste Seite 2013, Nr. 42.

Kropff, Bruno: Aktiengesetz von 1965 mit Begründung, Bericht, Verweisungen und Sachverzeichnis (AktG), Düsseldorf 1965.

Krüger, Hartmut/Ludewig, Verena: Leerverkaufsregulierung – Aktueller Stand in Deutschland und Ausblick auf die europäische Regulierung unter besonderer Berücksichtigung der aktuellen Vorschläge zu den ausgestaltenden Rechtsakten, WM 2012, 1942–1951.

Kumpan, Christoph: Regulierung von Ratingagenturen – ein anreizorientierter Ansatz, in: Festschrift für Klaus J. Hopt zum 70. Geburtstag, Unternehmen, Markt und Verantwortung, Band 2, S. 2157–2174, Berlin 2010.

Leippold, Markus: CoCo-Bonds als regulatorisches Kapital, Der Schweizer Treuhänder 2011, 913–914.

Löbbe, Marc: Gesellschaftsrechtliche Gestaltungsmöglichkeiten des Debt Equity Swaps, in: Liber Amicorum für Martin Winter, 2011, S. 423–446.

Ludewig, Verena/ Geilfus, Marie Christine: EU-Leerverkaufsregulierung: ESMA-Guidelines bestimmen neuen Rahmen der Ausnahmeregelungen für Market-Maker und Primärhändler, WM 2013, 1533–1540.

Lutter, Marcus: Gescheiterte Kapitalerhöhungen, in: Festschrift für Wolfgang Schilling zum 65. Geburtstag, Gesellschaftsrecht und Unternehmensrecht, Berlin 1973, S. 207–233.

Lutter, Marcus: Bankenkrise und Organhaftung, ZIP 2009, 197–201.

Mackinger, Christian: Contingent Convertible Bonds – Eine theoretische Analyse, Saarbrücken 2012.

Maier-Reimer, Georg: Bedingtes Kapital für Wandelanleihen, in: Gedächtnisschrift für Ulrich Bosch, Kapitalmarkt – Recht und Praxis, ZAP Verlag 2006, S. 85–98.

Manns, Thorsten/ Schulte-Mattler, Hermann: Aufsichtsfeuerwerk Basel III und CRD IV – Antwort der Bankenaufseher auf die Finanzmarktkrise, WM 2010, 1577–1584.

Marsch-Barner, Reinhard/ Schäfer, Frank A.: Handbuch börsennotierte AG, 3. Auflage, Köln 2014.

Martens, Klaus Peter: Richtersprüche und gesetzliche Konkretisierungen des Bezugsrechtsausschlusses, ZIP 1994, 669–678.

Martinek, Michael: J. von Staudingers Kommentar zum Bürgerlichen Gesetzbuch mit Einführungsgesetzen und Nebengesetzen, Eckpfeiler des Zivilrechts, Neubearbeitung 2014/2015, Berlin 2014.

McDonald, Robert L.: Contingent Capital with a Dual Price Trigger, Working Paper 12/2009 (Revised 4/2011), Northwestern University, abrufbar unter: http://papers.ssrn.com/sol3/papers.cfm?abstract_id=1553430&download=yes.

Merkt, Hanno: Managerhaftung im Finanzsektor: Status Quo und Reformbedarf, in: Festschrift für Peter Hommelhoff zum 70. Geburtstag, S. 711–729, Köln 2012.

Meybom, Peter: Solvency II – Quo vadis?, ZfV 2013, 479–482.

Möllers, Thomas M. J.: Auf dem Weg zu einer neuen europäischen Finanzmarktaufsichtsstruktur, NZG 2010, 285–290.

Möschel, Wernhard: Die Finanzkrise – Wie soll es weitergehen?, ZRP 2009, 129–133.

Möslein, Florian: Finanzinnovation als Rechtsproblem, ZBB 2013, 1–16.

Mülbert, Peter O.: Systemrelevanz, in: Festschrift für Uwe H. Schneider zum 70. Geburtstag, S. 855–872, Köln 2011.

Mülbert, Peter O.: Grundsatz- und Praxisprobleme der Einwirkungen des Art. 14 GG auf das Aktienrecht, in: Festschrift für Klaus J. Hopt zum 70. Geburtstag, Unternehmen, Markt und Verantwortung, Band 1, S. 1039–1078, Berlin 2010.

Mülbert, Peter O./ Sajnovits, Alexander: Das künftige Regime für Leerverkäufe und bestimmte Aspekte von Credit Default Swaps nach der Verordnung (EU) Nr. 236/2012, ZBB 2012, 266–285.

Müller-Eising, Karsten: Aktienrechtsnovelle 2011 – Änderungen zur Vorzugsaktie und zum bedingten Kapital für Wandelanleihen, GWR 2010, 591–594.

Müller-Graff, Peter- Christian: Das „Soft Law" der europäischen Organisationen, EuR 2012, 18–34.

Nodoushani, Manuel: CoCo-Bonds in Deutschland – Die neue Wandelschuldverschreibung, ZBB 2011, 143–150.

Palan, Dietmar: "Wir haben uns verschätzt", Interview mit *Brian Clarkson*, in: Manager Magazin 3/2008, S. 52–59.

Pazarbasioglu, Ceyla/ Zhou, Jianping/ Le Leslé, Vanessa/ Moore, Michael: Contingent Capital: Economic Rationale and Design Features, IMF Staff Discussion Note 1/2011, abrufbar unter: http://www.imf.org/external/pubs/ft/sdn/2011/sdn1101.pdf.

Pennacchi, George/ Vermaelen, Theo/ Wolff, Christian C.P.: Contingent Capital: The Case of COERCs, Working Paper 8/2010 (Revised 2/2012), abrufbar unter: http://papers.ssrn.com/sol3/papers.cfm?abstract_id=2023009.

Peters, Kerstin: Die geplante europäische Bankenunion – eine kritische Würdigung, WM 2014, 396–404.

Prescott, Edward Simpson: Contingent Capital: The Trigger Problem, Economic Quarterly Vol. 98 (2012) No. 1, S. 33–50.

Prescott, Edward Simpson/ Price, David A.: Experimenting with Contingent Capital Triggers, Economic Brief 2/2012, The Federal Reserve Bank of Richmond, abrufbar unter: http://www.richmondfed.org/publications/research/economic_brief/2012/eb_12-02.cfm.

Priester, Hans-Joachim: Debt-Equity-Swap zum Nennwert?, DB 2010, 1445 –1450.

Raapke, Julius: Die Regulierung der Vergütung von Organmitgliedern und Angestellten im Aktien- und Kapitalmarktrecht, Diss. Uni. Göttingen 2012.

Rat für Finanzmarkt-stabilität: Reducing the moral hazard posed by systemically important financial institutions – Interim report to G20 Leaders v. 18.6.2010, abrufbar unter: http://www.financialstabilityboard.org/publications/r_100627b.pdf.

Rat für Finanzmarkt-stabilität: Reducing the moral hazard posed by systemically important financial institutions – FSB Recommendations and Time Lines v. 20.10.2010, abrufbar unter: http://www.financialstabilityboard.org/publications/r_101111a.pdf.

Rat für Finanzmarkt-stabilität: Key Attributes of Effective Resolution Regimes of Financial Institutions v. 4.11.2011, abrufbar unter: http://www.financialstabi lityboard.org/list/fsb_publications/tid_177/index.htm.

Rat für Finanzmarkt-stabilität: Consultative Document – Effective Resolution of Systemically Important Financial Institutions, Recommendations and Timelines v. 19.7.2011, abrufbar unter: http://www.financialstabilityboard.org/publications/r_110719.pdf.

Rat für Finanzmarkt-stabilität/ Internationaler Währungsfonds/ Bank für Internationalen Zahlungsausgleich: Guidance to Assess the Systemic Importance of Financial Institutions, Markets and Instruments: Initial Considerations – Report to G20 Finance Ministers and Governors, abrufbar unter: https://www.bis.org/publ/othp07.pdf.

Rehahn, Johannes: Regulierung von „Schattenbanken“: Notwendigkeit und Inhalt, in: Tietje/Kraft/Lehmann (Hrsg.), Beiträge zum Transnationalen Wirtschaftsrecht, Heft 125, April 2013.

Ricken, Stephan: Verbriefungen von Krediten und Forderungen in Deutschland, Hans-Böckler-Stiftung 2008.

Rosen, Howard: Aktuelle Wirtschaftstrends in den Vereinigten Staaten, in: Bierling/Meier-Walser (Hrsg.), Die Clinton-Präsidentschaft – ein Rückblick, München 2001, S. 9–26.

Rozijn, Michael: „Wandelanleihe mit Wandlungspflicht“ – eine deutsche equity note?, ZBB 1998, 77–140.

Rudolph, Bernd: Die international Finanzkrise: Ursachen, Treiber, Veränderungsbedarf und Reformansätze, ZGR 2010, 1–47.

Rudolph, Bernd: Die Einführung von regulatorischen Krisenkapitals in Form von Contingent Convertible Bonds (CoCos), Kreditwesen 2010, 1152–1155.

Rudolph, Bernd: Bankregulierung nach der Finanzkrise, in: Festschrift für Klaus J. Hopt zum 70. Geburtstag, Unternehmen, Markt und Verantwortung, Band 2, S. 2407–2425, Berlin 2010.

Rudolph, Bernd: Eigenkapitalanforderungen in der Bankregulierung, ZHR 175 (2011), S. 284–318.

Rudolph, Bernd: Contingent Convertibles (CoCo-Bonds) als Bail-in-Instrumente für Banken, in: Groß/Pfingsten (Hrsg.), Finanzmarkt: Ursachen, Lösungen und Verhinderungsmöglichkeiten, ZfbF Sonderheft 67/2013, S. 97–122.

Rudolph, Bernd/ Hofmann, Bernd/ Schaber, Albert/ Schäfer, Klaus: Kreditrisikotransfer - Moderne Instrumente und Methoden, 2. Auflage, Berlin 2012.

Säcker, Franz Jürgen/ Rixecker, Roland: Münchener Kommentar zum Bürgerlichen Gesetzbuch, §§ 705–853, Band 5, 6. Auflage, München 2013.

Säcker, Franz Jürgen/ Rixecker, Roland: Münchener Kommentar zum Bürgerlichen Gesetzbuch, §§ 241–432, Band 2, 6. Auflage, München 2012.

Schäfer, Frank A.: Eigenkapital im Bankaufsichtsrecht und Basel III, ZHR 175 (2011), 319–337.

Schanz, Kay-Michael: Wandel- und Optionsanleihen – Flexible Finanzierungsinstrumente im Lichte gestiegenen Interesses, BKR 2011, 410–416.

Schlitt, Michael/ Brandi, Tim Oliver/ Schröder, Jan/ Gemmel, Heiko/ Ernst, Cornelia: Aktuelle Entwicklungen bei Hybridanleihen, CFL 2011, 105–133.

Schlitt, Michael/ Seiler, Oliver/ Singhof, Bernd: Aktuelle Rechtsfragen und Gestaltungsmöglichkeiten im Zusammenhang mit Wandelschuldverschreibungen, AG 2003, 254–268.

Schmidt, Karsten: Finanzkrise und Wirtschaftsrecht – Überlegungen über die Aufgabe von Juristen in Anbetracht des aktuellen Krisengeschehens, in: Festschrift für Hans-Jürgen Hellwig zum 70. Geburtstag, S. 311–328, Köln 2010.

Schmidt, Karsten: Gesellschaftsrecht und Insolvenzrecht im ESUG-Entwurf, BB 2011, 1603–1610.

Schmidt, Karten/ Lutter, Marcus: Aktiengesetz Kommentar, §§ 150–410, Band 2, 2. Auflage, Köln 2010.

Schmidt, Mario/ Schlitt, Michael: Debt Equity Swap – Eine attraktive Form der Restrukturierung?, Der Konzern 2009, 279–290.

Schmidt, Reinhard H./ Spindler, Gerald: Shareholder-Value zwischen Ökonomie und Recht, in: Freundesgabe für Friedrich Kübler zum 65 Geburtstag, Wirtschafts- und Medienrechte in der offenen Demokratie, Heidelberg 1997, S. 515–555.

Schmitt, Christoph: Finanzierungsstrategien mittelständischer Unternehmen vor dem Hintergrund von Basel III, BB 2011, 105–109.

Schneider, Uwe H.: Zwischenruf – Was ist eine systemisch relevante Bank?, ZRP 2009, 119–121.

Schneider, Uwe. H.: Aufsicht und Kontrolle von Ratingagenturen, in: Festschrift für Hans-Jürgen Hellwig zum 70. Geburtstag, S. 329–345, Köln 2010.

Schröder, Christian: Handbuch Kapitalmarktstrafrecht, 2. Auflage, Köln 2010.

Schüller, Jan/ Mitzner, Kurt: Die neuen Eigenkapitalanforderungen für (Rück-) Versicherungsunternehmen nach Solvency II, ZHR 175 (2011), 338–361.

Schulte-Mattler, Hermann/ Manns, Thorsten: CRD-IV-Regulierungspaket zur Stärkung der Widerstands-fähigkeit des Bankensektors – Europäische Umsetzung des Basel-III-Rahmenwerks im Entwurf, WM 2011, 2069–2078.

Schünemann, Bernd: Die sogenannte Finanzkrise – Systemversagen oder global organisierte Kriminalität?, Berlin 2010.

Schuster, Thomas: Eigenkapitalrichtlinie und Eigenkapitalverordnung der EU – Überblick und kritische Würdigung, Kreditwesen 2013, 683–686.

Seibert, Ulrich: Finanzmarktkrise, Corporate Governance, Aufsichtsrat, DB 2009, 1167–1171.

Sethe, Rolf: Ein Indianer kennt keinen Schmerz – Reaktion der Schweiz auf die Finanzmarktkrise und Steuerstreit, ZBB 2011, 106–129.

Simon, Stefan/ Merkelbach, Matthias: Gesellschaftsrechtliche Strukturmaßnahmen im Insolvenzplan-verfahren nach dem ESUG, NZG 2012, 121–129.

Simon, Ulrich: Das neue Schuldverschreibungsgesetz und Treuepflichten im Anleiherecht als Bausteine eines außergerichtlichen Sanierungsverfahrens, Diss. Uni. Köln 2012.

Singhof, Bernd: Ausgabe von Aktien aus bedingtem Kapital, in: Festschrift für Hoffmann-Becking zum 70. Geburtstag, S. 1163–1183, München 2013.

Sinn, Hans-Werner: „Risk-Taking, Limited Liability, and the Banking Crises" – Selected Reprints, München 2008.

Sinn, Hans-Werner: Kasino-Kapitalismus – Wie es zur Finanzkrise kam, und was jetzt zu tun ist, Berlin 2010.

Sommer, Rainer: Die Subprime-Krise und ihre Folgen, 2. Auflage, Hannover 2009.

Spindler, Gerald/ Stilz, Eberhard: Aktiengesetz, §§ 1–249, Band 1, 2. Auflage, München 2010.

Spindler, Gerald/ Stilz, Eberhard: Aktiengesetz, §§ 150–410, Band 2, 2. Auflage, München 2010.

Spindler, Gerald: Finanzmarktkrise und Wirtschaftsrecht, AG 2010, 601–617.

Spindler, Gerald/ Brandt, Kathrin/ Raapke, Julius: Finanzmarktreform in den USA – Der neue Dodd-Frank Wall Street Reform and Consumer Protection Act, RIW 2010, 746–753.

Stoll, Andreas: Die neuen Empfehlungen zur Vorstandsvergütung in der Kodexnovelle 2013 – Anwendung auch auf laufende Vorstands-verträge?, NZG 2014, 48–52.

Sundaresan, Suresh/ Wang, Zhenyu: On the Design of Contingent Capital with Market Trigger, Federal Reserve Bank of New York Staff Report No. 448, 5/2010 (Revised 11/2011), abrufbar unter: http://www.newyorkfed.org/research/staff_reports/sr448.pdf.

Sünner, Eckart: Einzelfragen der Aktienrechtsnovelle 2012, CCZ 2012, 107–114.

Terbille, Michael: Münchener Anwaltshandbuch Versicherungsrecht, München 2008.

Theisen, Manuel R.: Gesetzliche versus funktionsgerechte Informationsversorgung – Eine Einladung zur interdisziplinären Diskussion, ZGR 2013, 1–25.

Thiratanapong, Nuntawan: Contingent Capital: A Tool for Restoring Market Discipline?, Chulalongkorn Journal of Economics Vol. 22 (2010), S. 29–69.

Timm, Wolfram: Der Bezugsrechtsausschluss beim genehmigten Kapital, DB 1982, 211–217.

Uhlenbruck, Wilhelm/ Hirte, Heribert/ Vallender, Heinz: Insolvenzordnung Kommentar, 13. Auflage, München 2010.

Vaupel, Christoph F./ Reers, Ulrich: Kapitalerhöhungen bei börsennotierten Aktiengesellschaften in der Krise, AG 2010, 93–105.

Veil, Rüdiger: Europäisches Kapitalmarktrecht, 2. Auflage, Tübingen 2014.

von der Crone, Hans Caspar/ Beeler, Lukas: Die Regulierung von systemrelevanten Finanzinstituten nach schweizerischem Recht, ZBB 2012, 12–20.

Vöneky, Silja: Armageddon oder Rechtsbewährung in der Krise? Das deutsche Finanzmarktstabilisierungsfondsgesetz mit seinen internationalen Bezügen, in: Festschrift für Rolf Stürner zum 70. Geburtstag, Band 2, Internationales, Europäisches und ausländisches Recht, S. 1959–1974, Tübingen 2013.

Wandt, Manfred/ Sehrbock, David: Gedanken zu den Solvency II-Richtlinienzielen und ihre Bedeutung für das VAG, in: Festschrift für Uwe H. Schneider zum 70. Geburtstag, S. 1395–1407, Köln 2011.

Wansleben, Till: Werthaltigkeitsprüfung und Offenlegung beim Debt Equity Swap, WM 2012, 2083–2092.

Weber-Rey, Daniela: Ausstrahlungen des Aufsichtsrechts (insbesondere für Banken und Versicherungen) auf das Aktienrecht – oder die Infiltration von Regelungssätzen?, ZGR 2010, 543–590.

Wehrhahn, Torsten: Finanzierungsinstrumente mit Aktienerwerbsrechten, Diss. Uni. Hannover 2003.

Wilker, Wolf-Dieter: Kann das Umtauschrecht der Wandelschuldverschreibungsgläubiger durch Kapitalverwässerung oder strukturelle Veränderung der Gesellschaft wirtschaftlich beeinträchtigt werden?, Diss. Uni. Freiburg 1959.

Wittig, Arne: Übernahme der Gesellschafterstellung an Krisenunternehmen als Sanierungsbeitrag der finanzierenden Kreditinstitute, in: Festschrift für Wilhelm Uhlenbruck zum 70. Geburtstag, Insolvenzrecht in Wissenschaft und Praxis, Köln 2000, S. 685–724.

Wulfken, Jörg: Die EU-Richtlinie für die Sanierung und Abwicklung und ihre Auswirkung auf die Refinanzierung von Banken, Kreditwesen 2010, 1054–1057.

Zähres, Meta: Contingent Convertibles – Bankanleihen im Wandel, Deutsche Bank Research vom 15.4.2011, Finanzmarkt Spezial – EU-Monitor 79, abrufbar unter: http://www.dbresearch.de/PROD/DBR_INTERNET_DE-PROD/PROD0000000000272297/Contingent+Convertibles%3A+Bankanleihen+im+Wandel.pdf.

Zeitler, Franz-Christoph: Vergessene Ursachen der Banken- und Finanzkrise, WM 2012, 673–678.

Zeitler, Franz-Christoph: Finanzmärkte und Regulierung – Was folgt auf Basel III?, Kreditwesen 2011, 541–545.

Zimmer, Daniel: Rating-Agenturen: Reformbedarf nach der Reform, in: Festschrift für Klaus J. Hopt zum 70. Geburtstag, Unternehmen, Markt und Verantwortung, Band 2, Berlin 2010, S. 2689–2710.

Zimmer, Daniel: Finanzmarktregulierung – Welche Regelungen empfehlen sich für den deutschen und europäischen Finanzsektor?, Gutachten G zum 68. Deutschen Juristentag, München 2010.

Zöllner, Wolfgang: Gerechtigkeit bei der Kapitalerhöhung, ZIP 2002, 585–592.

Zöllner, Wolfgang: Kölner Kommentar zum Aktiengesetz, §§ 179–240, Band 5/1, 2. Auflage, München 1995.

Zöllner, Wolfgang/ Noack, Ulrich: Kölner Kommentar zum Aktiengesetz, §§ 76–94, Band 2/1, 3. Auflage, Köln 2010.

Alle Internetfundstellen wurden zuletzt am 3.7.2014 abgerufen.

Göttinger Schriften zum Wirtschaftsrecht

Herausgegeben von Olaf Deinert, Torsten Körber, Rüdiger Krause, Gerald Spindler und Andreas Wiebe

Die Schriftenreihe *Göttinger Schriften zum Wirtschaftsrecht* bietet ein Forum für herausragende Dissertationen, Monographien und Sammelbände. Inhaltlich deckt die Reihe das zivile deutsche und internationale Wirtschaftsrecht in seiner ganzen Bandbreite ab. Neben dem klassischen Handels- und Gesellschaftsrecht ist Raum für Versicherungs- und Kapitalmarktrecht sowie – den Schwerpunkten der Göttinger Fakultät entsprechend – insbesondere für medien-, wettbewerbs- und arbeitsrechtliche Thematiken.

Die Reihe richtet sich an Wissenschaftler und Praktiker in Anwaltschaft, Behörden, Verbänden und Unternehmen.

Band 1 Andreas Reißmann: Äußerungsrechtliche Schutzpflichten. Der Schutz vor herabsetzenden, unwahren und indiskreten Äußerungen im Vertragsrecht durch § 241 Abs. 2 BGB. 2012.

Band 2 Kathrin Brandt: Gleichstellungsquote im Aufsichtsrat der Aktiengesellschaft. 2012.

Band 3 Julius Raapke: Die Regulierung der Vergütung von Organmitgliedern und Angestellten im Aktien- und Kapitalmarktrecht. 2012.

Band 4 Henning Hilke: Risiko und Bankenaufsicht. Eine rechtsvergleichende Analyse der präventiven Begrenzung bankbetrieblicher und systemischer Risiken. 2014.

Band 5 Patrick Alexander Andrä: Bilanzierung von Immaterialgüterrechten nach HGB und IFRS. 2014.

Band 6 Mohamed Bou Sleiman: Contingent Convertible Bonds. Zweck, Ausgestaltung und rechtliche Rahmenbedingungen. 2015.

www.peterlang.com

www.ingramcontent.com/pod-product-compliance
Ingram Content Group UK Ltd.
Pitfield, Milton Keynes, MK11 3LW, UK
UKHW021420091026
15624UKWH00010B/299

9 783631 661512